LOS MITOS GRIEGOS

Friedrich Georg Jünger

LOS MITOS GRIEGOS

Traducción: CARLOTA RUBIES

Herder

Título original: Griechische Mythen
Traducción: Carlota Rubies
Diseño de la cubierta: Claudio Bado

1ª edición, 2ª impresión

© 1947, Vittorio Klostermann GmbH, Fráncfort del Meno
© 2006, Herder Editorial S.L., Barcelona

ISBN: 978-84-254-2408-3

La reproducción total o parcial de esta obra sin el consentimiento expreso
de los titulares del Copyright está prohibida al amparo de la legislación vigente.

Imprenta: Reinbook
Depósito legal: B-6.982-2008
Printed in Spain

Herder
www.herdereditorial.com

ÍNDICE

Prefacio 9

TITANES

Caos 17
Gea 19
Urano 23
Los grandes titanes 26
   Crono y Rea 26
   Océano y Tetis 32
   Hiperión y Tía 38
   Ceo y Febe 43
   Crío 48
   Temis 49
   Mnemósine 53
   Jápeto 56
Dioniso y el gran Pan 60
Los titanes y los gigantes 65
Prometeo 74
Los titanes y los dioses 94
Los titanes y los hombres 101
El hombre titánico 106
Zeus 111

DIOSES

Apolo 119
Pan 135
Dioniso 160

HÉROES

Procedencia de los héroes 191
La educación centáurica 198
El *numen* 202
La metamorfosis 211
El *agon* 218
Los oráculos 230
Hades 236
Las diosas del destino 244
Heracles y Aquiles 255
Perseo 259
Los dioscuros 261
Teseo 264
Áyax 267
Paris 270
Los tantálidas 273
Midas 286

ANEXO

Los epinicios de Píndaro 293

PREFACIO

Es de Jenófanes la frase que dice que si los bueyes, los caballos y los leones tuviesen manos y supiesen pintar crearían figuras de dioses con forma de caballos, bueyes y leones. Si esta frase fuese cierta y el único testimonio que tuviésemos de los indios, los egipcios y los asirios fuesen las figuras de sus dioses, supondríamos que estas figuras habían sido hechas por criaturas que tenían la apariencia de bueyes, leones, ibis y cocodrilos. Parece obvio que esta frase no puede aplicarse a los dioses zoomorfos.

En su *Inscripción sagrada*, Evémero afirma que toda la mitología se deriva de la divinización de personajes ilustres. Por consiguiente, la «herogonía» constituye para él el principio y el fin, y tanto la parte cosmogónica del mito como la teogonía son algo derivado. Pero esto se contradice con la estructura arquitectónica del mito, que, considerado en su conjunto, no se propone la divinización del hombre. Las reflexiones de Jenófanes y de Evémero coinciden. Enio, que tradujo los escritos de Evémero y les dio su aprobación, difundió en Roma el evemerismo, que se fue imponiendo y acabó por convertirse, con algunas variaciones, en el fundamento de la mitología como ciencia.

El paso del pensamiento mítico al lógico y abstracto, que es en los griegos donde mejor se observa, supone también un fenecer constante, no de la creencia sino de la imaginación, de la capacidad creadora libre y autónoma. A medida que esta capacidad va desfalleciendo, el pensamiento abstracto consigue desprenderse y liberarse. Al ganar autonomía, despliega sus alas y alza el vuelo, libre y alto. Sobrevuela el *nomos basileus* de Píndaro e instaura sus propias leyes. Entonces entra en escena el pensador libre, el pensamiento libre, y cuando éste aparece, cuando actúa, todo el saber se convierte en antropología, se hace antropológico en el sentido en que lo entendieron los griegos. El pensamiento libre se desgaja del suelo del que procede. Pero aunque se desprende de él, sigue ligado a él hasta el final, incluso cuando planea sobre él, pues la historia del pensamiento libre consiste en este desprenderse y flotar libre. La controversia que sostiene la filosofía con el mito, desencadenada por los pensadores jónicos, los eleatas, los sofistas y todos los restantes, incluye al mismo tiempo la afirmación de que es imposible prescindir de él. El pensador se sirve de él, aunque sea sólo para tomar distancia. Por esta razón, la controversia nunca tiene fin. Finalizará sólo cuando el espíritu generador de mitos se haya extinguido, pero entonces también habrá llegado a su fin la filosofía griega. Ambos van juntos. Donde mejor se capta esta controversia es en la filosofía platónica.

Platón contrapone al mito sus propios mitologemas. Al hacerlo, entronca con él, lo maneja a su antojo y lo reelabora para adecuarlo a sus propósitos. El mito platónico es un medio para el fin, una parábola. Es una forma de crear que pretende resaltar algo con el fin de iluminarlo, por eso es más esquemático y tiene menos espesor. En comparación con el mito, tiene algo ambiguo. Su intención es pedagógica, pretende educarnos *more socratico*; en él se escuda el pedagogo Platón. Con recursos propios de la lógica y la dialéctica, el mito pretende convencernos de algo. Parece una figura policromada y hueca que contuviese en su interior un arsenal de argumentos y demostraciones áureos, los métodos del conocimiento, la ciencia *in nuce*, la verdad, con lo cual se expresa en él una verdad superior que aquí sale a nuestro encuentro. El pensamiento mismo debe hacerse

Prefacio

imaginativo cuando contrapone al mito invenciones, construcciones míticas.

En el principio está incluido el final y el final vuelve a engendrar, a partir de sí, el principio. Es posible que repitamos situaciones míticas sin tener conciencia de esta repetición. En una época llena de titanismo hemos olvidado que éste ya ha sido superado muchas veces. Hoy en día, en un momento de cambio en el pensamiento, en un estado de incertidumbre que está en estricta relación con el avance de las ciencias exactas, en el clímax de la organización y del desamparo del hombre asociado a ella, un tema como el que tratamos en este libro tiene, posiblemente, una doble utilidad para un lector atento. Le permite aplicar el pasado al presente y el presente al pasado. Ahora bien, ¿estamos autorizados a buscar en otros nuestras propias tendencias? ¿Estamos autorizados no sólo a exponer, es decir, a «sacar afuera», sino también a im-poner, esto es, a intro-ducir, a «meter adentro»? Porque quien expone también «im-pone». Y ésta es la fórmula universal propia de la comprensión. Es preciso que el pasado se haga presente para que pueda ser considerado como pasado. Ahora bien, es menester tener en cuenta las correspondencias, y eso no siempre es fácil. Nuestro modo de pensar no es mítico sino que es un pensar sobre el mito. No pensamos como pensaban los griegos sino que repensamos lo que ellos pensaron. La pregunta que se plantea es qué coincidencia se da entre el pensamiento griego y el nuestro. A partir de nuestra exposición, el lector sacará sus propias conclusiones. Para nosotros, el modo histórico de ver el mundo es tan corriente que apenas somos capaces de percibir hasta qué punto es unilateral e incluso absurdo. Tenemos la impresión de que la materia del mundo no admite ser representada si no la pensamos descompuesta, movida por conceptos, como evolución. El mitólogo que cultiva la historia especializada se enfrenta a un pensamiento que nada sabe de la historización de la conciencia, y sólo puede conectar con él en la medida en que es capaz de someterlo a métodos históricos. De ahí las investigaciones acerca de las influencias y el origen de los mitos, las migraciones de los dioses o la idea que se tiene de ellos, investigaciones, en suma, acerca de lo etnográfico, lo geográfico, lo físico, lo cronológico. No son éstos los métodos genuinos del mito.

Pero esto no es todo. Al ocuparnos del mito, a menudo nos sentimos impulsados a considerarlo de un modo más mental o conceptual y menos corporal y sensible de lo que es. Lejos de ser una ventaja, esto es consecuencia de la falta de imaginación que define nuestro modo de pensar, que se ha vuelto abstracto. Un modo de pensar como éste, tanto cuando se enfrenta a poderes como a imágenes, se dispone de inmediato a extraer de ellos el significado que contienen, es decir, convierte todo conocimiento en conceptos. Sólo tiene significado lo que puede ser conceptualmente separado y aislado. Sólo en este caso se lo podrá interpretar. El significado incluye un añadido, tal como se advierte en la doctrina platónica de las ideas. El ente no sólo es sino que, adicionalmente, significa algo. Pero en cuanto significa algo, también es algo menos; cuanto más significado *tiene*, menos *es*. El significado no sólo añade algo al ser, también le arrebata algo. Es un *Terminus* en el lenguaje conceptual que conforma el pensamiento abstracto. Con él, el significado se ensancha.

Se entiende que el espíritu generador de mitos no practica una mitología científica, es decir, no se incluye a sí mismo dentro del esquema de un proceso histórico. Una empresa tal supondría la disolución de su propia realidad, pues colocaría en el lugar de la intuición los principios evolutivos, las fórmulas y las reglas que convertirían esta intuición en un medio expositivo. Éste es el camino por el cual la conciencia histórica busca aproximarse al mito. Se trata de un empeño en conformidad con la ciencia pues, ¿qué podría ésta colocar en su lugar? No obstante, el artista, el hombre inspirado, siempre opondrá resistencia. El

Prefacio

mito tampoco da pie a ser abordado de modo simbólico-alegórico. También este tratamiento, a modo de evemerismo más sutil y encubierto, disuelve el mundo de las formas. El simbolismo, cuyo objetivo es presentar al mito únicamente como un revestimiento, como adorno de las ideas o de las así llamadas verdades superiores, necesariamente conduce a falsificaciones. Con ello se transforma en lo que no es, en una doctrina secreta en la que el significado oculto se convierte en lo adecuado, mientras que lo visible, lo que está expresado, se torna impropio. Ahora bien, no estamos frente a una gigantesca alegoría, un entramado de tópicos y metáforas que debería resolverse en un conocimiento filosófico histórico superior. Aun cuando sea inevitable abordar analíticamente el mito, poco se ganará con ello. La pregunta acerca de qué resulta de un proceso de aprendizaje como ése, qué se gana y qué se pierde con ello, no es difícil de responder. A todos estos intentos les acompaña algo vago y turbio. Generan una luz artificial y difusa bajo la que no querrá demorarse aquel que ha conocido un sol más intenso. Tenemos la impresión de recibir una lámina de cobre, en vez de una lámina de oro, cuando se nos ofrecen comentarios exiguos sobre un texto rico. A menudo, un bello poema que caiga en manos de un filólogo tendrá que padecer mucho, aunque esté destinado a un verdadero amante de la poesía. Muy pocos son conscientes del reverso del proceso histórico, del hecho de que se trata un proceso disolutivo de amplio alcance, pero nunca lo son quienes están completamente implicados en él, pues pierden la perspectiva que les permitiría tener una visión de conjunto, dado que lo que ellos llaman historia no es otra cosa que la historia de su propia conciencia.

TITANES

CAOS

Caos y los que provienen de él, la Madre Tierra Gea, Urano, Tártaro, los titanes y los gigantes, Tifón y las criaturas tifónicas, forman un conjunto. Prometeo se une a ellos como un apéndice al devenir titánico y con él se completa la esencia titánica. Posee un espíritu titánico que se mide una vez más con las fuerzas de Zeus y sucumbe en esta empresa. Este ámbito del devenir primigenio sobresale por encima de todo lo posterior y es en sí cerrado y unitario; sus acontecimientos irradian una luz propia. Todo lo que sale de Caos lleva la impronta de su origen. No importa cómo se conciba a Caos, bien sea como el espacio vacío e inconmensurable que, a decir de Hesíodo, engendra a Nix y Erebo, o como materia primordial que carece de toda forma y contiene el devenir del que proceden todas las formaciones, todo lo engendrado y conformado. Caos no está muerto, sino vivo.

La vida no brota de un estado inerte, muerto, ni de la materia muerta; ante todo existe la materia y se crea allí donde se necesita. Lo que aquí se describe son engendramientos. Caos está en vivo movimiento; a veces reposa con una calma inmóvil, a veces se revuelve con desenfrenada y furente agitación. Carece de orden y, a la vista, parece algo confuso, algo mezclado que no se puede distinguir ni ordenar. Aquello de lo que proceden todos los órdenes no puede estar en sí mismo ordenado. Caos no sólo es espacio, sino que también ocupa espacio y lo llena. Es espacio primigenio y oscuridad, y en un sentido estricto también es espacio subterráneo. Más tarde, para los filósofos de la naturaleza, Caos será otra cosa, el todo y el universo. El pensamiento se sirve del mito para formular conceptos. Es éste un procedimiento que aquí nos limitamos a apuntar, pero que no desarrollaremos.

Es preciso imaginar a Caos como un ser oscuro que no ha sido tocado por ningún rayo de luz, si bien en esta oscuridad la luz está incluida. Nix y Erebo, que proceden de él, también son oscuros. Pertenecen a la noche y a la tenebrosidad, un ser femenino y otro masculino de cuya unión surgen el Éter luminoso y la luminosa Hémera. Erebo significa asimismo el espacio tenebroso bajo la superficie luminosa de la tierra que cruzan las almas de los muertos en su camino hacia el Hades. En este ámbito, las potencias todavía no resaltan con nitidez del suelo primitivo del que proceden; su dimensión y su contorno todavía responden a lo informe. Aún no existen las figuras o las personas, lo único que se evidencia es una coagulación que hace que todo adquiera su proporción. Caos, como lo indiferenciado, no admite ser representado. Lo indiferenciado escapa a toda posibilidad de representación; no es una imagen y nadie puede formarse una imagen de él. Caos carece de sexo, puesto que en él el sexo también es indiferenciado y abarca tanto lo masculino como lo femenino. Caos existe, pero aún no posee una esencia fija. De él surgen, en primer lugar, Nix y Erebo, después Gea. Nix no es lo primero e indiviso, sino que es concebida ya como algo limitado y de reducidas dimensiones. Sólo después llegarán Éter y Hémera.

La fertilidad de Caos es inagotable, la gran fertilidad tiene algo de caótico. Caos tampoco se ve mermado porque de él se desprendan figuras y procedan órdenes; no se encoge. Por tanto, cabe pensar que su ser es un ciclo al que regresa todo lo que salió de él. Está siempre ahí y persiste para siempre, fuera del tiempo y del espacio. Pero no permanece intacto ni está desvinculado de las disposiciones del orden que se desprenden de él. En él repercute, en efecto, la lucha entre Zeus y Tifón, según observa Hesíodo; la derrota del fogoso Tifón aviva lo que hay de ígneo en Caos. Al comparar a Caos con Hades, vemos que en Hades el reino de los muertos ya está separado del de los vivos, mientras que Caos abarca la vida y la muerte.

No hay principio, no hay fin. El devenir se muestra sin principio ni fin de forma que todo lo que ha devenido sale de su ciclo y a él regresa. No hay creador ni creación. Caos no es un creador, no crea nada; de él se desprenden órdenes pero da la impresión de que no fomenta ni impide este desprendimiento. Pero puesto que en él se encuentra todo, también deberá poseer el deseo de sustraerse a las actividades informes y de adoptar una figura. Sin embargo, no crea este deseo; está ahí, se desprende de él y adopta una figura. Gea engendra a partir de sí misma. También Urano y Crono engendran. Zeus está muy lejos de ser el creador del universo, tampoco es un dios del principio, sino del medio.

GEA

Gea, la Madre Tierra y la diosa de la tierra, que se desprende de Caos y engendra a Urano, las Montañas y el Ponto, es la madre y la diosa de la que todo emana y a la que todo regresa. De ahí que se la represente con una llave. No es una diosa como las del Olimpo, es la madre y la antepasada de todos los dioses y diosas. A Caos no se le rinde culto, es Gea la primera a la que se venera. Su efigie se encontraba en el santuario de Deméter en Patras, sentada, como diosa, en el trono. Con medio cuerpo emergiendo de la tierra la vemos representada en el friso del altar de Pérgamo, donde, como madre afligida, presencia la lucha entre dioses y gigantes. Está representada como sufriente, no como actuante.

Homero la llama la Gloriosa y también la que dispensa frutos y vida. Su poder no sólo se extiende sobre lo que, enraizado en el suelo, se dirige hacia el espacio lumínico, de forma que también es madre de Urano, sino que es, además, la diosa del mundo subterráneo. Como diosa subterránea, conocedora de lo oculto, de lo que está enterrado, le rinden culto los magos y los buscadores de tesoros. En ella, la vida y la muerte se hallan tan estrechamente entrelazadas que resulta difícil diferenciarlas. Del mismo modo que conduce todo hacia la muerte a través de la vida, así también a través de la muerte obtiene toda vida. Abarca la luz del día y lo profundamente nocturno. Sobre ella descansan las cunas y las tumbas. Su inagotable fertilidad la convierte en la diosa de las uniones que engendran hijos. En esto se muestra su cercanía con respecto a Caos, del que surge toda la fertilidad. Su fuerza nutriente la convierte en nodriza. Por esta característica suya se la venera junto con Hestia, Cibeles y Deméter. Todas las madres, las divinas y las humanas, son hijas respecto a ella. Como diosa del espacio subterráneo, Gea es la diosa del mundo inferior y de la muerte. En su seno alberga los muertos y las tumbas. El juramento con el que se la invoca junto con otras divinidades subterráneas posee una fuerza particular y vinculante. Como esposa de Urano, al que ella misma engendró, es madre de los titanes, los cíclopes y los hecatónquiros. Recoge la sangre del Urano castrado y con ella engendra a las erinias, los gigantes y las ninfas de los fresnos (melias). De la unión con su hijo Ponto engendra a Nereo, Forcis y Taumante, a Ceto y Euribia. También se la denomina madre del dragón Pitón, de Tifón de cabeza de serpiente, de Cécrope, Erecteo y Anteo. Los autóctonos proceden de ella. De ella deriva todo, y todo retorna a ella, de ahí que posea el don del presagio. Antiguamente, presidía el oráculo de Delfos, el oráculo ctónico del que era la voz, o bien hablaba por medio de Dafne, la ninfa de las montañas. Gea, como présaga, predice a Crono que será destronado por uno de sus hijos.

Gea no tiene nada virginal, actúa por la fuerza del vientre materno. Es parturienta, nodriza y sustentadora, también es llamada la del ancho seno y la dispensadora universal. Su poder generador es tan grande que puede engendrar a sus criaturas sin necesidad de un procreador. Así como su hija recibe el nombre de Gran Madre Rea, Gea es la Madre de las Madres. Es parturienta y madre en la que se hace visible la potestad del sexo, pero no es madre de los enlaces matrimoniales que, para ella, carecen de fuerza propia. No venera al padre y esposo, sólo se fija en los hijos, que ocupan para ella el primer lugar. No incita a los titanes en contra del hijo sino en contra del padre Urano, y abandona a su esposo Urano cuando éste arroja al Tártaro a los hecatónquiros y a los cíclopes. Cuando hace su aparición e interviene en la lucha, lo hace como madre, ayudando a su descendencia. Tal como nos explica Tito, al proteger al hijo también protege al bandido y violador, pues siente satisfacción por todo lo que sea engendrar y alumbrar, y celebra al procreador sin que le importe cómo lleva a cabo su tarea. No le preocupa la virginidad sino la maternidad.

Gea es imperturbable, es solidez que perdura para siempre. De todas las diosas es la más persistente, muestra algo inmutable, que en sí mismo no cambia. Es contraria a todos los órdenes y estatutos nuevos. Toma partido por Crono y se enfrenta a Zeus, apoya a los titanes y los gigantes en su lucha contra los dioses, ama a los primogénitos y es la protectora de las erinias. Como madre, no rehúye a la afligida Rea cuando ésta, después de nacer Zeus, le pide ayuda. Gea se hace cargo de Zeus y lo cría en Creta. Zeus es impensable sin ella. Gea le implora hacia las alturas como dispensador de la lluvia. No muy lejos del mercado espartano se erigió un santuario en su honor y el de Zeus Agoraio. Así como se la invoca junto con otras diosas para prestar juramentos, del mismo modo en Atenas todos aquellos que han sido absueltos en el Areópago le ofrecen a ella, junto con Hades y Hermes, dioses de la muerte, una donación de parte de los que viven en la luz y a la luz han sido devueltos.

Titanes

La diosa Gea no reina de un modo visible, sino oculto, pues, si bien está en todas partes y en todo, raras veces se muestra y entonces sólo en casos de máximo disturbio que le afecten mucho. Su fortaleza reside en su insuperable capacidad de persistir; posee esa gravidez que hace ser inmóvil e inamovible. Da la impresión de que sólo con gran esfuerzo se puede poner en pie. Su gravidez es la que hace pesada la vida campesina, el cuerpo del campesino. Hace falta una fuerza, una resistencia enorme para despertarla de su fértil ensueño. No ama la lucha ni los cambios y, femenina, desea que todo permanezca tal como está, desea proteger y mantener todo en su primera solidez. Tampoco es una diosa de la distancia sino de la proximidad, una diosa de lo que está próximo a ella y desea mantenerse cerca de ella, de lo que no siente deseos de alejarse ni desprenderse de ella. Crono está más cercano a ella que Zeus, y ella ama más a los titanes y a los gigantes que a los dioses. Nacida de Caos, surgida de lo informe, también ama lo próximo a Caos, las grandes figuras del devenir primigenio, los primeros en haber sido engendrados, aquellos cuyos rostros y cuerpos evidencian los vestigios de su origen. Se aparta de la sublimidad de Zeus, que abarca todo lo espiritual, afligida por la suerte de sus hijos e hijas, los titanes.

La naturaleza titánica de Gea se manifiesta en que le resulta difícil desprenderse del ámbito de poder que le ha sido atribuido; se la representa en postura yacente, en reposo, con medio cuerpo que emerge de la tierra. Allí donde se la representa de pie, como en algunos vasos, su fuerza parece mínima. El gigante Alcioneo muestra su vinculación con la tierra y con Gea; él, a quien Heracles sacó a rastras de Palene porque allí su mandato era inmortal. También Anteo, el libio, era hijo de Gea. Heracles se lo arrebató a Gea y lo estranguló en el aire, pues mientras Anteo se midiese con Heracles en la tierra era invencible, pero una vez lanzado al éter por la colosal fuerza mental del semidiós sucumbió rápidamente. Anteo es hijo de Poseidón y éste, a su vez, aparece vinculado a Gea, a Océano y a Urano, quienes lo aíslan del círculo de los dioses olímpicos.

URANO

Urano, hijo y esposo de Gea, es el primer soberano. Caos no funda una soberanía; tampoco Gea. Urano no es un titán, pues lo titánico en él surge sólo cuando se une a Gea. Así como ella es imperturbable solidez que perdura para siempre, tampoco es característico de Urano aquel movimiento retornante de los grandes titanes. Éste surgirá con la edad uránica y traerá su caída. Urano, como Gea, perdura en todas las épocas, y el hecho de que sucumba como soberano no anula esta perduración. La palabra «titanes» reviste múltiples significados y se pierde en la oscuridad. Hesíodo apunta que fue el propio Urano quien dio ese nombre a sus hijos, aludiendo al hecho de que al atentar contra él se convertían en sacrílegos.

Bajo el dominio de Urano se produce el primer choque de las fuerzas antagónicas. Entre los hijos que le dio Gea se encuentran los hecatónquiros y los cíclopes, a los que Urano inmediatamente lanza al Tártaro. Por esta razón, Gea incita a los titanes a enfrentarse a él. De Gea procede Hipe la Adamante, a la que entregará a Crono, el único de los titanes que está dispuesto a atentar contra su padre. La acción se lleva a cabo mediante una emboscada cuando Urano se une a Gea en un abrazo durante los esponsales a los que éste, ávido de amor, ha descendido. El terrible acontecimiento implica, al mismo tiempo, un instante de máxima fertilidad. De la sangre que se precipita como un torrente sobre la tierra brotan los gigantes y las erinias. El mar al que Crono lanza el miembro procreador castrado empieza a bullir y a encresparse, como un torbellino se forma una corona de espuma blanca alrededor del mismo y de éste surge con húmeda hermosura la hija de Urano, Afrodita Afrogeneia, la nacida de la espuma. Inafectada por la lucha, en la que no toma parte, sale silenciosa del mar, se acerca a Citera y en Chipre sube a tierra.

Gea profesa mayor estima a los hecatónquiros y los cíclopes, que desencadenan la lucha, que a su hijo mayor y esposo; siente más afinidad hacia ellos que hacia el poco sólido Urano. Gea se enfrenta a su hijo mayor porque éste pone en peligro su maternidad. Urano detesta a los hecatónquiros tanto como ellos lo detestan a él. Para Hesíodo, los hecatónquiros son los hijos más terribles de Urano y Gea; inmediatamente después de su nacimiento, su padre los oculta en las profundidades. Tal como su nombre indica, los tres son seres gigantescos y toscos. Cada uno de ellos, Coto, Giges y Briareo, tiene cincuenta cabezas y cien brazos. Son hermanos de los titanes pero su fuerza es más ruda, con ella no es posible entenderse. Seres como ellos no nacieron para gobernar, aunque en los momentos de cambio hacen su aparición, poderosamente, como servidores de un poder supremo a cuyo servicio inducen las decisiones. Briareo, llamado por Tetis, se presenta en el Olimpo y se sienta a un lado del trono de Zeus, a quien los dioses planean encadenar. Según una predicción de Gea, los titanes sólo podrán ser vencidos con la ayuda de los tres hecatónquiros. Zeus los conduce desde el Tártaro hacia las alturas, los agasaja en el Olimpo y Coto le promete su ayuda. No tarda en estallar la batalla, de corta duración. Como guardianes de los titanes derrotados, los hecatónquiros habitarán a partir de entonces ante las puertas del Tártaro, manteniendo en jaque a sus hermanos. Los tres cíclopes, Arges, Brontes y Estéropes, fueron encerrados en el Tártaro por Urano y por Crono, pero volvieron a salir a la luz gracias a Zeus, que mató a su vigilante, Campe. También los cíclopes, como los hecatónquiros, se enfrentan a los titanes. Se convierten en fieles servi-

Urano

dores de Zeus, al que obsequian con el rayo, el trueno y el relámpago; a Poseidón le entregan un tridente, y a Hades un yelmo. En ellos se manifiesta una faceta de la naturaleza titánica que se muestra también en los dáctilos del monte Ida. Estos seres de un solo ojo son trabajadores, herreros, metalúrgicos, y tienen una fuerza y un tamaño colosales. En sus talleres y fraguas subterráneas forjan los rayos de Zeus, entre ellos el que hirió a Asclepio, hijo de Apolo, razón por la que se enfrentaron con Apolo. Forjando rayos y armas reaparecen más tarde en las fraguas de Hefesto, en los talleres del Etna y de las islas Lípari. Hay que diferenciarlos de los cíclopes constructores de murallas y también de los hijos de Poseidón, los cíclopes homéricos que viven en Trinacia como pastores y ganaderos. En los cíclopes, hijos de Gea, se evidencia el aspecto mecánico que tiende hacia lo titánico, lo ingenioso, diestro y a la vez violento, que halla su máxima expresión en Prometeo. En el estruendo de su trabajo, al que dedican toda su atención, en el humo de sus fraguas subterráneas, sin horizontes abiertos, se sienten bien y están contentos. Éste es el ámbito de su trabajo, cuyos productos sirven a otros. Lo titánico que retorna se presenta como un proceso mecánico en el tiempo, como un proceso laboral repetitivo. Arges, Brontes y Estéropes poseen la naturaleza de los esclavos y los servidores, están al servicio de Crono, de Zeus y de Hefesto, el único entre todos los dioses que posee una naturaleza acorde, emparentada con la suya. Será en sus fraguas donde buscarán cobijo.

LOS GRANDES TITANES

Crono y Rea

Los reinos de Urano y de Crono se suceden. ¿Cómo se distingue el uno del otro? El ámbito de poder de Urano parece más amplio y abarcador que el de Crono y, al mismo tiempo, más vacío y pobre en figuras. En el reino de Urano, el espacio prevalece sobre el tiempo, hay en él más espacio. El reino de Crono, comparado con el de Urano, no sólo es más diferenciado y en su diferenciación más claro, sino que además es más activo, más animado. Al así destacarse del de Urano, se encoge espacialmente. El tiempo participa de esta separación; por medio de la unión de Urano y Gea se funda una nueva edad. La confusión de Crono (Κρόνος) con el Tiempo (Χρόνος), que ya era habitual en la Antigüedad, es bastante significativa. En la representación de Crono ataviado con una vestimenta que le cubre la nuca y una hoz en la mano se expresa algo temporal. En épocas posteriores, la guadaña o la hoz, un símbolo ajeno al pensamiento antiguo, aparece como atributo de la figura de la muerte y, por medio de ella, se establece una relación con el tiempo. Saturno, que se confunde con el Tiempo, está envuelto en un oscuro raudal de tiempo, también en su calidad de dios de los sembrados, por la que los romanos le tributaban una especial veneración.

El reino de Urano acentúa la faceta de la espacialidad; el de Crono, la de la temporalidad. En el reino de Urano hay una calma imperturbable. En su mutismo, en su silencio, nada parece cambiar. El silencio uránico se extiende sobre el cielo y la tierra. El reino de Crono se llena cada vez más con la inquietud del devenir titánico, con la embestida de las fuerzas antagónicas que provocan, también en Gea, una aflicción profunda. Bajo el dominio de su hijo y esposo Urano, Gea parece más calmada.

Los grandes titanes

Crono es el más joven de los titanes, el último en nacer, por tanto, es el que más alejado está de la soberanía de su padre y se cría donde ésta termina. Urano es implacable con sus hijos, pero su dureza es diferente a la de Crono. Crono está irritado por la dureza de su padre, que echa el cerrojo al devenir titánico. Crono desea este devenir titánico, desea que permanezca en sí mismo y se mantenga en su eterno ciclo. Engulle a sus hijos Hades, Poseidón, Hera, Hestia y Deméter. Los dioses no desean aquello que desea el padre, Zeus no lo desea; su poder no se agota con las repeticiones cíclicas, en el ciclo del retorno elemental por el que vela Crono, como el más poderoso de los titanes. Urano aparece en un espacio de un azul éneo y eterno en el que impera inmutable. La rigidez de Crono reside en el movimiento uniforme, repetido sin variación siguiendo órbitas fijadas de antemano. Crono se mueve, pero no concluye nada. El movimiento halla en Zeus su perfección.

Crono devora a sus hijos, a los crónidas, y a sus hijas. Rea salva a Zeus al entregarle al padre, en lugar de su hijo, una piedra envuelta en paños para que la engulla. Crono no advierte el engaño: se le escapa que Zeus se le ha escapado. De este modo al padre, inadvertido, se le escabulle el hijo, que vive oculto. Rea mantiene a su hijo escondido en una caverna. En el propio Zeus hay algo que permanece oculto a Crono, algo a lo que éste no puede acceder por sí mismo. El más joven se salva así del destino deparado a sus hermanos. Cuando alcanza la madurez viril, obliga a Crono a vomitar a los hijos que ha engullido. Crono no puede retenerlos y los escupe. También expulsa entonces la piedra que se había tragado y que Zeus coloca en Delfos a modo de testimonio. La que entrega a Zeus la poción que hace que los dioses y la piedra vuelvan a ver la luz es Metis, la oceánide, y es ella también la primera esposa de Zeus. Zeus no engulle a sus hijos, pero sí a Metis, su astuta consejera, cuando le predicen que ésta le dará primero una hija y después un hijo que pondrá en peligro su soberanía. Después de engullir a la oceánide, engendrará de su cabeza a Atenea.

La Titanomaquia se inicia en el instante en que Crono vomita a los hijos que se ha tragado. Crono es arrojado al Tártaro, donde desde entonces permanece en cautiverio. Como Urano, Crono perdura para siempre. De él se dice que, junto con Radamantis, impera sobre las Islas de los Bienaventurados; que, como monarca destronado, descansa en una cueva dorada de una isla en el mar crónida, más allá de Tule. La imaginación lo sitúa en reinos de sombras, en los que perdura. También perdura su culto. En Atenas se celebran en su honor las Cronias y bajo la acrópolis de Atenas se encuentra su santuario. En el períbolo del santuario al Zeus Olimpio se encuentra la loma crónida, el templo de Crono y Rea y el recinto sagrado de Gea Olimpia.

Hijo de Crono y de la oceánide Fílira es el centauro Quirón, que por su origen es el más venerado de todos los centauros. Lo centáurico, que vive libre de cualquier traba deambulando en campo abierto, envuelto en el fresco de la mañana campestre, se manifiesta en él en su aspecto más espiritual. Es el médico que cura y devuelve la vista al Fénix. En él habita la fuerza de las musas, es un maestro del arte musical y de la gimnasia. Es el protector de Peleo, su sobrino, al que defiende frente a los centauros. Honra su boda con su presencia y le regala una lanza infalible. Transfiere esta amistad a Aquiles y se convierte en su mentor. Así, es el protector y custodio de la vida juvenil de los héroes y su cueva en el Pelión es una escuela para los jóvenes héroes, entre los que se cuentan Teseo, Pólux, Diomedes y muchos otros. Si bien su origen es titánico, en Quirón no se manifiestan fuerzas titánicas. Es médico, artista, pedagogo y conocedor profundo de los poderes que dormitan en lo más profundo de las plantas. Es el que sufre a causa de su inmortalidad y el que padece por la flecha embebida de veneno de la Hidra de Lerna. Anhela morir y muere en el momento en el que Zeus transfiere su inmortalidad a Prometeo. A Quirón se le puede arrebatar su inmortalidad, algo inconcebible en los titanes. Su inmortalidad se puede pensar como transferible. En las constelaciones lo vemos como Sagitario. Los dioses y los héroes lloran su muerte y el duelo por él evidencia la magnitud de la pérdida, de la que todos participan, pues Quirón es el prototipo de la plenitud, la fuerza, la virtud y la competencia centáuricas.

Rea, esposa de Crono, es la más fuerte de las titánides y, al igual que su hija Hera, representa la fuerza y el poder femeninos primigenios. Su árbol es el roble, su animal el león. El león que se le atribuye, que encontramos representado a su lado, indica su naturaleza real. Yace solo o en pareja a los pies del trono, con una actitud estatuaria que indica una fuerza en reposo consciente de sí misma, o bien tira del carro en el que está sentada la titánide. En el friso del altar de Pérgamo, Rea cabalga sobre el león durante la Gigantomaquia. Ella misma es una leona y tiene algo solar.

Es la madre por antonomasia, la Gran Madre, la madre de los dioses. Zeus, Poseidón y Hades son sus hijos, y Hera, Deméter y Hestia sus hijas. Rea, como hija de la Madre Tierra Gea, está emparentada con ella, es más madre que esposa y se aparta de Crono, el progenitor. En la Titanomaquia toma partido por sus hijos; sienta las bases de la lucha y la introduce. En Creta, en los montes Dicte o Ida, o en la cueva cerca de Licto, dio secretamente a luz a Zeus, escondiéndolo de Crono. El progenitor Crono fue siempre también destructor de su maternidad; la convivencia con él supuso para Rea un interminable tormento, el sufrimiento sin fin de una madre que ve amenazada su descendencia. En el reino de Crono le ha sido vedado vivir como madre de sus hijos, cuidar de ellos y actuar como una madre.

¿Qué es titánico en Rea? Esto precisamente, que es madre y nada más. Las titánides son madres o, como les ocurre a Temis y Mnemósine, Zeus las hace madres. Por su maternidad y su espíritu maternal también las mujeres mortales rozan lo titánico, por la desmesura y la falta de límites de su preocupación y de su sufrimiento. En lo titánico de Gea y de Rea se encuentra la madre más que la joven, más que la virgen intacta e inaccesible. La característica que más se venera en Rea, de cuyo vientre proceden los dioses olímpicos, es la faceta siempre retornante de lo femenino, la procreación, el alumbramiento, los dolores y las contracciones del parto, la alimentación y la crianza de los hijos. Todo esto se repite, ninguna mujer escapa a esta regularidad. En Atenea, en Ártemis, no se encuentra este rasgo titánico, pero en Rea, la madre, existe con un poderío que raya lo salvaje, la ira desgarradora de la leona apartada de sus crías, amenazadas sus crías. El hecho de que sea el propio esposo quien amenaza a su progenie aumenta el salvajismo de la madre. Zeus recompensa a Rea por el esfuerzo que ha realizado en su favor, le da tranquilidad, le concede un lugar propio y la entroniza como madre para que disfrute de su dignidad. Por eso está sentada en el trono, con la corona almenada sobre la cabeza y los leones a sus pies.

Más que a la Rea entronizada se rinde culto a la Rea ofendida, cuya sede se encuentra en la isla de Creta, allí donde, en una cueva en el monte, dio a luz a Zeus. Y no sólo se le rinde culto en Grecia, también en Lidia, Misia, Frigia y otros países de Asia Menor. Es la madre de Pesinunte. Aquí no se muestra como titánide sino como la Gran Madre de un misterio que se ramifica hacia la lejanía, pero siempre también como Rea Cibeles, como representante de Gea, la Madre Tierra. Las mujeres acuden en tropel a ella y en la excitación palpitante de los misterios en honor de Atis se aprecia cómo el hijo y el amante se funden en uno para ella. Su maternidad se hace orgiástica y desbordante, y se acerca a la naturaleza dionisiaca, estrechamente vinculada a ella. Está rodeada de coribantes y curetes, y también de castrados, los galos, que forman parte de su cortejo. El tracio Baco Sabacio está estrechamente relacionado con Rea Cibeles, se le considera hijo de la Gran Madre. La naturaleza dionisiaca en su totalidad guarda con la maternidad orgiástica de Rea una relación tal que se piensa que procede de ella. El desenfrenado júbilo que deriva en frenesí, acompañado por el ruido de los timbales, forma parte del culto a Rea Cibeles.

En Rea lo titánico destaca cuando ejerce su influencia sobre los dáctilos del Ida, en razón de la fuerza que le es propia, y despierta en ellos el entusiasmo coribántico. Sirven a la Gran Madre. Nacieron en el Ida cretense o frigio. Es así como se distinguen los dáctilos cretenses de los frigios. De los cretenses se dice que son cinco, diez o cien, un número que apunta a una cantidad considerable. Los frigios sólo son tres: Damneo, Acmón y Celmis. Estos nombres significan martillo, yunque y fundidor, e indican, por tanto, que pertenecen al ámbito de la forja. Son seres titánicos, fundidores titánicos que salen de su renegrida fragua para rendir culto a Rea, para saludar a la hija de Gea. Al parecer, fueron los primeros en descubrir el hierro y el cobre, y en trabajarlo. Se los tiene también por inventores del compás, ese ritmo que retorna y que ellos escucharon al compás de sus martillos. Son hábiles e inventivos, poseen conocimientos de los secretos poderes de la naturaleza y se los tiene por magos. No sólo conocen los yacimientos metalíferos sino que ellos mismos son, en cierto modo, de metal, y sus capacidades artesanales y técnicas entroncan con la naturaleza elemental y espiritual, salamandrina. Como poseedores de secretos poderes que custodian, están apartados, son extraños y se los mira con desconfianza, tal y como sucede a menudo con los herreros. Su inquietud y su movilidad mercurial tienen algo demónico. Aparecen como trabajadores titánicos que, sin ser vistos, andan de aquí para allá en sus humeantes fraguas, activos como martilladores y fundidores, y pasivos frente a las fuerzas del yunque batido por el hierro. En ellos sobresale una faceta de la naturaleza titánica que no debe ser menospreciada. Pertenecen al séquito de los titanes, a las armerías y talleres titánicos en los que opera el espíritu metalúrgico, el proceso de la creación. Los inicios de toda técnica son de origen titánico.

Océano y Tetis

El gran titán Océano es, de todos los titanes, el único que no intervino en la lucha entre Crono y Urano. Tampoco participó, como la mayoría de los titanes, en la lucha entre Crono y Zeus. Es de naturaleza pacífica, constante, persistente, como la naturaleza del elemento que le corresponde. Por supuesto, el agua se mueve, es líquida, cambiante, pero también es, al mismo tiempo, persistente y contraria a cualquier apasionada inquietud. Proteo, que apacienta las focas de Anfitrite, es quien muestra con más claridad la cualidad cambiante del elemento, que permanece igual a sí mismo en todas las formas. En Poseidón se manifiesta algo que se estremece ligeramente, que se mueve ligeramente, pero que se aplaca también con prontitud. Océano está comprendido dentro de un movimiento que perdura, que es siempre igual a sí mismo y sobresale del ciclo del elemento sin jamás abandonarlo.

El nombre de Océano da a entender tres cosas. En primer lugar define al propio titán, un soberano con enorme poderío. Luego, es la corriente universal que circunda la tierra en forma de disco y que ciñe la tierra y el mar. Fluye formando un círculo exacto que, por tanto, vuelve hacia sí mismo. En el escudo de Aquiles, Hefesto lo representó como una corriente que refluye hacia sí misma. Allí donde la corriente entra en contacto con el mar que abarca, no se mezcla con él: las aguas permanecen separadas y la mirada las reconoce como distintas. Las proporciones del curso de Océano son impresionantes, en su amplitud linda con lo más lejano. De él se elevan Eos, Helio y Selene, y a él regresan. A sus orillas se encuentran la casa de Hades y las corrientes del mundo inferior, los bosquecillos de Perséfone y el País de los Sueños, está el Elíseo y viven los cimerios y los etíopes. Ora levantando enormes remolinos espumosos, ora en un profundo y suave fluir, la corriente universal roza apresuradamente los límites de todos los fenómenos. A decir de Hesíodo, de él manan diez manantiales que, al igual que Océano, fluyen en círculo alrededor de sí mismos. Estigia, la sagrada, la hija mayor de Océano, corresponde al manantial del mismo nombre que brota de unas rocas apoyadas sobre columnas plateadas y abarca la décima parte de las aguas de Océano que circundan el mundo. Hesíodo cuenta de Estigia que, al ser invitada a combatir contra los titanes, fue la primera en acudir corriendo con sus hijos al Olimpo, razón por la cual se le rendía culto y se la honraba. Sus hijos fueron acogidos para siempre en la casa de Zeus. Los dioses la invocaban en sus juramentos y, para reforzarlos, mandaban a Iris a buscar con un cántaro dorado un poco de agua de Estigia. Al finalizar su recorrido, los diez manantiales desembocan en el agua salada. Océano es una corriente de agua dulce. Según otra descripción, de él emergen todas las corrientes marítimas, los cursos de agua, los ríos y los manantiales. Aparece aquí como suelo primordial y fuente primigenia de todo aquello que existe. Es llamado el origen de todos los dioses que surgen de este círculo sin fin, en perpetuo movimiento y retorno.

Que Océano no tome partido por los titanes es algo que los dioses valoran como una contribución a su victoria; se mantienen sus honores y sus bienes, y sólo cede al poderío de Zeus. Océano es representado con el cetro, el cuerno de la abundancia y la arqueta con agua de la que emerge abundante líquido; está rodeado de animales marinos y de juncos, y en su cabeza se yerguen los cuernos de la fuerza. Su ancestral dignidad se evidencia en su figura, como en Ponto, Nereo, Taumante y Forcis;

los señores del mar encarnan la edad de plata de la senectud. Son figuras magníficas y poderosas, entre las que descuella Ponto como el mayor, anterior a Océano y nacido de Gea. Ponto es el señor de las vastedades marinas. Nereo, el hijo mayor de Ponto y de Gea, es señor de las aguas profundas y quietas. De él y de la oceánide Doris procede el tropel de las cincuenta graciosas nereidas. Hesíodo lo llama el Anciano, el sincero, insobornable e infalible, lleno de clemencia, amante de las leyes y de ánimo recto e invariable. De Taumante se dice que es imponente y de Forcis que es magnífico. En la edad de plata y en los movimientos de los soberanos del mar se evidencia la atemporalidad de las aguas que percibe el hombre que vive a orillas del mar. El retorno rítmico de las olas y las ondas, el ascenso y descenso del agua, que es un inspirar y exhalar constante, es atemporal. El poder de serenar que tiene el elemento está relacionado con ello. A la orilla del mar, el tiempo transcurre sin que nos demos cuenta. Quita peso al hombre y lo aligera. Se encuentra en él el lugar de juego de los tritones, que carecen de principio y de final. Prodigioso es ese retorno de la corriente; el hombre que se entrega a ella se olvida de sí mismo. Se advierte así que el pescador tiene un concepto del tiempo distinto del campesino; maneja el tiempo con más libertad, se adapta al agua y a su movimiento.

Tetis, la amorosa, esposa de Océano y madre de las oceánides y de las divinidades del agua, vive en íntima unión con su esposo. Es la educadora de Hera, a la que Rea puso bajo su custodia. Se la representa subida a un carro tirado por animales marinos y sentada al lado de su hermano y esposo Océano. Se caracteriza por su jovial e inagotable fertilidad, por la plenitud de su capacidad generadora, que también caracteriza a Doris. En los soberanos de lo líquido se da la máxima fertilidad. El número de oceánides, de ninfas acuáticas, cuyo reino incluye al de las nereidas, suma tres mil criaturas masculinas y tres mil criaturas femeninas. Números como éstos siempre son redondos, así los bueyes de Helio, el número de hijos de Endimión y Selene o el número de dáctilos del Ida. Son estimaciones y resúmenes. Hesíodo dice que ningún mortal es capaz de conocer los nombres de los hijos de Tetis, el hombre conoce sólo a los que viven en los alrededores de su propia patria. La fuerza de Tetis sólo se puede calcular de modo aproximado; lo abarca y lo encierra todo hasta sus últimos confines. Es la correspondencia femenina del Océano masculino, al que acompaña en su curso y cuyo movimiento comparte incesantemente.

En Océano, comparado con Poseidón, se evidencia una diferencia con respecto a la naturaleza creadora elemental. Los titanes son los maestros de las fuerzas y los fenómenos elementales, pero a ellos no les ha sido dado oponerse por sí mismos al modo de obrar de estas fuerzas. Siguen siempre el impulso de las mismas y lo hacen visible sin ser capaces de desprenderse de ellas. Son hijos de Gea, de la que no consiguen desvincularse. Su grandiosidad no se alza sobre el suelo del que proceden. A sus espaldas está la oscuridad y cuando salen a la luz es como si llegasen directamente de la noche. Se trata de un rasgo innegable, incluso en el luminoso Helio. Lo inmensamente sublime que está asociado a ellos como hijos primordiales posee la sublimidad de la naturaleza y se asemeja a una tormenta, a las fosforescencias marinas o a una noche de tempestad. Les caracteriza la necesidad, y también el desenfreno y el desbocamiento del elemento al que sólo otro elemento es capaz de contener dentro de sus límites. Cuando cada uno de ellos camina hasta lo más externo, sin preguntar hasta dónde llega este extremo y dónde es contenido, chocan con dureza unos con otros. En sus movimientos hay presión y choque, así mantienen en pie la construcción elemental que al mismo tiempo está representada en ellos.

Océano abarca el reino entero de Poseidón que, en su máxima extensión, topa con el ámbito titánico. Así como el reino de Urano parece más amplio y vacío que el de Crono, y éste a su vez más amplio y vacío que el de Zeus, el reino de Océano parece más amplio y vacío que el de Poseidón. Este último actúa de un modo diferente a Océano pues, a diferencia del titán, no está bajo su poder la corriente que todo lo abarca y circunda con su curso y su retorno. Es señor y dios del mar, que está enteramente separado de él y debe pensarse como algo distinto a él. En su supremacía sobre el mar hay más libertad y distancia que en la de Océano sobre la corriente universal. Dado que existe esta separación, existe más orden, pues de no haber tal separación Poseidón sería idéntico al mar, lo cual no se puede afirmar ni siquiera de Océano y de la corriente universal. Este orden siempre es un orden añadido. Poseidón es quien sustenta la tierra y sacude la tierra, es el guía de las ninfas y hace que broten los manantiales. Procura el caballo y lo domestica, lo que lo convierte en el dios de los juegos Ístmicos; los cabos y promontorios, los istmos y las penínsulas dejan entrever su poderío tierra adentro. A su cargo está la feminidad nereida cuya conductora, la nereida Anfitrite, es su esposa. Es amante y protector de las muchachas que acuden a las fuentes a buscar agua; en este camino se le cruza la bella Amimone, la danaida. El reino de Poseidón está mejor ordenado que el de Océano. Es más suntuoso y armonioso. La corriente universal que fluye poderosamente lo encierra con un cinturón, lo encierra como centro a partir del cual la entera naturaleza marítima adquiere su forma. Las oceánides son hermosas, aunque sólo cuando Poseidón se una con la feminidad nereida se desplegarán las gracias del mar. Éstas se reúnen en el gran coro de las nereidas. Montadas sobre delfines y tritones, a caballo de los monstruos de las profundidades, cuando emergen desnudas del agua, poseen los dones de la gracia, el juego y el ocio que proporciona el mar. Regentan todas las buenas obras que depara el elemento y también acuden presurosas, desde las profundidades, a la superficie, atentas al clamor angustioso de los navegantes y náufragos para socorrerlos en las tempestades. Todo lo que procede del mar muestra un parentesco, tiene algo en común que no oculta su origen. Los delfines, las nereidas, los tritones, todos emergen del medio húmedo y su complexión muestra el poder del elemento del que proceden. Las escamas, las aletas, las colas de pez únicamente se forman en el agua y, por el modo en que se mueven, están en correspondencia con la resistencia de las corrientes. Algo parecido muestran las conchas y las caracolas en sus formas planas, en sus circunvoluciones y curvaturas. Determinadas criaturas marinas poseen una estructura estrictamente simétrica a partir de la cual configuran formas estrelladas y radiales, imágenes en las que también el agua interactúa con su fuerza moldeadora, radial y estrellada. Otras, como las medusas, son transparentes, su cuerpo entero está bañado en luz y avivado por exquisitos tornasoles. A todo lo nacido y crecido en el agua le es propio un esmalte, un color y un brillo que sólo el agua puede conferir. Es iridiscente, fluorescente, opalino y fosforescente. La luz que penetra a través del agua se deposita sobre un fondo sólido que refleja las delicadas refracciones y los destellos de la luz. Este tipo de brillo se observa en el nácar y aún más en la perla misma. Al mar no le faltan joyas, es más, todas las alhajas están en relación con el agua, poseen también una naturaleza acuática que les confiere un poder lumínico. En él los colores son más bien fríos y aun así resplandecientes, y se reflejan los unos en los otros. Prevalecen el verde y el azul, oscuros y claros a través de todos los matices. Al agitarse, las aguas se tornan negras y arrojan una espuma color de plata. También allí donde asoma el rojo, o el amarillo en estado puro, el agua participa en su formación.

    Al que contempla estas formas admirables y a primera vista, a menudo, tan extrañas, le recuerdan ante todo los juegos de las nereidas. Son los juegos que ellas juegan en las aguas cristalinas, en sus cuevas verdes. Al nadador, al bañista le vienen a la mente estos juegos y lo serenan. La fertilidad del mar oculta un tesoro de serenidad; por mucho que se extraiga de él, siempre permanecerá inagotable. Quien descienda a las profundidades, sentirá el cariño con el que el mar se apodera del cuerpo y lo penetra, sentirá los abrazos que reparte. De la caracola en forma de espiral hasta el cuerpo blanco y níveo de Leucótea, de la que se enamoró el tosco Polifemo cuando la miraba jugar con la espuma de la orilla, todo sigue en él la misma ley. También Afrodita Afrogeneia emergió del mar; su belleza y su encanto son un obsequio del mar.

Del ámbito de Poseidón, del reino de Poseidón depende todo esto. Todo lo que se halla bajo la tutela del tridente tiene algo en común y muestra un parentesco inconfundible. Fluye, se mueve, es luminoso, transparente, cede a la presión y ejerce presión. Se eleva y se hunde rítmicamente, y en su formación revela el ritmo que lo impregna.

Hiperión y Tía

En Hiperión y Tía hay una herencia uránica. En ellos Urano sigue obrando poderosamente, también en la relación que establecen los hermanos entre sí, también en sus hijos. En Helio, Eos y Selene se evidencia que son nietos de Urano. Los rasgos de Hiperión y su hijo Helio guardan un enorme parecido. A menudo se funden en una sola persona, como en Homero, que equipara a Helio con su padre. Helio también recibe el nombre de Hiperiónida.

Lo titánico en Hiperión y Tía también se evidencia en Helio, su hijo. En él lo solar y radiante está en constante movimiento. Por la mañana emerge de una serena ensenada de ese Océano en perpetua circulación para dar comienzo a su propio curso circular sobre la tierra en forma de disco. Por la noche, vuelve a sumergirse en las aguas circulares de Océano. Se eleva hacia el país de los etíopes orientales y se hunde en el Océano occidental. Por la noche completa su curso repetido y, dormitando en la copa de oro, regresa por las aguas de Océano hacia Oriente, sobre una barca dorada. Es el esquife que le prestó a Heracles cuando éste partió hacia los jardines de las hespérides. Helio luminoso guarda relación con Océano y la Noche. Una y otra vez emerge de las puertas de la Noche en Oriente y, una y otra vez, corre en dirección a la Noche en Occidente. Su morada se encuentra en el Occidente más remoto, allí está el establo de sus corceles dorados y alados que desuncen las nereidas y las horas y que, después, pacen en los prados de las Islas de los Bienaventurados. En Occidente sus jardines están al cuidado de las hespérides. Egle, Aretusa, Eritia y Hesperia vigilan junto con el dragón Ladón el árbol de las manzanas de oro que brotó del seno de Gea. Las manzanas de oro y los bueyes de oro pertenecen al titán. En Eritia y en la isla de Trinacia se deleita con sus rebaños de bueyes, cuyo número es tan grande como lo son los días del año lunar. Baña a sus corceles en el lago solar de Cólquide y allí descansa. Su esposa es la oceánide Perse, de la que nacerán Eetes, Pasífae y Circe. Augías también es hijo suyo. De la oceánide Clímene nacen Faetonte, las helíades y Merops. Los destinos de Faetonte y de las helíades son uránicos. Faetonte se precipita sobre la tierra con su carro solar, para cuyo manejo no bastan sus fuerzas. Sus hermanas Aegle, Faetusa y Lampetía, que uncen el carro a espaldas de Helio, se convierten en álamos que segregan lágrimas doradas, unas lágrimas de las que se genera el ámbar.

En Helio lo titánico se eleva a su mayor potencia lumínica. Montado en su carro, forjado por Hefesto, circunvala la tierra con un brillo rotante, con el retorno igual del movimiento que es propio de todos los titanes. En el friso oriental del Partenón encontramos a Helio que emerge del mar. En la metopa de los troyanos está de pie tras la cuadriga de corceles encabritados, en actitud de conductor, con los brazos extendidos, la capa al vuelo y una corona radiante alrededor de la cabeza. El brillo de Helio y su manera de moverse lo diferencian de Apolo. Apolo, que se yergue como una estatua, nos mira con una calma absoluta. Se eleva sobre el zócalo de su serenidad y deja un espacio libre a su alrededor, de forma que se percibe en el centro al dios, que actúa desde el centro, que decreta el orden desde el centro. En Helio todo es agitación. Sus corceles se encabritan, su carro cruje y el viento tormentoso que levanta al desplazarse lanza hacia atrás su capa y sus cabellos. Helio no puede escapar a este movimiento, está ligado a él y conforma lo titánico que hay en él. En el brillo y la luz de los titanes Hiperión y Helio se evidencia su proximidad con respecto a Apolo. El ojo de Helio, como el de Apolo, es penetrante, abarcador; a Helio no se le escapa nada, en su recorrido lo oye y lo ve todo, por eso se lo invoca como conjurador cuando se presta juramento. La cabeza redonda, su rostro siempre se dirige hacia nosotros sin desviarse él de su trayectoria. Así lo muestran las monedas de Rodas. Rodas es la isla que Helio vio emerger del mar y que eligió como su sede. Rodas es una isla de Helio. Quien ponga su pie en ella, quien le ofrezca dádivas, así lo sentirá cuando camine por sus montañas, quebradas y valles, por sus orillas, cuando desde la cima del Atabirio disfrute de una vista panorámica de la isla bañada en una luz diáfana, del mar y de las cadenas montañosas de la costa de Asia Menor. Rodas es la sede principal de su culto, el lugar en que los escultores lo glorificaron con imágenes de tamaño colosal. Aquí surgió la imagen de setenta codos de altura de Lisipo, quien lo representó montado sobre la cuadriga, y también la estatua del Chares, el discípulo de Lisipo que era oriundo de Lindo, cerca de Rodas, quien creó el Coloso, la estatua de Helio situada a la entrada del puerto de esta ciudad.

En Eos, que es la aurora y el crepúsculo, se hace patente la herencia uránica de sus padres Hiperión y Tía. Eos aparece inseparablemente unida a su hermano Helio. Incluso antes que él, se eleva del Océano circular, cubriéndose con el manto color azafrán, para uncir sus corceles Faetonte y Lampo. Anuncia la llegada de Helio, se le adelanta. Tampoco lo abandona durante el día, pero con la luz más incisiva se vuelve invisible y se pierde en el brillo de Helio. Su movimiento es más suave, más silencioso, es como la brisa fresca en la frescura del rocío del amanecer. Está también representada con alas, con una antorcha en la mano y volviéndose hacia Helio, que la sigue en su carro. Eos es el frescor de la mañana y el despuntar de la vida, es la suprema gracia juvenil, el encanto que se despierta y que despierta. Es la favorita de los poetas, que la llaman «la de rosáceos dedos», la de brazos rosáceos y bucles hermosos, la que resplandece y brilla. Ya antes de que llegue guiando su carro o volando, el oscuro Océano empieza a teñirse levemente de rojo y un resplandor recorre la tierra. Con timbre claro se escucha cantar a su ave sagrada, el gallo. Juvenil como es ella, ama a los jóvenes hermosos, al cazador Orión, a Céfalo y a Titono, con el que engendra al rey de los etíopes, Memnón, y a Emation. Como esposa del titán Astreo es madre de los astros, es madre de Céfiro, Noto y Bóreas. En esta hija y esposa de titanes, lo titánico es suave pero aun así resulta inconfundible en los movimientos que realiza. En el reino de Zeus tiene una sólida posición como diosa.

Su hermana Selene revela algo distinto. Eos y Selene no viven juntas, ni lo eósico y lo selénico están unidos en lo femenino, sino que se diferencian como los estados de vigilia y sueño. Selene también emerge de Océano, que todo lo circunda. También ella conduce su carro con dos o cuatro corceles. También se la representa a caballo, no sólo cabalgando sobre corceles sino también sobre mulas y vacas. Las vacas de la luna de Selene están relacionadas con ella y con su naturaleza, que posee algo de la profunda y apacentadora afabilidad de una vaca. El encanto de Selene es la luz plateada; sus movimientos poseen la calma y suavidad más hon-

Titanes

das, son callados, silenciosos y suaves como las alas de un búho. Mana de la vida manante de la noche, derramando en su entorno el resplandor más suave y delicado. Se la representa con el cuello envuelto en un velo, una antorcha en la mano, elevándose de la luna creciente o con una media luna sobre la frente. También la vemos con la media luna sobre la coronilla o con un velo en forma de media luna, a modo de bóveda, sobre la cabeza. En el altar del Louvre está flanqueada por Fósforo y Héspero, a los que se ha agregado una antorcha vertical y otra inclinada. Tiene la cabeza ligeramente ladeada y bajo su busto, que surge de la luna creciente, se encuentra la máscara de Océano, de cuyo curso emerge ella. El himno homérico la llama la de bellos bucles y níveos brazos, y le asigna largas alas y una diadema de oro.

Así como Helio y Apolo tienen puntos en común, así también Selene y Ártemis. Son dos parejas de hermanos que se corresponden. Pero la similitud entre ambas diosas, a las que a menudo se confundió en épocas posteriores, sólo lo es para una mirada fugaz. La esbelta Ártemis de falda corta, la cazadora virgen, hija de Leto y hermana de Apolo, es veloz, vigilante y de mente ágil. Las representaciones muestran que su cuerpo es grácil y tiene complexión de corredora, un rostro más bien ovalado y un atuendo que no le impide correr o cazar. Selene no es tan delgada, su cuerpo es más redondeado y su rostro más lleno; se asoma a través de los velos. Reposa profundamente, insertada en la naturaleza elemental, unida a ella por su curso. Helio y Eos están vinculados al curso del sol; Selene, al de la luna, y es también inseparable del curso de los astros. Apolo y Ártemis, en cambio, no son dioses que se corresponden con astros ni permanecen vinculados a ellos. El curso y recorrido de Ártemis es más libre que el de Selene; procede de Hiperión y Tía, de Océano y Urano. La virginidad de la de mente ágil se contrapone a la de Selene, que dormita en el sueño de la vida y el amor. Con Zeus, que estaba subyugado por su hermosura y gracia plateadas, engen-

Los grandes titanes

dró a la hermosa Pandia, a Ersa y a Nemea. Su naturaleza se hace patente en el afecto que la unió a Endimión, el joven que muestra lo selénico en su vertiente masculina. Es el genio puro del adormecimiento. En la gruta de Latmos, en la que yace en sueño eterno, Selene se inclina sobre él para besarle. Está representada mirándolo desde lo alto, bajando afectuosamente la mirada hacia él y yendo a su encuentro con un suave balanceo. Selene desciende hacia Endimión y descansa en sus brazos. Endimión yace, durmiendo, y la abraza. Están sumidos en la noche incipiente y plateada, en el fértil sueño de la vida, en la agitación soñadora del placer. Ningún despertar, ningún alborear del día sobresalta este largo abrazo. Tiene algo vegetal y floral.

Ceo y Febe

Febe es, tal y como lo expresa su nombre, portadora de un gran brillo. Por medio del titán Ceo se convierte en madre de Asteria y Leto; sus sobrinos son Apolo y Ártemis. La luz que irradia esta titánide también irrumpe con fuerza de su descendencia. Es la predecesora del oráculo de Delfos, que primero correspondía a Gea y después a la titánide Temis. El oráculo de Delfos estuvo desde un principio custodiado por mujeres. De él se dice que «hasta donde llega la memoria, el oráculo estuvo reservado a mujeres». En un primer momento se anunciaban allí las sentencias de Gea y de sus sucesoras, después las de Apolo por medio de su sacerdotisa. El oráculo titánico es un oráculo de las madres; el apolíneo, de las vírgenes que son boca, receptáculo y crátera de Apolo. Apolo se encarga de administrar el oráculo por encargo de Zeus. La sentencia de Dodona reza así:

> Gea nos trae los frutos, por ello
> venerad a la tierra como madre.

Titanes

> Zeus fue, Zeus es, Zeus será.
> ¡Oh tú, todopoderoso Zeus!

Se han formulado conjeturas sobre los inicios del oráculo de Apolo. En un primer momento parece que fueron pastores, caros a Apolo, quienes dieron con el lugar, se entusiasmaron con el vapor que ascendía de él y, bajo la inspiración de Apolo, pronunciaron las respuestas del oráculo. Boio, una délfica, dice que fueron los hiperbóreos quienes prepararon el oráculo para el dios. Se atribuye a Femónoe, la primera sacerdotisa de Apolo en Delfos, la invención del hexámetro, y se dice que fue la primera en componer las sentencias de Apolo en estos versos. Al parecer, la muerte del dragón pítico es el acontecimiento que pone punto final al antiguo oráculo ctónico. En Febe se advierte claramente que el oráculo pasa a pertenecer a Apolo.

Asteria, hija de Febe y de Ceo, es la madre de Hécate, a la que engendra con el titán Perses. El himno a Hécate inserto en la *Teogonía* muestra la veneración que se le tributaba y el poder de que disponía. En Hécate hay algo que todo lo une, de manera que con sus poderes y dones impera y entreteje a través de vastos espacios; en todos los lugares sale al encuentro del hombre y el hombre tiene acceso a ella desde múltiples ámbitos y en todos los caminos de la vida. De ahí que se la llame «la que actúa desde la distancia». La *Teogonía* dice de Hécate que ya en la época de los titanes ejercía un triple dominio: sobre la tierra, sobre el cielo y sobre el mar. No sólo es de origen titánico sino que ella misma es una titánida. Su ascendencia se remonta a tiempos inmemoriales y permanece incólume a través de todas las convulsiones. De ella se dice que tiene una parte en todo y que todo lo disfruta. Zeus la venera por encima de cualquier otra, jamás la ofende y no la priva de los honores de los que ya disfrutaba en gran medida bajo Crono. Antes bien, la respeta mucho y multiplica sus dignidades.

¿Qué significa que Hécate participa de todos los seres y todos los poderes titánicos y qué calidad tiene esta participación? Con ella nos encontramos ante una dominadora de un poder peculiar. No se limita a una determinada función; su acción atraviesa y cruza cualquier otra acción y une aquello que es opuesto o que parece serlo. Su poder interviene espacialmente en todo, en la tierra firme, en el espacio celeste y marino. No obstante, no es reina sobre la tierra, ni es soberana del cielo y del mar. Como Gea, abarca los espacios luminosos del día y la oscuridad subterránea. Pero no impera sobre el día ni sobre la noche. No es fácil pensar como una forma a la plural Hécate, que actúa en las correspondencias y en los antagonismos, pues se diluye de un modo fantasmagórico y se sustrae a toda mirada. Este diluirse es propio de ella. Como su poder, también ella tiene algo de trimorfo, su lugar predilecto es el cruce de tres caminos. Pausanias observa que Alcamenes representó en un primer momento a Hécate como tres figuras que entrechocan, y también que fueron Mirón, Escopas, Policleto y Náucides quienes la representaron como figura única. En el friso del altar de Pérgamo aparece con cuerpo único pero con tres cabezas y tres pares de manos. La Hécate capitolina está representada como una unión de tres figuras que se dan la espalda y que portan en las manos antorchas cortas, cuerdas y llaves. En otras representaciones encontramos dagas y serpientes, o antorchas largas que reposan en el suelo. Pero aquí no se está hablando de la Hécate de los misterios sino de la titánide.

Lo titánico en Hécate se manifiesta de un modo diferente al de los grandes titanes, como misterio de la naturaleza en el oscuro retorno de las conexiones y uniones. Hécate ama los caminos, sobre todo cuando se entrecruzan y entrelazan. A esto se debe que se haga escuchar en las reuniones, las contiendas, los juicios, las competiciones donde se cruzan muchas voluntades y opiniones; que asegure la victoria, el botín y la gloria; que otorgue protección a los navegantes, puesto que conoce incluso los desconocidos caminos del mar y guía con seguridad. También se halla bajo su influencia el sexo cuando se encuentra por caminos oscuros, y el feliz acoplamiento y apareamiento de los animales. Multiplica y mengua los rebaños. Es además refugio de los jóvenes y protectora de la juventud, a la que lleva por buen camino. Bajo su dominio están los juramentos; el juramento de aquel que la invoca es vinculante en cualquier lugar, puesto que Hécate está en todas partes. En sus manos está el saber hacer, es capaz de todo y de incentivar a todos.

Debido a que su poder actúa de múltiples maneras en las bifurcaciones, conexiones y cruces, al final de cada mes y en las encrucijadas de los caminos se colocaba en su honor y en el de los dioses que alejan las desgracias una comida con la que se confortaban los pobres. Como tiene parte en todo, está en contacto con todos los titanes y dioses, preferentemente con Rea, con Ártemis, protectora de los jóvenes, y con Selene y Perséfone. Bajo su dominio se encuentra toda la naturaleza elemental, pero siempre en las uniones, conexiones y perspectivas que existen entre los diferentes ámbitos y círculos. Es un ser mixto, con un poder y una *daimonía* sin par; una vigilante que lo percibe todo. En el *Himno homérico* encuentra y acompaña a Deméter; sigue los pasos de Perséfone, que conducen de la oscuridad hacia la luz y de la luz hacia la oscuridad. Es también soberana del mundo inferior y al mismo tiempo diosa de las expiaciones y purificaciones, pues a través de ella se abre el buen camino. Como diosa nocturna que conduce a lo más subterráneo está, al igual que Selene, bañada de un brillo plateado. Saca a las almas del Hades inaccesible, pues entra y sale de él volando libremente y, desde las profundidades, envía hacia la superficie a las lamias y las empusas. Vagabundea fantasmagóricamente en las encrucijadas con las almas de los difuntos. Se comprende bien que guarde relación con el mensajero Hermes, conocedor de los caminos, y así como los *hermaion* se encuentran en todas partes, así las columnas y postes de Hécate, las *hekateia,* se encuentran en los cruces de los caminos pero también delante de las casas y dentro de ellas. Hécate es la madre ancestral de los magos y las magas, la instructora de Medea y Circe. Por esta característica suya la invocan aquellos que se ocupan de la magia y los conjuros, y los que en las noches de luna recolectan las hierbas en las que han penetrado los poderes de Hécate. A Hécate le seducen la noche, las tumbas, la sangre de los asesinados; en su honor se sacrifican ovejas de color negro, perros jóvenes y miel. El perro es un animal inseparable de Hécate. No sólo se presenta acompañada por perros estigios cuando asciende del submundo, sino que los perros que vagan por los caminos nocturnos anuncian su cercanía con aullidos y alaridos. La relación del perro con Hécate da una idea de la naturaleza de este animal.

Asteria, madre de Hécate, por la que la isla de Delos en un primer momento se llamó Asteria, fue convertida en una codorniz porque desdeñó el amor de Zeus y Poseidón. Por este acontecimiento se dio a la isla un segundo nombre, Ortigia. Del mismo modo que la madre fue transformada, la hija posee el poder de transformar; en ella lo mágico es, como en todo, la capacidad de provocar múltiples transformaciones por medio de fórmulas, máximas, brebajes, venenos y también a través del contacto. Medea y Circe están impregnadas del poder de Hécate y también Hermes gobierna sobre estas fuerzas.

No es fácil rastrear todas las relaciones en las que actúa Hécate y apenas hay nadie que sea capaz de cumplir este cometido, pues no sólo se muestra en el mundo exterior, visible, sino que penetra hasta el fondo de lo invisible, hasta los proyectos, las reflexiones, los pensamientos y las intenciones. En ella lo titánico destaca de un modo asombroso y a menudo sorprendente; retorna en los reinos intermedios, acompaña y sigue, guía e indica el camino, acarrea bendiciones y desgracias.

Titanes

Crío

Apenas sabemos nada de Crío o Creios, como tampoco de Ceo. Junto con todo lo que está bajo su dominio, permanece en la oscuridad, pues de lo que de él relatan Hesíodo y sus sucesores no se puede deducir nada concreto. La *Teogonía*, que para nosotros tiene un valor incalculable, a menudo se reduce a la brevedad de un catálogo genealógico de nombres. Su estructura genealógica es también arquitectónica; produce siempre asombro el aplomo con que la aborda su autor. El laconismo que practica guarda, para nosotros, algo doloroso.

Crío es el esposo de Euribia, con la que engendra a Astreo, a Palas y a Perses, hijos de cuyo modo de ser y de comportarse puede inferirse la naturaleza uránica de los padres. Astreo ya ha sido mencionado como esposo de Eos, con la que engendra los astros luminosos, entre ellos Eósforo, y los vientos llamados por esta razón hermanos astreos, que llevan este nombre por él. El titán Palas es esposo de Estigia y de su enlace proceden Zelo y Nice, Cratos y Bía. Estas dos parejas de hermanos aparecieron por primera vez en el Olimpo junto con su madre cuando Zeus exhortó a la lucha contra los titanes. Para Zeus, el hecho de que acudiesen constituía una garantía para la victoria. Nice alza los trofeos y en un escudo graba las proezas del vencedor. Tiene alas ligeras y lleva una palma y una corona, galardona al ganador, conduce sus corceles y le precede volando. Se la representa junto con Zeus, con Atenea, con los dioses y los héroes. Atenea, que tiene un santuario en la fortaleza de Megara, lleva el sobrenombre de Nice. Al igual que Atenea, también Nice es una virgen. La Nice del hombre se convierte en genio que lo acompaña. Cratos y Bía son sirvientes de Zeus en el *Prometeo* de Esquilo, donde encadenan al titán a una roca. Como fuerza y poder masculinos y femeninos pertenecen al dios más poderoso. Perses, que en la descripción de Hesíodo destaca en ardides, es esposo de la Asteria luminosa como una estrella. Píndaro la llama «estrella de la tierra oscura que brilla a lo lejos». Perses engendra con Asteria a Hécate.

Temis

Temis, que preside el oráculo délfico y como tal es la sucesora del antiguo oráculo ctónico de Gea, nos ocupa aquí precisamente por esta función suya. En Gea Temis lo titánico se evidencia porque, como heredera de Gea y por encargo de ella, administra el oráculo ctónico y pronuncia los presagios. La carga profética de la palabra, su poder sagrado y présago, se muestra por vez primera en Gea cuando ésta anuncia la caída inminente de Urano. Este presagio contribuye a endurecer a Urano, a negarle todo futuro hasta destruir incluso su paternidad. Los poderes de Gea se evidencian en las titánides Temis y Febe, en las que lo titánico femenino está dotado de un singular poder de predicción. En la madre tierra Gea este poder está relacionado con la maternidad, a lo que apunta en particular la sentencia dirigida a Urano. El oráculo délfico sigue siendo hasta el final del dominio titánico un oráculo de las madres y un oráculo de la preocupación materna titánica. Gea, preocupada y sufriente por el destino de sus hijos, lanza una advertencia a Urano. El oráculo de Gea anuncia dolor; el dolor de las madres titánicas resuena en los bosquecillos y en las cuevas délficas. Gea sufre, sufre la titánide a la que el futuro se le ilumina como por un rayo. Sufre la sacerdotisa que, arrebatada por Apolo, empieza a delirar con delirio mántico. Es un receptáculo del dios, que prepotente la penetra hasta hacerla estallar. Esta inundación de rostros, esta luz amenazante que cae y penetra afilada, no concibe sin sufrimiento, no se da sin un dolor punzante y un agotamiento profundo.

Parece como si en Temis no existiese lo titánico y esto es así porque su posterior destino proyecta una luz hacia el pasado, hacia sus inicios. Hay una diferencia entre Gea Temis y la Temis esposa de Zeus. El sufrimiento de Gea es grande porque es una titánide carente de medida y de centro. El sufrimiento ilimitado siempre es titánico. Temis no sólo sufre como vidente, por su videncia; al igual que Rea, se encuentra con otro sufrimiento. En el reino de Zeus es la regidora de todo derecho divino, es la diosa de las costumbres y del orden. A ello apunta todo desde un principio, pero bajo Crono no alcanza a desplegarse, no alcanza su madurez. El sufrimiento sin límites por la vulneración del derecho es titánico, ya porque se acepta y se tolera en silencio, ya porque aquel que fue ofendido en su derecho se convierte de nuevo en ofensor. Temis, en el reino de Crono, es una figura sublime que parece estar rodeada de oscuras nubes de aflicción y envuelta en ropajes oscuros.

La gran controversia entre los titanes y los dioses lo transforma todo y cambia también a los titanes que están de parte de los dioses. Se mantienen y se elevan sus honores y dignidades, pero se modifica su naturaleza; se suavizan y aflora en ellos cierta madurez. Temis se transforma cuando se convierte en esposa de Zeus; en la diosa se cumple lo que en la titánide era una esperanza. Su dignidad como esposa del dios supremo es grande; aun después de separarse de él sigue siendo su consejera y su persona de confianza. Como él, maneja la balanza, signo del poder supremo. Y sostiene un cuerno de la abundancia. El ámbito de su dominio es universal, impregna con una fuerza no excluyente todas las relaciones divinas y humanas. Temis llena por completo el ámbito del imperante Zeus. Ella congrega a los dioses, inaugura y clausura sus asambleas. Y asume la misma función en las asambleas de hombres que dan entrada a la diosa, aquellas que son de su agrado y que no terminan en fuerza bruta y quebrantamientos de la ley. No sólo está bajo su dominio la ley de la hospitalidad, sino que ella es la salvaguardia de toda ley, en particular de la ley divina en su relación con la vida de los hombres, en cuanto interviene en lo terrenal. Es la diosa de los que imploran protección. La definición de lo que lleva a cabo es demasiado estrecha si la limitamos a la función de diosa de la justicia. Temis, que según Esquilo aconseja lo justo, no es únicamente una salvaguardia de la ley, los reglamentos, la moral y el orden. Su cuerno de la abundancia apunta a ello. No custodia una ley rígida, ni costumbres rígidas. También le atañen las bellas proporciones del ser, la medida divina que se manifiesta en lo existente. Es fácil de reconocer lo que se aleja de Temis, puesto que cuanto más alejado está de ella, más visiblemente lleva el sello de lo tosco, lo inacabado y lo deforme.

Temis es madre de las horas y de las moiras. Eunomia, Dice, Irene son sus hijas y ya sus nombres indican qué facetas de Temis se evidencian en ellas. Tal y como relata Hesíodo, llevan a su madurez las obras de los mortales; Píndaro las llama «las horas éticas». Se diferencian de las demás horas, que imperan sobre las estaciones del año, y a la vez se pueden juntar con ellas. Zeus, como ordenador del curso del tiempo, tiene bajo su dominio los años, que, dado que él los ordena, se llaman años de Zeus. En las horas, encargadas de llevar a cabo este orden, la herencia uránica ha desplegado su mayor serenidad y encanto. Se siguen unas a otras en un corro, miran hacia el frente y se giran, como en la pintura de Villa Albani, en la que presentan a Peleo los regalos de boda. Se siguen unas a otras formando un corro uránico, prestan a Zeus y Hera múltiples servicios, y aportan al hombre los dones de que dispone cada una de ellas. Su movimiento rítmico se corresponde con el ritmo de las estaciones del año, que el hombre recrea. La felicidad que brindan es una corona de hermoso trenzado en la que se enlazan flores y frutas. Avanzan en suaves subidas y bajadas, amigas de las Cárites, con las que conviven en afectuosa unión. Es la belleza de la juventud la que se hace visible en ellas y son ellas quienes se ocupan de la educación de la juventud floreciente. A quien crece bajo la protección de las horas tal vez le sobrevengan muchas adversidades, pero no perderá la serenidad. Su relación con el tiempo se hace patente en el corro que bailan repetidamente y sin pausa; lo empiezan una y otra vez, y una y otra vez lo completan magistralmente. Llevan a feliz término todo lo que el hombre se propone y hace. Así como engalanan a la Afrodita Cipria, así derraman y esparcen belleza en la vida del hombre. La Horaia, la fiesta celebrada en su honor, es una de las más amenas. En Ática sólo se conocían dos horas, la de la primavera, llamada Talo, y la del otoño, llamada Carpo. Se habla de un máximo de cuatro, si bien a menudo no se enumera la hora del invierno.

También las moiras, que proceden de la unión de Zeus con Temis, son diosas uránicas. En Atenas se adoraba a Afrodita Urania como la diosa más antigua. En Tebas tienen un santuario junto con Temis y con Zeus Agoraio, el Zeus de las asambleas del consejo. En la medida en que se entiende que las moiras son hijas de la Noche o se las presenta como hijas de Océano y Gea, o como hijas de Ananque, se insertan totalmente en el devenir titánico. En cuanto hijas de Zeus y de Temis, son las diosas oscuras a las que les ha sido dado el poder sobre los hombres. Son tejedoras, hilanderas. Cloto es la hilandera; Láquesis, la diosa redentora; Átropo, la ineludible, es la encargada de cortar el hilo. Láquesis aparece representada también con un rollo, con las tablillas de la suerte o escribiendo; Átropo, con el reloj solar o la balanza. Desde el principio, el cetro es el signo de su poder. Las horas y las moiras, que son hermanas, están estrechamente relacionadas. El carácter implacable que muestran las moiras es también propio de las horas, sólo que se oculta bajo el follaje y los frutos. Las horas y las moiras acompañan al hombre. Aquéllas se entrelazan en la vida, lo que les confiere su florescencia y sus frutos; éstas manejan el hilo y la trama, el principio y el final. El tiempo de la vida depende de las horas, y de las moiras, el tapiz temporal de la vida.

Mnemósine

En Mnemósine hay algo misterioso, algo oculto, callado y profundo que emerge con claridad de la oscuridad y del sueño. Es una de las fuentes de la vida, que mana silenciosa y suavemente. En esta hija de Urano y de Gea el devenir titánico es el más silencioso y no está dirigido hacia fuera sino hacia dentro.

A primera vista puede, tal vez, parecer extraño encontrar a Mnemósine en el círculo de las titánides. Pero así como en Océano se hace visible un perpetuo ciclo que existe en sí mismo, un retorno de lo igual que en incesante fluir llena el círculo, así también en Mnemósine existe un retorno, pues como señora de la memoria y del recuerdo administra aquella fuerza, aquella capacidad que en la mente vuelve a hacer surgir las copias de lo existente y provoca que retorne el pasado en la imagen. Sea cual sea el tipo de imágenes y repeticiones, todas proceden del devenir titánico. Mnemósine es una auténtica hermana de Crono. Es voluntad de Crono conferir una duración ilimitada al devenir titánico o provocar que gire en círculo tal y como lo hace Océano. No desea el futuro, que según la sentencia de Gea no le pertenece a él sino a su hijo. Y también Mnemósine, en cuanto vive en el reino de Crono, no sabe nada de este futuro. Se inclina sobre sí misma y repite en el pensamiento algo que siempre ha pasado y siempre retorna. La memoria es de tal naturaleza que sólo es posible a través de la experiencia, en cuanto que la experiencia es repetición y presupone la posibilidad de repetir el acontecimiento.

Beocia era el territorio en el que se veneraba en particular a Mnemósine, y en Eleuteras y Tespia se encontraba la sede principal de su culto. De ella se cuenta que en una ocasión en Eleuteras liberó a Dioniso de su éxtasis, es decir, le devolvió la memoria. Pausanias relata de ella otras muchas cosas. Quien desee descender al santuario y oráculo subterráneo de Trofonio, que se encuentra en Beocia, es llevado de entrada a las fuentes de agua. Deberá beber del agua de Lete para olvidar todo aquello que había pensado hasta ese momento, y del agua de Mnemósine, que le hará recordar lo que ha visto y experimentado al descender al santuario. Cuando retorne estará tan impregnado de terror que en un primer momento no sabrá nada de sí mismo ni reconocerá su entorno. Pasará un tiempo antes de que Mnemósine acuda en su ayuda, hasta que vuelva en sí y sea capaz de reírse de nuevo.

La caída de los titanes transforma a Mnemósine. Se convierte en amante de Zeus, junto al que permanece durante nueve noches en Pieria y por el cual se convierte en madre de las nueve musas. De ahí toman su nombre las noches piéridas, noches en las que, al igual que en las musas, se engendra también toda obra inspirada por ellas. Son también piéridas las noches en las que la memoria titánica se transforma en memoria inspirada por las musas. Mnemósine, como madre de las musas, también llamadas mnemónidas, es madre del recuerdo que inspiran. Este tipo de recuerdo inspirado al que contribuye la memoria, que es el más elevado, surge del abrazo de Zeus y Mnemósine y sale a la luz en las musas.

Se dice que al principio sólo había una musa, que después fueron tres y al final nueve. Esto demuestra que se hicieron visibles una después de otra, tal como lo concibe y especifica en las artes la memoria inspirada por las musas. Allí donde se presentan, las musas están unidas y forman un coro bellamente ordenado. Las tres musas cuyo culto introdujeron por primera vez en el Helicón los alóadas Oto y Efialtes se llaman Melete, Mneme y Aoide; sus nombres designan aquello en lo que reside toda obra de las musas, a saber, la reflexión, la memoria y el orden melodioso. En las musas se observa el placer que sienten con el agua, de modo que posteriormente se las llama pimpleidas, según la fuente Pimpleia. También reciben otras denominaciones, tomadas de fuentes, cuevas y montañas. El Helicón es su morada predilecta; se bañan en los ríos Olmio y Permeso, en las fuentes Aganipe e Hipocrene. Se las encuentra en el Pindo, el Citerón, el Parnaso, donde beben de la fuente de Castalia. Humedecen la lengua de Zeus con el rocío para que sus palabras fluyan con suavidad de su boca. Esta relación con el agua, con las ondas, también la tiene Mnemósine, con la que se relaciona el conocimiento del ritmo y de la periodicidad. Su memoria contiene todo lo rítmico, tal y como se hace patente en la corriente circular de Océano. Mnemósine no es madre de la memoria mecánica y lógica sino de la ingeniosa, que se apoya en la percepción de estructuras rítmicas. El ritmo es retorno y lo que retorna rítmicamente está bajo la tutela de Mnemósine. Por tanto, también depende de ella el lenguaje rítmico.

El himno de Hölderlin que lleva como título Mnemósine trata de la memoria inspirada por las musas.

> De genio audaz,
> hábito constante de la inmóvil Salamina,
> en el extranjero murió el gran Áyax.
> Patroclo, en cambio, con la armadura de rey. Y también muchos
>   [otros
> murieron. Pero en el Citerón estaba
> Eleuteras, la ciudad de Mnemósine, a quien,
> habiéndose quitado el manto, después el dios nocturno soltó
> los bucles. Los celestiales, a saber, se enojan
> cuando uno no se ha contenido,
> cuidando el alma pues debe hacerlo; a éste
> al punto le falta el pesar.

Éste es el significado: al soltar el nocturno Zeus los bucles de Mnemósine, también suelta el sufrimiento, que surge y retorna por un hondo sentimiento de apego al pasado. Suaviza lo titánico en Mnemósine, la gravedad del recuerdo. Y a esto se refiere el final. A los dioses no les gusta que el hombre con todo su ser se extinga en la Mnemósine titánica, en el conjuro retornante de lo pasado y en el pesar por la pérdida. Un pesar como éste acaba mal. También en el pesar se acerca el hombre a lo titánico.

Jápeto

Jápeto es el conductor de los implacables titanes en la lucha contra los dioses que se extiende desde la campiña del Otris tesálico hasta el Olimpo. Es el padre de Prometeo y su nombre es el primero que se encuentra en el cuadro genealógico helénico. Desde un principio, la naturaleza titánica penetra en el hombre y se mezcla con él. El hombre no es un titán, pero bajo múltiples aspectos se asemeja a ellos mucho más que a los dioses, en cuanto que deviene y que está condenado al retorno del devenir, por la actividad incansable de sus deseos y sus afanes, por los planes sin fin que trama y también por su encadenamiento al duro trabajo, a las penurias y a la pobreza. Aunque de un modo más atenuado y débil, le ocupa aquello que alienta a los propios titanes. Los titanes son bien conscientes de esta similitud en el afán; no miran con desagrado al hombre ni carecen de simpatía por él. En Prometeo la simpatía titánica hacia el hombre es apasionada y fuerte. Los titanes se acercan al hombre en la medida en que los dioses se alejan de él y se distancian. En un mundo sin dioses, lo titánico volverá a instalarse con toda su fuerza ancestral. Éste es el núcleo de la amenaza que Prometeo tiene deparada a Zeus. En cambio, el hombre que se incline de nuevo hacia lo titánico correrá peligro pues es evidente que a los dioses no les gusta lo titánico en el hombre. En estos hombres, Ananque se manifiesta con más claridad y Némesis y Dice, las moiras y las ceres, les siguen atentas. Cuando el hombre tiende hacia lo titánico, se aparta de Zeus y de Apolo, y también de Dioniso y Pan, por los que los titanes no sienten simpatía. El hombre entra en el marco de otra legalidad. Se ve implicado en la lucha contra los titanes y por todas partes y desde todos lados le amenaza la ruina. Cuando cae, se repite aquella caída que devastó el poder de los titanes.

En Jápeto la naturaleza titánica se muestra en su expresión más áspera e intransigente. La estirpe de los japétidas, a la que pertenece Prometeo, es irreconciliable con el nuevo poder. Jápeto, junto con Crono, el hermano al que asemeja, está preso dentro del Tártaro tenebroso. Jápeto mantiene una relación estrecha con Crono y también con su hermano Océano. Sus esposas Asia, Libia y Clímene son hijas de Océano y de Tetis. En la naturaleza de Jápeto se manifiesta una implacable dureza uránica que también tiene Atlas, al que engendra con la oceánide Clímene. En Atlas se disocian la herencia de Urano y la de Gea. Para Hesíodo posee una mente poderosa. Homero dice de él que urde la desgracia, que conoce las profundidades del mar en toda su extensión y que es el dueño de aquellas largas columnas o pilares que sostienen el cielo y la tierra. Está estrechamente unido a Océano. Participa en la lucha de lado de los titanes y se ve enredado en su caída. Zeus le impone sostener la bóveda celeste sobre la cabeza y las manos. Y así está, en pie, doblegado por la enorme carga, estribado en el Occidente de la tierra cerca de las hespérides, que son sus hijas. Posteriormente, se encuentra en las montañas del Atlas africano, donde tiene sus rebaños y sus jardines. En su ser hay algo pétreo y sale el encuentro de la petrificación cuando Perseo le presenta la cabeza de la Medusa y lo convierte en una montaña. En la metopa del templo de Zeus en Olimpia se puede ver a Heracles aliviando a Atlas de su carga.

En el encuentro entre Heracles y Atlas se produce una unión de fuerzas semidivinas y heroicas con las fuerzas titánicas. Se acercan unas a otras para, de inmediato, separarse de nuevo. El cometido de los titanes, ser portadores y sostenedores de cargas, aguantar el peso y persistir bajo la presión, no es la tarea del semidiós ni el héroe.

La herencia uránica de Atlas se perpetúa en sus numerosas hijas. Con la oceánide Pléyone engendra a las siete hermosas pléyades que, inconsolables por la suerte de su padre y de sus hermanas híades, ultiman sus preparativos y son trasladadas al cielo como constelaciones, donde su aparición marca el inicio de la temporada favorable para los navegantes. Donde aparece lo estrellado, que tiene una órbita y un camino que siempre se traza de nuevo, no está lejos lo titánico. Atlas también es el padre de Hiante, al que mata una serpiente cuando estaba cazando, y de sus hermanas, a las cuales, dolientes por él, Zeus envía al cielo, donde se las puede ver junto a la cabeza del Toro. Las híades poseen una naturaleza nínfea que es fértil, húmeda y favorable al crecimiento; así se manifiesta en su relación con Dioniso Hies, del que son salvadoras y nodrizas. Con su aparición empieza la época de las lluvias y las tormentas. En todos estos hijos, también en las cuatro hespérides, se manifiesta una naturaleza uránica.

Entre los hijos de Jápeto se menciona a Búfago, que persigue a Ártemis y al que ella mata con una flecha. Entre los japétidas se encuentran Menecio, Prometeo y Epimeteo. El destino de Jápeto conforma el gigantesco acorde final del devenir cosmogónico y, puesto que se diferencia de la Titanomaquia, requiere una exposición para él solo.

La caída de Crono y la circunstancia de que casi todos los grandes titanes tomen partido a favor de los dioses no desalienta a Jápeto, que una vez más emplea todas sus fuerzas para salvar el poder. En él se hace patente la brusquedad, la insensibilidad que reside en todo afán y esfuerzo titánico. En este mundo de fuerzas gigantescas, tal como lo representa Jápeto, se muestra a la vez algo gris y falto de alegría. La idea de la autoconservación, de la afirmación del poder, destaca con toda su rigidez. En el reino de Crono se ha formado un equilibrio que no es capaz de cambiar ni desplegarse. Por doquier se hace patente el ciclo de fuerzas que se contraponen con dureza pero que dependen aun así las unas de las otras. La desconfianza de Crono hacia sus hijos mantiene este orden atascado y encerrado en sí mismo. Es un orden que repite incesantemente lo mismo y se agota en estos esfuerzos infructuosos. Crono tiene algo senil, muestra las huellas de la más avanzada edad. No se desprende nada maduro, nada consumado del devenir que no posee un punto de reposo fuera de sí mismo, que al igual que las mareas oscila de un lado a otro en incoercible desasosiego. Los propios titanes parecen modelos, esbozos de una Gea que trabaja con un salvajismo y una fertilidad elementales. Sólo se conocen a sí mismos y jamás están de acuerdo, ni siquiera en la lucha contra los dioses. Su mundo está escindido hasta los abismos y gargantas más profundos, tiene algo de volcánico; el vulcanismo aparece estrechamente ligado a lo titánico.

Lo que deviene posee poca conciencia de sí mismo o, en fin, sólo esa conciencia del devenir en el que no hay nada concluyente y entonces nada diferenciador. Sí hay mucho crecimiento ciego que empuja hacia arriba, metálico y pedregoso, llenando el espacio con el ruido de sus movimientos. Es un esfuerzo carente de historia, del cual nada deriva que pueda ser representado. No hay aquí nada trágico ni cómico, sólo catastrófico, pues el enfrentamiento titánico de fuerzas no engendra sino catástrofes. Nada tienen de trágico los conflictos que acontecen por la necesidad de una ley de la naturaleza, pues el conflicto trágico no se cimienta sobre esta necesidad de la ley de la naturaleza. Tan poco trágicos como en sí mismos son la vida y la muerte, lo son las inundaciones, las deflagraciones o los desprendimientos de rocas que destruyen al hombre; tampoco aflora un elemento trágico en el incesante devenir elemental. De ahí que en él tampoco encontremos la risa que impregna el mundo de los dioses.

DIONISO Y EL GRAN PAN

La victoria de los dioses olímpicos se obtiene con mucho esfuerzo. Tampoco son únicamente las fuerzas divinas las que lo consiguen. Para derribar a los titanes se requiere a los titanes. Y ni siquiera ellos son suficientes para vencer la resistencia de Jápeto, de Atlas y de sus secuaces. Es preciso abrir las puertas de las profundidades, es preciso que hagan su aparición los terribles vigilantes ctónicos que siempre habitan en lo oculto, que sólo emergen al pleno día y a la luz en épocas de profunda conmoción. Sólo acuden cuando se ve afectado el poder en su totalidad, cuando se ven afectados por el temblor que sacude el cielo y la tierra y el último abismo. Es entonces cuando se abren de golpe las broncíneas puertas del Tártaro, del que la *Ilíada* cuenta que está bajo del Hades, tan debajo de él como está el cielo encima de la tierra.

En la lucha de los dioses contra los titanes no subyace dualismo alguno. No se puede concebir como un enfrentamiento entre un principio de luz y otro de oscuridad. Los tenebrosos hecatónquiros y los cíclopes acuden en ayuda de Zeus, que los llama. La ofensiva contra los titanes se produce desde arriba y desde abajo. Sólo en virtud de este ataque tan generalizado pueden ser vencidos.

Dioniso participa también en el ataque. Dioniso está estrechamente vinculado a los titanes. La oposición entre lo dionisiaco y lo titánico se acentúa aún más por el hecho de que tienen una misma esencia emparentada. Dioniso, en contraposición con

Dioniso y el gran Pan

los dioses olímpicos, se caracteriza por ser un dios del devenir, del cambio y la transformación perpetuos. Esto también lo distingue de los dioses fálicos, cuya constante e inalterable función es la de ser los vigilantes, salvaguardias y protectores del sexo. Como dios del devenir, Dioniso colinda con los titanes, ante todo por la epifanía de su tormentosa irrupción juvenil. El estallido de su locura parece oscurecer el *lucidus ordo* del mundo de los dioses y los hombres en todas sus relaciones, y un hombre sin imaginación y sin olfato como el rey Penteo podía decir con un atisbo de razón que este delirio era equiparable a la destrucción y debía ser atajado. No siempre es fácil reconocer a un dios y Penteo, un soberano en época de cambio, hubo de responder por su equivocación de un modo cruel.

Dioniso no es un titán, por muy titánicos que puedan parecer siempre sus comienzos. No llega para apoyar a la casa de Crono; se encamina al reino que Zeus le ha adjudicado y lo conquista para tomar posesión y afianzarse en él. Al poco tiempo, se inmiscuye en la lucha contra los titanes, lado a lado con Zeus, del que es hijo y fiel seguidor. Queda patente lo que le separa de los titanes, del círculo de los doce grandes y de Prometeo. El devenir titánico y dionisiaco no son lo mismo y su retorno también es diferente. El cambio que da comienzo con la llegada de Dioniso toma otro camino y tiene otro objetivo. Su devenir no es la repetición elemental sin fin en la que desemboca el curso y el movimiento de los titanes, que no va más allá. Este modo telúrico de obrar se limita a arañar superficialmente la tierra, a cruzar su superficie como los cambios de tiempo. Dioniso no es únicamente un dios del cambio, es además un dios de las transformaciones, un dios por medio del cual el que deviene toma conciencia de lo devenido como de una paradoja. Desquicia el pasado y el futuro, y crea un acceso al presente atemporal. La insuficiencia dionisiaca es diferente de la titánica. Se considera que es tarea del hombre transformar su modo titánico en

61

dionisiaco. Esto tiene lugar por medio del delirio catártico que Dioniso infunde al hombre. El que ha sido presa de este delirio es acogido en la comunidad dionisiaca, experimenta en sí mismo la fuerza del dios. Su vinculación con el dios se identifica con la eliminación de las fijaciones temporales, la supresión de los límites, la apertura del Hades, la exuberancia, la embriaguez y la gran fiesta. Entre los titanes no hay fiestas. En ese mundo de férrea necesidad nada es festivo, como tampoco es nada trágico ni cómico. En los titanes reina una seriedad grande y tosca, no sólo porque confían ciegamente en lo que son sino porque cada uno se conoce únicamente a sí mismo y nadie quiere saber nada del otro. Cada uno se mueve en la trayectoria que le es propia. Dioniso, en cambio, es un personaje público, y en este espíritu comunitario se fundamenta la fiesta dionisiaca. Dioniso no sólo produce la tragedia; a diferencia de los titanes, él mismo es un dios trágico y a la vez señor de las fiestas y de las procesiones fálicas. El conflicto trágico y el cómico son productos de su modo de obrar; advienen con el tiempo y con el nuevo concepto de tiempo que él aporta. De ahí que también sea el señor de la historia y ponga punto final al devenir ahistórico. Instaura la cesura que posibilita la historia. Esto no es fácil de concebir a no ser que entendamos que toda historia presupone algo que no le pertenece. Si todo estuviese dentro del ciclo de los titanes no podría existir la historia.

Los titanes son los defensores de un viejo orden cuyas murallas ciclópeas tienen algo indestructible, pues han sido erigidas por la propia necesidad. La necesidad no es aquí aquello que causa admiración. En el esfuerzo del hombre hay un afán incesante por liberarse de estas cadenas que oprimen y abren heridas. Necesario es aquello que está condicionado por la razón, que parece haber sido producido a través de condiciones. No obstante, también declaramos necesario lo incondicional. Y no porque no parezca estar ligado a condición alguna sino porque

Dioniso y el gran Pan

frente a él no hay elección, porque es constrictivo e incapaz de modificarse. Donde existe una necesidad que opera de un modo mecánico, allí también reconocemos que viene condicionada por un modo mecánico. Ahora bien, según nuestro uso lingüístico, lo incondicional también es necesario. La expresión es contradictoria, pero el significado es el mismo. No obstante, existe una diferencia. Aquello que nace de las condiciones, adquiere su necesidad a través de la secuencia de las condiciones, que es continua y obligatoria. Aquí prestamos atención a la dependencia. Cuando definimos la necesidad como incondicional, no prestamos atención a la secuencia de las condiciones sino a que ya no tenemos elección. Urano impera sobre un espacio en el que poco acaece. Una duración y una calma férreas definen su soberanía; el devenir titánico todavía no ha dado comienzo. Los titanes todavía no llenan la tierra con su vida, con su fuerza; por doquier reina un silencio atemporal. Urano evidencia una necesidad férrea. Esta necesidad uránica no es la del devenir, de la que está impregnada su descendencia. El tiempo parece haberse detenido; sólo empezará a correr más rápido bajo Crono. Cuando todo es concebido como necesario, no existe la libertad, ni siquiera existe una necesidad de libertad. Pero allí donde la mente que se sabe enviada a jugar ha sentido la necesidad, aunque sea una sola vez, ya no conseguirá librarse de ella. El poder y la fuerza de atracción de lo bello residen en que en sí mismo es libre. El mundo del devenir titánico no está imbuido de la sed y la pasión por lo bello. En él no se generan el exceso ni la exuberancia, puesto que las fuerzas se consumen en su propio obrar y si se renuevan constantemente es para caer de nuevo en la consunción. Los titanes no conocen el ocio. Dioniso se sustrae a su modo de obrar, no puede dedicarse a él. Es un dios de la exuberancia y la brinda allí donde llega. De él parten la riqueza, la ebriedad y el olvido. Los titanes no regalan nada a nadie, no se hacen partícipes sino que permanecen en moradas inaccesibles de las que no es posible llevarse fruto alguno. No cuidan ni protegen al hombre. Pero Dioniso es un curador. Como curador del pueblo y organizador de fiestas, guardián de las viñas y de los productos del campo, como esposo de Ariadna, está muy lejos de todo lo titánico.

A él lo persiguen los titanes con un odio tan atento, agudo y persistente como no le demuestran a ningún otro dios. Parece como si lo estuviesen observando constantemente, como si estuviesen al acecho sin perderle de vista. Lo titánico y lo dionisiaco limitan uno con otro. Los titanes siguen a Dioniso en todas las etapas de su epifanía y finalmente caen sobre él. Él se pone a la defensiva y emplea su arte de la transformación, como león, serpiente o tigre, hasta que sucumbe a ellos en forma de toro y es despedazado.

Pan se implica con Dioniso en la lucha contra los titanes. Se cuenta de él que se fabricó una corneta con una concha de mar, una trompeta cuyo estruendo asustó a los titanes. ¿En qué se fundamenta la batalla que aquí se libra? Al dios fálico no le gusta lo titánico, lo afronta con extrañeza y rechazo. Su poder se muestra en otro ámbito. Ya sus mismos movimientos se diferencian de todo movimiento titánico. Es un cazador, un buscador y un hallador. Su infatigable constancia concierne al sexo; empieza y acaba en el ámbito fálico. Es un ámbito que yace, con toda la vida que lo colma, en una calma imperturbada que hacia mediodía va adquiriendo la densidad de un silencio pánico. El silencio de Pan, su reposo, igual que su placer por el ruido, las risas y el alboroto, son fálicos. Pan surge desde el origen como un engendrador, como hijo de dioses y ninfas. En la profunda siesta que duerme, así como en su agitación atenta, se muestra como un procreador. En él la fuerza engendradora no está contenida como la corriente marítima lo está en el Océano. Su lugar no se encuentra en el mundo del devenir titánico, impregnado de esfuerzos de la voluntad. Como dios ocioso y sensible que preside el sexo y sus juegos, Pan se halla contrapuesto a la esencia titánica. En la ociosidad de Pan se puede ver la plácida existencia del dios ajeno a toda penuria y esfuerzo; así se demuestra en su contento por los asuntos ociosos. Es el dios de la naturaleza arcádica primigenia, el dios de las praderas nínfeas, de los danzantes cuyas figuras doradas destacan sobre el constante y profundo azul del cielo de Arcadia. Pan es un dios de la madurez y es propicio a todo lo que madura; así como Dioniso, dios de la exuberancia y de la fertilidad, es multiplicador y dispensador. Los titanes no derrochan nada; aun con todo su poderío, en ellos hay algo de mezquino. Al Pan ocioso sus esfuerzos le son extraños. Sus luchas son de otro tipo, se parecen a las cazas que emprende. Es un gran cazador y en ello se expresa la relación que mantiene con el sexo. De improviso, los titanes se asustan con la estruendosa aparición del dios fálico. Se ven atacados desde un lado que no esperaban y con armas a las que no es fácil hacer frente.

LOS TITANES Y LOS GIGANTES

¿Qué une a los titanes y a los gigantes y en qué se distinguen? Ambos tienen en común que proceden de Gea y ambos están implicados en la lucha contra los dioses. Homero cuenta de los gigantes que están dominados por el rey Eurimedonte, que son muy altaneros y que, a pesar de su estatura gigantesca y su proximidad con respecto a los dioses, son mortales. Hesíodo añade que sostienen armas centelleantes y lanzas imponentes. Según él, brotan de las gotas de sangre que derrama el miembro cercenado de Urano que recoge Gea. Pero también se les atribuye como padre a Tártaro.

El Tártaro comprende dos cosas. Por un lado, el abismo que se encuentra bajo el Hades, que está cerrado por unas puertas de bronce y tiene las mismas dimensiones que el espacio celeste que se extiende sobre él. Además, es hijo de Éter y de Gea. Habita en las profundidades de la tierra con el mismo nombre, como un ser ctónico que no se deja ver. Vive en el seno de Gea, es su hijo menor y junto con ella engendra a Tifón. Tifón es de gigantesca estatura y tiene cien cabezas de serpiente que están en constante movimiento. De cada uno de sus ojos refulge fuego y cada una de sus cabezas está dotada de voz. A veces, los sonidos que emite los entienden los dioses, otras parecen el bramido de un león o de un toro, o el ladrido de un perro, o son como un silbido fuerte y penetrante. Actúa desde el interior de la tierra por medio de su fuerza concentrada, en la que se condensa el fuego telúrico, e irrumpe, devastador, el vapor ígneo. Su fuerza es tan grande que aspira a ser el único soberano. Se arma para este combate una vez que ha sido tomada la decisión entre los dioses y los titanes. Los dioses se tambalean ante su ataque y se dan a la fuga, entre ellos Pan, que se convierte en un macho cabrío con cola de pez y por tanto busca el agua. Zeus, con el apoyo de Atenea, sujeta a Tifón con sus rayos de forma que lo obliga a retornar a las tinieblas de las que emergió. La lucha de Zeus con Tifón se asemeja a la Titanomaquia. La tierra, el mar y el cielo tiemblan. Se desencadenan con furia terremotos, mareas y conflagraciones, de modo que se estremecen el Hades, el Tártaro y los titanes encerrados en él.

Como hijo de Tártaro y Gea, como padre de criaturas ctónicas, ocupa el centro de toda la esencia ctónica que se reproduce por medio de él y adquiere su forma. Es el padre de Tifón, enteramente semejante a él, y con Equidna engendra a Cerbero, a la Hidra de Lerna, a la Quimera y al perro Orto. Basta con echar una ojeada a estas criaturas para reconocer su parentesco. Cerbero, el perro vigilante de Hades que deja entrar a las almas en el Hades, pero no salir de él, tiene forma de serpiente y es pluricéfalo; sus ladridos hacen temblar al mundo inferior y de sus fauces abiertas sale una espuma venenosa de cuyas gotas brota la planta llamada acónito. La Hidra de Lerna tiene nueve cabezas; la del medio la hace inmortal y está completamente impregnada de veneno. Quimera, que está henchida de veneno y lo escupe, tiene tres cabezas que, a decir de Hesíodo, son de león, de cabra y de dragón. El perro Orto, que apacienta los rebaños de Gerión, tiene tres cuerpos que se unen en el vientre. Por su forma, estas criaturas se diferencian de los hijos de Urano y de Gea; lo titánico no se muestra en estas formas ctónicas. Son figuras espantosas que engendra la tierra, destructoras, devastadoras, devoradoras de la vida que les rodea. Son vigilantes de Gea. El pavor que infunden es enorme. En ellas hay algo ígneo y a la vez venenoso. Ya su propia forma corporal, la unión de figuras zoomorfas opuestas y su pluricefalia, pone en evidencia su carácter contradictorio. Son seres del devenir cosmogónico tal y como emerge de la última esfera ctónica. Los dragones y las serpientes son animales ctónicos, pero también lo son el perro y la cabra. Así como Tifón sólo empieza su lucha para ser el único soberano una vez que los titanes han sido subyugados por los dioses, así todas estas figuras ctónicas adquieren vida verdadera e irrumpen una vez que se ha hundido el reino de Crono. Aunque muy opuestos entre sí, estos seres configuran un grupo común. Todos quieren dominar, pero no están llamados a reinar y es preciso aniquilarlos cuando no se avienen a servir como vasallos. La caída de Tifón, el más fuerte de ellos, arrastra consigo a los demás. El hijo de Zeus, Heracles, proseguirá con la labor de su padre, a saber, acabar con estos seres. Heracles causa estragos entre los hijos de Tifón y de Equidna; limpia las montañas, las gargantas y los pantanos de estos seres. Este semidiós odia lo ctónico monstruoso y desmedido, y en todas partes establece límites y medidas. No quiere que la tierra esté poblada y dominada por estas criaturas puesto que no tienen cabida dentro del orden de Zeus y deben regresar al lugar de donde salieron, al seno de Gea, al abismo del Tártaro.

Ésta es también la suerte de los gigantes. Tienen algo tifónico que los diferencia de los titanes. También Heracles es su enemigo. Así como Tifón, cuya fuerza actúa desde el interior de la tierra, desde el ámbito del fuego telúrico del que irrumpe un vaho condensado y una lava ardiente, así los gigantes están próximos a la naturaleza profunda e ígnea de Gea. Su país natal es Flegra; los campos flegreos son el territorio en el que actúan. Donde los gigantes aparecen, en Tracia, Macedonia y la Italia meridional, o en el extremo occidente de Océano, cerca de Tartesos, su aparición está ligada a un entorno volcánico. El ámbito de su dominio es más acotado que el de los titanes. Además, pertenecen a Gea en un sentido más estricto que los titanes. De ahí que se aluda a ellos como los nacidos de la tierra, los surgidos de la tierra por antonomasia. En ellos apenas se detectan rasgos uránicos. Cuando se les asigna a Tártaro como padre, se pretende indicar con ello que son hijos de la tierra. En las representaciones más antiguas aparecen como figuras humanas. Una de sus características constantes es su cabello, que ondea al aire descontroladamente. Su fuerza ctónica se hace patente en sus garras de dragón, con las que se les suele representar. Cuando nos encontramos con estas formaciones nos hallamos muy lejos de lo titánico. Las patas en forma de cola que terminan en cabezas de serpiente silbantes les confieren algo poderoso, torpe e inquietante. En estas extremidades palpita una vida propia; se levantan trepando y serpenteando como si fuesen escamas y aletas. Las cabezas de serpiente toman parte en la lucha y se encarnizan con sus contrarios, tal y como se ve en el relieve del Vaticano donde una de esas cabezas muerde la espalda de Ártemis. En el friso del altar de Priene los gigantes tienen en parte figura de hombre, en parte de dragón; también tienen alas. Jamás los encontramos cabalgando y no tienen relación alguna

Los titanes y los gigantes

con los corceles y los carros. Carecen del movimiento al que están encadenados los titanes; el movimiento circular de Océano y de Tetis, la órbita circular de Helio, de Eos, de Selene o de las horas no se percibe en ninguno de los gigantes. Tenemos ante nuestros ojos unas figuras totalmente diferentes.

Homero los define como un pueblo que estaba bajo el cetro de un rey. Existe un gran número de gigantes, pero sólo conocemos los nombres de sus cabecillas. Es difícil, a menudo imposible, diferenciar a los diferentes gigantes si no aparece su nombre en las representaciones. No hay en ellos nada que los distinga, y no es éste un rasgo de poca importancia. Atacan ruidosos, desordenados, llenos de la fuerza salvaje del movimiento. Son belicosos y acuden en masa, lanzan al cielo rocas y troncos de árbol encendidos y en su acometida llevan antorchas en las manos. Acerca de la Gigantomaquia podemos decir que las representaciones y elaboraciones artísticas son tanto más precisas cuanto más tardías. Lo que recopilaron al respecto los mitógrafos, en particular Apolodoro, coincide con la época de los coleccionistas eruditos. A estos coleccionistas, que carecen de sensibilidad por las relaciones del mito con la vida, se les escapa también la confusión de los titanes con los gigantes.

Entre los gigantes destacan Alcioneo y Porfirión. En su tierra natal Alcioneo, señor de Palene, es inmortal, de ahí que Heracles lo abata con sus flechas y a continuación, aconsejado por Atenea, lo arrastre fuera de Palene, donde perece. Porfirión, que ataca a Heracles y Hera y pretende violar a la diosa, muere atravesado por los rayos de Zeus y las flechas de Heracles. Encontramos representada esta escena en la vasija mélica del Louvre. Para Píndaro, Porfirión era el dios de los gigantes y señor de Atmonon. Polibotes, que se enfrenta a Poseidón, huye de él hacia Cos, y Poseidón le arroja un pedazo de isla. Yace debajo de la isla Nisiros que, tal y como relata Plinio, se separó violentamente de Cos a causa de un terremoto. Le está deparada una suerte similar a la de Tifón, sobre el cual arroja Zeus las islas que están frente a Cumas, y a la de Tántalo, sobre el cual Zeus desploma los montes del Sípilo. En una época posterior se decía que debajo del Vesubio yacía Alcioneo. Dioniso hunde su tirso en el gigante Éurito. Se cuenta que Dioniso, Hefesto y los sátiros acuden a la Gigantomaquia montados en asnos. Clitio es vencido por Hefesto, que lanza contra él un hierro candente, y por Hécate. A Agrio y a Toante, que entran en combate con mazas de bronce, los matan las moiras; a Gratión lo mata Ártemis, y a Hipólito, Hermes, portador del gorro de Hades. Zeus y Ares vencen juntos a Mimas; Atenea, a Encélado, al que en su huida le arroja Sicilia, y también a Palas, a quien despelleja. De parte de los gigantes combaten Asterio y León, así como los alóadas Oto y Efialtes, que se enfrentan a Apolo, Poseidón o Zeus y a los que da muerte Apolo porque persiguen a Ártemis. Los alóadas presentan rasgos gigantoides, pero también tienen dotes artísticas puesto que aparecen como instauradores del culto a las musas en el Helicón y poseen características que los diferencian de los gigantes. La isla de Naxos, donde ambos alóadas poseían su propio recinto sagrado, también sabe de un relato según el cual ambos murieron por un ardid de Ártemis, que pasó entremedio de ambos con forma de cierva, de suerte que dirigieron contra ellos mismos las flechas que disparaban.

En la lucha los gigantes aparecen como agresores. Se los presenta como los enemigos de los dioses, como los impíos y altaneros que asaltan el Olimpo y pretenden derrocar a Zeus y sobrepasarse con las diosas. Zeus los abate con sus rayos, Heracles acribilla a cada uno de los caídos con sus flechas. El núcleo de la lucha y el que la resuelve es Heracles. Sin un semidiós, así lo presagia el oráculo de Gea, no hay gigante que pueda morir a manos de un dios. Los dioses no pueden llevar por sí solos a término la lucha, por esta razón Atenea llama a Heracles. Así como combate a los hijos de Tifón, así lo hace con los gigantes.

Los titanes y los gigantes

No toma parte en la Titanomaquia y sólo entra en relación con Prometeo, pero entonces como ayudante y amigo. El semidiós, que es un intermedio entre dioses y hombres, pone fin a la batalla. El hijo de Zeus es, pues, capaz de algo que el propio Zeus no puede llevar a cabo. Establece una nueva medida, un nuevo límite en esta lucha; él mismo delimita al hombre frente a lo gigantesco. Su fortaleza es otra y es de un tipo más elevado que la de Alcioneo, Polibotes, Porfirión y Encélado. Está enraizada en una presencia de ánimo que es inquebrantable y que no sucumbe al miedo. La lucha de Heracles contra Alcioneo muestra cómo hay que enfrentarse a seres así, que alardean de su invencibilidad telúrica; el hecho se repite en su lucha contra Anteo. Es el combate de Zeus contra Tifón, el de Apolo contra Pitón, el del mundo griego contra Equidna y Quimera, y Heracles es su paladín. Heracles sigue la llamada de Atenea, en cuya amistad confía y que libró, junto con él, la batalla hasta la victoria. Lo gigantesco no sólo constituye para el hombre mortal una amenaza, también es tentación de desbordar los límites. Es una jactancia de fuerzas gigantescas, una aspiración a lo colosal, una alianza con lo descomunal. Una y otra vez el hombre sucumbe a esta tentación, dedica sus fuerzas a una empresa para la que no está preparado. La Gigantomaquia inquietaba al pensamiento griego, como una línea de separación que debía ser trazada con precisión y exactitud; el espíritu griego siempre se ve amenazado desde ese lado. Quien sigue la llamada de Atenea está a la altura de estas amenazas y ya no las teme. La fortaleza del semidiós se manifiesta a plena luz. No se agota con la irrupción de la fuerza brusca y violenta, es fuerza atlética y a la vez mental, es proporción, porte, simetría, una concordancia de toda la fuerza de Zeus.

La Titanomaquia no constituyó un objeto de interés para las artes plásticas. Y no porque no se la pudiera representar, ni porque no fuera una matanza sino una batalla en la que no podía haber muertos. Los titanes son inmortales; no les afectan la muerte ni el tiempo, y el nuevo poder que se alza sobre ellos no cambia nada. Ahora bien, el recato prohibía ensalzar una lucha basada en el antagonismo entre padre e hijo. La caída de Crono, su castración, su hundimiento eran acontecimientos que no atraían al observador sino que lo mantenían a distancia. Herían la piedad que veneraba a Crono como primer padre de los dioses más poderosos. Esta veneración pervivió. Representarlo como vencido, como aquel al que se priva de su poder de soberano, estaba vedado por muchas razones. Sin los titanes no podía implantarse el dominio de los dioses. En el reino de Zeus, en el que la mayoría de ellos sigue dominando, sus dignidades están aseguradas; siguen siendo las figuras indestructibles, imposibles de exterminar, por las que el devenir primordial sale al encuentro del hombre.

La oposición entre dioses y gigantes fue más fructífera para el arte griego. No existe material en el que no se haya perpetuado este antagonismo: en gemas y monedas, vasijas, armas y armaduras, en la égida dorada de la Atenea de Fidias, en el peplos tejido que llevaba Atenea en la procesión de las grandes Panateneas, en bronce y en piedra, en representaciones individuales y en frisos de tamaño gigantesco que abarcan la lucha en toda su dimensión. Es uno de los temas capitales del arte plástico, sobre todo de la época tardía, que lo enriqueció y adornó, añadiéndole, hasta sobrecargarlo, trazos siempre nuevos. Estas representaciones son en su totalidad un ensalzamiento de Zeus y de su soberanía, una alabanza a los dioses del Olimpo y a Heracles, que aparece donde irrumpen los gigantes para medirse codo a codo con ellos. Da la impresión de que la lucha no quiere terminar, como si una y otra vez hubiese que dirimirla, con todo el pesar para Gea, que la acompaña con su lamento salvaje. Desde abajo atacan los gigantes, desde arriba salen a su encuentro los dioses. El triunfo de Zeus en esta lucha es un triunfo que los griegos celebraban como suyo, constituye un instante de máxima felicidad para el hombre griego. El artista se deleita resucitándolo al representarlo, se deleita el observador al sumergirse en estas representaciones. Los impíos son derrotados, aniquilados, hundidos bajo las islas y las montañas, como si la mirada tuviese que cerciorarse de que no volverán a emerger. Los griegos albergaban dudas acerca de la mortalidad y la inmortalidad de los gigantes puesto que Hesíodo ya los consideró inmortales. Los dioses no son capaces de matarlos por sí mismos y Gea procura protegerlos incluso de las armas mortíferas de Heracles, un plan que desbarata Zeus. A Alcioneo y Polibotes sí se les puede matar y, aun así, algo se mueve bajo las islas y las montañas. La idea de que los gigantes podrían volver a emerger asustaba una y otra vez al hombre antiguo. Dión Casio relata que en el año 79, cuando el Vesubio entró en erupción, el pueblo asustado creyó en la resurrección de los gigantes y veía figuras gigantescas sobre la montaña.

¿Hasta qué punto los gigantes son impíos? No se convierten en impíos, sino que lo son desde un principio, lo son en connivencia con Gea. La condición de Gea durante la lucha es la de una sufriente. Surge de las profundidades, tal y como lo muestra el friso de Pérgamo, y presencia la lucha en calidad de madre doliente. No es ella quien la conduce y ningún dios se atreve a dirigir directamente sus armas en contra de la madre que se lamenta. Aquí ella es la verdadera adversaria de Zeus, a cuya pretensión de dominio se opone. El poder, la profundidad y la fertilidad de la lucha residen en este antagonismo entre Gea y Zeus; la fuerza devastadora de la lucha sólo la percibe quien haya reflexionado acerca de la participación de Gea en ella. Es el padre Zeus quien triunfa; es la madre Gea quien sufre y es herida. Quien observe cómo presencia la derrota de sus poderosos hijos sentirá la gravedad del acontecer, a ése le sobrevendrá la tristeza.

Titanes

PROMETEO

En Prometeo lo titánico se muestra con una nueva figura, meditando nuevas ideas, trabajando en nuevos proyectos. La lucha que se dirime ha adquirido en él un nuevo sentido y se conduce con otros medios. Aquí todo está transformado, los adversarios, los medios de la lucha, su objetivo y la luz bajo la que aparecen los sucesos. Esta secuencia de acontecimientos contrasta nítida e inequívocamente con lo anterior; tiene unos contornos tan poderosos que se presenta a la vista de forma aislada. No es sólo consecuencia del modo esquileo de abordar el mito, Prometeo tiene una fuerza aislada y aislante.

El círculo de los doce grandes titanes muestra lo común, lo emparentado. Es la ley de Crono la que los mantiene unidos. Su inmortalidad es una necesidad elemental y de retorno cíclico de la que dependen, de la que emergen. Se encuentran por encima de las fuerzas de actuación cósmica de Gea, pero en inseparable comunión con ella. Crono, Hiperión, Jápeto, Océano y los restantes forman un grupo compacto cuando se les compara con Prometeo. Frente a su padre Jápeto, el hijo Prometeo aparece como un innovador. Ha salido de este círculo y tiene una presencia propia. Aun cuando pertenece a los titanes, apoya a Zeus aconsejándolo en contra de éstos. Se ha distanciado de la esencia titánica en su forma originaria; se mantiene alejado de ella. Conserva este mismo distanciamiento con respecto a los dioses. En consecuencia, se hace visible como individuo; desde todos lados cae luz sobre él. Posee una individualidad inconfundible y es el primero en el que ésta se percibe con tanta nitidez. Es imperceptible en los titanes porque está vinculada a la necesidad legal y en los dioses se manifiesta vinculada de otro modo, atenuada por la luz y el brillo que los envuelve. El ser, tal y como sobresale en sus formas supremas, carece de aquella individualidad que se puede medir en los hombres. Prometeo posee más individualidad pero menos madurez y resplandor que Apolo. Su movimiento es más desenvuelto que el de los titanes. En él lo individual se muestra con una fuerza que se desprende, que es inagotable en sus ocurrencias y fructífera. Esta inteligencia es titánica en cuanto que está completamente consagrada al devenir y en contradicción con el ser en reposo de Zeus. Es infatigable, activa, hábil, atenta a los cambios y, a diferencia de Crono, apunta hacia el futuro. Prometeo tiene algo de présago. Consigue muchas cosas y goza de una enorme dicha. La dicha de Prometeo es ante todo una dicha por los principios, por el comienzo y por crear despreocupadamente. Es la dicha de la osadía. Es la dicha de la fuerza que depende de sí misma, que no duda de sí misma y que cree estar preparada para todo lo que emprende. La caída de los titanes no parece afectar a Prometeo. Él mismo contribuye a ella cuando destruye el apoyo que éstos le dan y confía en su enorme fuerza. No rehúye el aislamiento, puesto que únicamente en él consigue afianzar su fuerza. No sólo sabe de qué es capaz, también tiene un poderoso orgullo que quiere vivirse a sí mismo y no quiere deber nada a nadie. Este orgullo y el atrevimiento desinhibido y audaz provocan que se le acerque Heracles, que siente simpatía por él y se presenta como su libertador. La libre osadía mental lo une a Atenea. Los atenienses le atribuían el martillazo que provocó el nacimiento de Atenea de la cabeza de Zeus.

La fuerza de Prometeo es genial; está emparentada con la de Zeus y a la vez la desafía. Su pensamiento y sus actos se definen por una libre genialidad y le garantizan la reverencia del hombre espiritualmente fuerte. Es un descubridor, se mueve en el reino de Zeus. Qué nuevo es el mundo en el que entra, qué nuevo se vuelve este mundo justamente porque su mirada empieza a fijarse en él. Crono y los titanes no tenían una mirada como la de Prometeo, veían el devenir y su retorno. Lo nuevo no era nuevo para ellos, lo conocían todo. Para el viejo Crono no había nada que fuese nuevo, tampoco para Océano. Hacían girar el devenir en círculos sin fin. El ritmo de esta soberanía era como la pleamar y la bajamar, como el silencioso y monótono murmullo de las olas del mar que sin cesar rompen en la orilla. Para Prometeo, que se salió de este ciclo, todo era nuevo. Era consciente de ello, se sentía como un creador. Su mirada poseía una fuerza transformadora. Delante de él estaba el devenir y únicamente tenía que levantar la mano, mover un dedo para imprimir el sello de su fuerza al acontecer. Todo estaba por comenzar, todo estaba inagotado. Era como si saliese a la brisa matinal, al rocío, a la fresca, sobrio y a la vez ebrio, como alguien al que se le ocurre una poderosa idea, que emplea su imaginación en un gran proyecto. Lo que veía ante sí era la plétora de lo posible, era un mundo al que podía dar forma a su imagen y también a su voluntad. Con Zeus o también en contra de él si rehusaba este trabajo.

En contra de Zeus y también de Apolo. Prometeo y Apolo se enfrentan como extraños el uno para el otro. Aquello que tanto mueve a los titanes, este nuevo devenir y su riqueza sin medida, eso no afecta a Apolo. Apolo no conoce esa inquietud de Prometeo, a quien no le basta el presente y se vuelve al futuro. El dios de lo consumado, de lo concluido y logrado no es al mismo tiempo el dios de los trabajos, de los proyectos y de los talleres. No es un dios del *homo faber,* al que sí favorece Prometeo. En Prometeo se agita un fuego más oscuro y salvaje que en Apolo. Concede más espacio a la pasión. Su mente tiene algo vigoroso, musculoso, que no tolera la resistencia y ajusta cuentas con ella de un modo tajante. El martillazo que asestó a la cabeza de Zeus atestigua el tipo de mentalidad que le es propia. Se asemeja a un martillo. En un sentido doble, puesto que tiene algo férreo que arremete con dureza, pero hay también en él una confianza en las invenciones, en las herramientas de la mente. Prometeo tiene una fuerza artesanal. Ha heredado algo más de los titanes, esa dualidad que separa a la esencia titánica. Su mente es fructífera, tiene múltiples capas e incluye la paradoja. La pasión por crear y hacer surgir lo convierte en un actuante; como todos los autores es incapaz de sustraerse al acto y el elemento que pone en marcha al final le engulle. La firmeza de su voluntad, aplicada al devenir, se hace patente en el cuerpo atlético, en los proyectos atléticos. Apolo tiene el pie más ligero, su presencia está completamente inspirada por las musas, su sangre fría le convierte en un guerrero invencible. Prometeo está tan cerca del hombre como ningún otro dios; Apolo se encuentra frente a él a una distancia insalvable. No puede establecer relación alguna con lo titánico, no importa cómo se muestre. Ahora el hombre griego tiene que decidir si desea tender hacia lo apolíneo o hacia lo prometeico.

En Prometeo se hace patente algo más: es un trabajador. Los titanes no lo son; encontramos herreros y metalúrgicos titánicos a los que se podría llamar trabajadores, pero sólo en el ámbito de las fraguas vulcánicas. Ahora bien, Océano tiene tan poco de trabajador como Hiperión o Helio; su actividad, su quehacer no se puede comparar con el de Prometeo. En ellos se trata de una necesidad elemental, de la que no se deriva ningún carácter laboral autónomo. Pero de la mano formadora de Prometeo salen obras autónomas. Su actuación se hace visible en obras que perviven independientemente de él; se entiende a sí mismo cuando produce, en la libre producción. Esta capacidad es una característica suya. Es inconcebible sin los talleres, sin el esfuerzo y sin un plan de trabajo. Siempre el mundo prometeico es a la vez un mundo del trabajo; en ningún lugar su titanismo salta tanto a la vista como cuando está activo en un trabajo infatigable de invención, en el ámbito de los pensamientos ingeniosos, de los talleres. Prometeo está orgulloso de las obras de su mente y de sus manos, y este orgullo se repite hasta la deformación en el hombre prometeico, hasta aquella autoestima del trabajo y del trabajador que vuelve a implantar el sisifismo en la vida.

Prometeo, que trabaja en sus obras, mantiene una relación estrecha con uno de los dioses, con Hefesto. También Hefesto es un trabajador. Es artesano y herrero, es el dios-mecánico en el círculo de los dioses. Vestido con la túnica corta de los artesanos, sobre la cabeza el gorro ovoide de obrero que le protege de las virutas de hierro incandescente y de las chispas, en la mano un martillo y unas tenazas, es el único trabajador entre los dioses. Es el señor de las fraguas y las minas subterráneas, señor del fuego subterráneo cuyo poder sabe aprovechar para sus propósitos. Hefesto es inventivo y hábil a la vez. Es el inventor de los primeros autómatas, pues autómatas son las dos esclavas de habla dorada que se mueven por sí solas y que él creó para apoyarse en ellas cuando caminaba. Son suyas obras de arte tan raras como la imagen de Pandora, el carro de Helio, las flechas de Eros, la armadura de Aquiles, los perros de plata y de oro de Alcínoo, el cetro de Pélope, la gargantilla de Harmonía, el vaso de Menelao, la coraza de Diomedes, trabajos todos ellos que en parte destacan por su suntuosidad y habilidad, y en parte evidencian los poderes vertidos y forjados en ellos. Hefesto también forjó las cadenas de Prometeo. En sus fraguas trabajaban los tres cíclopes Arges, Brontes y Estéropes. En ellas debieron buscar refugio y hacerse útiles algunas criaturas titánicas. Ahora bien, Hefesto no es un titán sino un dios. No sólo es un mecánico sino un artista divino en todos aquellos trabajos que surgieron con la ayuda del fuego. Lo que caracteriza a Prometeo es que sólo puede crear algo por medio del trabajo. Aquí reside una diferencia con respecto al modo de crear sin esfuerzo de los otros dioses. Poseidón, que crea el corcel, y Atenea, el olivo, lo hacen sin esfuerzo; esta creación está tan poco relacionada con el concepto del trabajo como lo está la creación artística de un Apolo o un Dioniso.

Los dioses no tratan a Hefesto del todo como a un igual. Su deformación, su cojera, provoca en ellos carcajadas interminables. Está afectado por algún que otro rasgo cómico, están asociados a él ciertos recuerdos, de modo que con sólo mirarlo provoca ganas de reír. A él no parece importarle esta risa, la acepta sin irritarse. Está garantizado su lugar en el banquete, su participación en el festín de los dioses. Aun cuando es el esposo de Afrodita —¿y quién sino podría ser su esposo?— aparece con la figura de un siervo y el ámbito que preside parece no tener nada de sublime. Los dioses le aprecian por el provecho que obtienen de él cuando lo necesitan, pero por lo demás lo tienen poco en cuenta aun cuando siempre es un servidor aplicado y servicial. Hefesto, que crea tantas obras brillantes y resplandecientes, carece de brillo. Sus dos esclavas de oro, sus autómatas doradas, dan la impresión de que lo envuelven en su resplandor. El menosprecio con que los griegos miraban a los escultores es responsable de esta postergación. El motivo es que Hefesto tiene menos ser que los demás dioses. Carece de lucidez. No posee la poderosa plenitud del ser de un Apolo o un Dioniso. Así lo demuestra precisamente el hecho de que es herrero, de que crea obras de arte, una empresa en la que los otros dioses ni siquiera piensan. Estas obras son menores que las de otros dioses, que el corcel de Poseidón, que el olivo de Atenea. Hefesto es incapaz de crear algo así; es muy habilidoso, pero esta cualidad está siempre vinculada a la creación mecánica.

No obstante, no podemos tomar exclusivamente a Homero como referente de la naturaleza de Hefesto. La epopeya siempre tiene en cuenta al héroe; la vida de los héroes y sus proezas constituye siempre la medida a partir de la cual se considera todo el acontecer. Hefesto es más salvaje, oscuro y pasional de lo que relata la epopeya. En el reino de Zeus se muestra servicial, al contrario de Prometeo; es condescendiente y dócil, sí, pero también doliente. Mantiene relación con los cabiros y los dáctilos, con Rea y con todas las fuerzas titánicas. Guarda un estrecho parecido con la inteligencia prometeica. Su santuario en Atenas se encuentra en el Cerameico, en el mercado de los alfareros, de los que es patrón junto con Prometeo. La inteligencia prometeica también actúa en él; es reflexiva, meditabunda, caviladora de las obras y artes mecánicas. Al igual que a Prometeo, también Hefesto está unido a Atenea. Arde con una pasión desenfrenada, vehemente y desesperada por la protectora suprema de toda destreza. Ansía tener una relación íntima de amor con Atenea quien, siempre inaccesible, lo elude. En esta relación, él es el postulante y el sumiso; ahora bien, y esto es muy significativo, se celebraban fiestas comunes a ambos. Lo que tienen en común Atenea y Hefesto aparece cuando ella honra en él al artista y al inventor. Al mismo tiempo, lo mantiene a raya mediante aquella mentalidad más estricta y preclara que es propia de la diosa. Es a Atenea Ergane a la que pretende Hefesto. Y, al igual que Atenea Ergane, Hefesto es el protector de las artes plásticas, que no se encuentran bajo el patrocinio de las musas porque están inseparablemente ligadas a las habilidades artesanales. Por último, Hefesto, que trabaja con el fuego telúrico, aparece relacionado con Dioniso. En las vasijas se lo representa emborrachado por Dioniso y cabalgando sobre un asno. De esta guisa cabalga junto a Dioniso hacia la Gigantomaquia. Ingresa en el ámbito de Selene y en su séquito. En el Hefesto ebrio por el vino de Dioniso, participante en la fiesta dionisiaca, algo irrumpe orgiásticamente. Al igual que los dáctilos del Ida, que siguen la llamada de la madre orgiástica Rea, así Hefesto sigue la poderosa llamada de Dioniso, que lo arranca del humo y del estruendo de su taller y lo conduce a la ebriedad.

Prometeo está emparentado con Crono, y Jápeto también porque dirige su fuerza hacia lo supremo, hacia el poder en su totalidad. No se contenta con poco. Su mente aspira a elevarse y a abarcarlo todo. Mide sus fuerzas con las de Zeus. Es Zeus

Cronio quien sale a su encuentro. Como consejero y présago aparece de entrada en el círculo de los dioses, que reconocen sus dotes y lo tratan como a un igual. Establece con ellos una relación libre que no está basada en la filiación sino en las disposiciones, en las capacidades y en el conocimiento. En virtud de su mentalidad característica está en contacto con los dioses y a la vez se separa de ellos. En el Olimpo él es sólo un invitado. Su pensamiento recorre un camino diferente y sus proyectos y objetivos no admiten ser conciliados con los de los dioses. Sus pensamientos siempre giran alrededor de Zeus. En Zeus está aunado todo aquello que confiere fuerza, duración y seguridad a la soberanía de los dioses. Esta soberanía está inquebrantablemente cimentada en el Zeus que impera, reposa en el dios supremo. Es su ley la que ponen en práctica los dioses. La ley de Prometeo es otra. Este orden no puede convertirse en el suyo puesto que, si así fuese, él no podría llevar a término aquello que le impele. En él se encuentra la voluntad de cambiar, él desea algo nuevo. Su orgullo incluye también el deseo de no estar en deuda con Zeus. Quiere actuar autónomamente. Lo nuevo que le mueve saldría perdiendo si él no lo crease por sí mismo. Sólo entonces muestra los signos de su voluntad, la firma de su propio puño. Así como el artista firma sus obras, así las obras prometeicas también han de tener su propia e inequívoca marca. Imprime en ellas lo que le es característico, la huella de su individualidad; les infunde su aliento. Todo esto queda muy alejado de los titanes, que son portadores de una legalidad de carácter rígido. La necesidad que ellos presiden es elemental. Prometeo ya no cree en esta necesidad, siente dentro de sí unas fuerzas superiores y se considera capaz de dominarlas de manera nueva. No es la idea de un mundo creado lo que le mueve sino la idea de que es él quien puede crearlo. Contempla sin temor alguno los grandes prototipos del ser. De entrada, entiende que sólo él es real; real es aquello que él crea al introducirlo en el mundo. El mundo es una imagen de él mismo, de sus pensamientos, actos y esfuerzos, así como su rostro es la copia de la vitalidad mental que le impregna. El respeto, que conserva lo existente y lo protege, le resulta ajeno, se pierde ante la certidumbre de que en él habita la fuerza para fundar un mundo nuevo y más hermoso. Lo que refulge en él con la claridad de un rayo es la idea de la libertad. Incluso la necesidad más elemental carece de fuerza frente a la idea de libertad que irrumpe en él victoriosa y triunfante. Esta idea de libertad lo aísla. La independencia, el sentirse libre de todo servicio y dependencia, todavía no incluye la plena libertad. Ésta reside en la creación y en la producción, en la construcción de un nuevo mundo. El proyecto de Jápeto fracasó porque deseaba mantener, frente a Zeus, un reino en declive. Prometeo le contrapone un mundo nuevo. Paso a paso le irá arrebatando el poder a Zeus. Éste es su proyecto y a partir de ahora pone los medios para conseguirlo.

En las manos del titán brota la arcilla, vivaz y dúctil. La amasa y le da forma, moldea con ella figuras, hombres y animales. A lo que le parece logrado, le infunde su soplo, le inyecta un fuego celestial. Se lo lleva a Zeus y a Atenea, que infunden su aliento en estas obras. En su quehacer hay algo anímico y animador. La Antigüedad tardía dedicó su atención a esta creación y producción, y las representó en algunas de sus imágenes. Prometeo aparece relacionado con las moiras, con Eros y con Psique. En estas imágenes aparecen animales con alma. El relieve del Louvre muestra al escultor Prometeo creando al hombre mientras Atenea suelta una mariposa. Es la mariposa de la vida, del alma, portadora del aliento que se introduce en la arcilla inánime. Este quehacer de Prometeo le hace destacar frente a lo anterior. De Caos nació Gea; de Gea, Urano, el Ponto y las Montañas. Proceden de procreaciones primigenias, es partenogénesis. No existe una mano que crea y da forma, sino que las figuras irrumpen directamente desde el fondo del ser. Prometeo, en cambio, no engendra dioses ni titanes sino hombres y animales. Los forma con barro, la materia más frágil, más perecedera, un producto amorfo de la descomposición. Su quehacer es anímicamente fugaz y perecedero, sus hechuras son tan delicadas y vulnerables como la mariposa que les infunde aliento. Esta mariposa las volverá a abandonar. Prometeo engendra seres mortales, criaturas de su imaginación pero sujetas a la muerte. El alfarero Prometeo no les puede conferir la inmortalidad: envejecerán, se marchitarán y desaparecerán. Como benefactor puede atenuar su suerte, puede enriquecer sus vidas con sus invenciones y sus artes, pero no puede darles la inmortalidad ni la juventud eterna.

Aun así los ama, y los ama con más vehemencia y pasión que los dioses al amar al hombre. Los ama como hijos de su fuerza. No son del todo su obra; en ellos se hace visible la contribución de Zeus y Atenea. Pero en ellos lo prometeico es inconfundible; se le parecen y él es capaz de reconocerse en ellos. El fuego que a él le penetra también está presente en el hombre, en el que existe toda la inquietud del devenir, las ganas enteras de crear que el titán siente latir en su pecho. Los ama como un padre ama a sus hijos. Y puesto que los hace suyos, les concede protección por doquier. En sus manos se convierten también en un instrumento en contra de los dioses, en contra de Zeus. El hombre se ve involucrado en la lucha entre Zeus y Prometeo, padece esta lucha, a la que inevitablemente se ve arrastrado. Cuanto más visible se hace en él lo prometeico, tanto más amenazado se ve. A Zeus, que adivina los planes de los titanes, no le gusta el hombre prometeico; trama su aniquilación, quiere crear otra estirpe humana. El cielo empieza a ensombrecerse para el hombre y también Prometeo se ensombrece. Cuanto más se ve arrastrado a la lucha contra Zeus, tanto más se oscurece su ser. Es una imagen del supremo esfuerzo y de las fuerzas en tensión cuando se enfrenta a Zeus y busca preservar frente a él su obra. En él, lo atlético emerge en la medida en que se enfrenta a Zeus. Para él ya no hay vuelta atrás: o vence o lo aniquilan.

Hesíodo relata la asamblea de los dioses con Prometeo y los hombres en Mecone. Pone de relieve la naturaleza audaz y perspicaz del titán, que para realizar sus proyectos no desdeña los caminos tortuosos ni los engaños. Se trata aquí del sacrificio que los hombres ofrecen a los dioses, de la cuestión de si es necesario ofrecer sacrificios y, más en concreto, de cómo hay que ofrecerlos. Prometeo no suprime el sacrificio. El procedimiento que aplica afecta a la distribución de las piezas del sacrificio, que él regula de forma que los dioses obtienen las porciones más vistosas y los hombres las mejores. ¿Qué sentido tiene? El sacrificio es, en su opinión, un obsequio desinteresado del hombre a los dioses, una dádiva producto del agradecimiento, pero con él se modifica su esencia. Un sacrificio que se ofrece con una segunda intención ya no es un regalo desinteresado. ¿Para qué ofrecer un sacrificio así? Ofrecerlo sólo tiene sentido si se supone que los dioses exigen el sacrificio, que el hombre ha de ofrecerlos en razón de su inferioridad y su temor, para protegerse de un daño. Ésta es la idea que Prometeo sugiere al hombre prometeico, con la que le familiariza para provocar el distanciamiento entre hombres y dioses. Cuando los sacrificios se hacen por la fuerza, cuando es preciso ofrecerlos para ahuyentar un daño, se convierten en un tributo y un impuesto fastidioso cuya disminución por medio de la astucia constituye una prueba de la inteligencia del hombre. Pero no se puede engañar a los dioses, que adivinan esta conducta. Zeus se sonríe y elige la pieza del sacrificio que Prometeo ha amontonado en honor suyo.

Fue este sacrificio engañoso, tal y como observa Hesíodo, lo que indujo a Zeus a quitarles de nuevo a los hombres el fuego que ya poseían y del que disfrutaban. Se introduce así el robo del fuego que Prometeo lleva a cabo. El fuego es un elemento con el que Prometeo mantiene una relación muy estrecha. Es el elemento que da alas a todo lo anímico, lo vivo. Está presente en el propio titán, él lo insufla en todas sus obras. En su crear y producir habita una fuerza ígnea, es el portador de la llama, el que maneja la antorcha que dibuja en el espacio oscuro un trazo de luz clara. En la naturaleza del titán está el ímpetu ígneo de los cometas que se alzan como grandes fenómenos lumínicos en el cielo al surcar la bóveda celeste. Pero el fuego prometeico no sólo es luz que brinda claridad y calor y que posee también una fuerza voraz, patente cuando se lo utiliza y aprovecha. Como elemento de la Hestia virginal, el fuego es sagrado y puro. Al hombre le provoca un temor sagrado cuando lo mira, y lo maneja con prudencia. Existen costumbres ancestrales relacionadas con el acto de prender el fuego, con el fuego del sacrificio, cuya pureza salvaguardaban los griegos no sin ansiedad. Prometeo y Hestia están alejados el uno del otro; el fuego de Prometeo y el de Hestia son diferentes.

Hestia es una diosa de virginidad rigurosa que juró por la cabeza de Zeus mantenerse siempre virgen. A esto se debe el rito de consagrarle la simiente nueva, los primeros frutos, los bueyes de un año, y que ella sea la diosa de los principios. Su virginidad se corresponde con la función que detenta, en la que florece. En el *Himno homérico* se dice de ella que tiene su sede eterna y antiguos honores en las elevadas moradas de los dioses y en las de los hombres; que como primogénita posee, en lugar del matrimonio, el honor de ser la diosa más antigua para todos los mortales, de ocupar el centro de la casa y de beber aceite. En todos los sacrificios, la primera libación está dedicada a ella, un rito que siempre se respetaba en los altares de Olimpia. Es así como entre los griegos el fuego doméstico lleva el nombre de la diosa del hogar, de Hestia. El primer altar es el hogar doméstico; el primer fuego de sacrificio, el fuego del hogar. Del fuego que calienta, protege y nutre surgió el culto a Hestia. Puesto que el hogar comunitario ocupaba en sus orígenes el centro de la casa, se considera este centro como sede de la diosa, desde el cual ella interviene en todos los asuntos domésticos. La casa entera, todas sus partes, las habitaciones y alcobas, los sótanos y la cocina, la despensa y los rendimientos. Ella gobierna a cada uno de los moradores de la casa así como la comunidad, el lecho matrimonial, las relaciones matrimoniales y de parentesco; gobierna a todos aquellos que han sido acogidos en la comunidad, a los visitantes y a los invitados. De ahí que su dominio se extienda también a la hospitalidad y a los que buscan amparo en las casas. Esas máximas que invitan a entrar, que prometen una acogida amable y que hoy en día todavía encontramos a la entrada de las casas, esos «Bienvenido sea» o «¡Adelante!», garantizan la protección y la promesa de hospitalidad por parte de Hestia. Hestia da la bienvenida por medio de la luz y el humo del hogar. El florecimiento y la prosperidad de una casa, su seguridad, su vida ordenada dependen de la diosa, que es hermana de Zeus e hija mayor de Crono y Rea. También preside el altar de los sacrificios de la casa, de forma que los lares (dioses domésticos), que tienen su lugar al lado del hogar, la siguen y son guiados por ella.

¡Quién no conoce las casas que Hestia evita, los apartamentos de los que uno sale con sensación de alivio! En ellos no está presente Hestia y, por tanto, carecen de los buenos espíritus domésticos y comunitarios que van y vienen con el séquito de la diosa. ¡Quién no ha entrado alguna vez en una casa en la que ha pasado alegres horas y que ahora está vacía, abandonada por sus habitantes, carente de todas esas cosas que la hacían confortable! Cuando entonces le sobreviene una sensación de frío y tristeza, siente esto: que Hestia la ha abandonado. Es en la casa habitada donde encontramos a la diosa, que ama la proximidad de las personas y evita los edificios abandonados y en ruinas. Cuando se dice de ella que fue la inventora de la construcción, no se está pensando en las paredes desnudas; lo que ella protege son las relaciones domésticas en su totalidad y la casa como lugar de estas relaciones. La casa doméstica es el lugar donde se afana sin ser vista. En los puestos de guardia, las salas de máquinas, las oficinas, los cobertizos y los almacenes no se encuentra ni rastro de ella; tampoco en los museos, las salas de espera o los compartimentos de los trenes. No siente placer alguno por los pisos arrendados de las grandes ciudades, por las viviendas cambiantes y pasajeras. Es una diosa pacífica y constante, contraria a las mudanzas y los cambios rápidos. Es una benefactora silenciosa que pasa inadvertida, que ama el hábito familiar y la vida en comunidad. Si bien no evita al solitario, su ámbito es la familia.

El dominio de Hestia se extiende por las casas y los templos, y no sólo preside el fuego del hogar sino también el altar. De ahí que se le rinda culto en todos los templos, que en el sacrificio se la invoque en primer lugar, que el primer sacrificio esté destinado a ella y sea para ella el primero y el último donativo en la comida sacrificial. Así como la casa tiene un hogar, la ciudad tiene un hogar común a todos los habitantes, además de una efigie de la diosa en la casa del pritaneo que, al jurar su cargo, ofrece un sacrificio en su honor. De la llama de este hogar toman fuego los colonos que abandonan su patria y se marchan lejos, llevándoselo con ellos; la llama del hogar de la Hestia de la patria arde ininterrumpidamente en las ciudades recién fundadas. Un fuego alimentado constantemente arde en sus santuarios, una llama que no deberá apagarse y que, si alguna vez se extingue, no puede ser prendida de nuevo con otros fuegos sino que tiene que encenderse frotando dos piezas de madera o por medio de un espejo ustorio. El culto a Hestia siempre está ligado al hogar y un fuego que se apaga en una casa o un templo ahuyenta a la diosa. Así, malbaratar y apagar con violencia un fuego, como se solía hacer para penalizar al padre de la casa que no había pagado sus tributos, es un acto dirigido contra su Hestia. Tener que abandonar la propia Hestia significa tener que marcharse del fuego del hogar patrio. La chica que se casa deberá dejar su Hestia por un nuevo hogar, un nuevo fuego. Pitágoras decía que a la mujer se la aparta de su hogar, de su Hestia, y que acude al marido en busca de protección; por eso tiene él el deber de mantenerla.

El fuego de Hestia es un fuego plácido y silencioso, secreto y nutriente. La custodia de Hestia mantiene a raya su fuerza destructora, devoradora, engullidora. No es éste el fuego del que se apodera el titán. No es el fuego de Hestia el que él entrega a los hombres. Aspira a algo más elevado, se apodera de los signos de fuego del poder supremo, de los rayos de Zeus. En el tallo hueco y delgado de una varilla de férula lleva a la tierra, al hombre, el fuego refulgente de los rayos. Los rayos que fueron forjados por los cíclopes constituyen las armas del soberano de los dioses, expresan el poder aniquilador y también benefactor de Zeus. Dos aspectos abarca la acción del titán, el ataque al propio Zeus y una profanación. La puesta en servicio, el provecho y la utilización de este fuego son hechos profanadores y se los considera una profanación. Es una abierta declaración de guerra contra Zeus, que sale de la tranquila esfera de su dominio para derrocar a Prometeo. Son tres las circunstancias que aniquilan la obra del titán y que lo refrenan: el descenso de Pandora, el diluvio deucaliónico y el encadenamiento de Prometeo.

Pandora es el instrumento para debilitar al hombre prometeico. Zeus se enfrenta como inventor al inventor Prometeo. Utiliza el procedimiento prometeico cuando ordena a Hefesto que modele artificialmente una mujer. Hefesto la forma con barro y junto con Atenea Ergane la cubre de adornos. Para Hesíodo, Pandora era la primera mujer mortal. Según él, todos los males, las tribulaciones y las calamidades le vienen al hombre de la mujer, pero éste es incapaz de hacer nada sin ella. De

Pandora se relata que, gracias a la colaboración de Afrodita, las musas y Hermes, está dotada de encantos, de poder de seducción, de un adulador arte del disimulo. Es ella quien trae la tinaja que contiene todos los males. Al abrirla, éstos salen volando, sólo la esperanza permanece. En esto queda patente que Zeus conoce a la perfección la naturaleza del hombre prometeico, pues Pandora representa la visión soñada y el ideal del ser humano, al que éste no es capaz de ofrecer resistencia cuando se le aparece con todo su brillo y su dulzura. Ella es el engaño titilante que se convierte en fatalidad para el deseo ciego, para la voluntad ciega, de forma que el hombre ni siquiera repara en la tinaja, repleta hasta el borde de calamidades. Esta misma ceguera muestra Epimeteo, el hermano débil de Prometeo. Los dioses dejan que se debilite y se malogre. Hermes conduce a Pandora hasta Epimeteo y él la acepta gustoso hasta que, habiéndola poseído, reconoce demasiado tarde la desgracia de la que es portadora. También Menecio, aunque más astuto, fue derrotado por el relámpago de Zeus y encerrado en el Tártaro junto con los titanes irreconciliables.

El diluvio deucaliónico representa la aniquilación del hombre prometeico a manos de Zeus. Irrumpe el agua y cubre la tierra durante nueve días, destruyendo el linaje humano. Sólo Deucalión, hijo de Prometeo, y su esposa Pirra, hija de Epimeteo y Pandora, consiguen salvarse escondidos en el interior de una caja de madera que flota sobre las aguas. El arca se deposita sobre el Parnaso u otro monte. Deucalión sale de ella y ofrece sacrificios a Zeus, quien le promete que creará una nueva raza de hombres. Deucalión y Pirra arrojan piedras hacia atrás, por encima de sus hombros, y de estos huesos de Gea, la gran madre, surgen hombres con los que Deucalión funda un nuevo reino. Junto con Pirra engendra a Anfictión, Helén y Protogenia. Se le considera el fundador de las Hidroforias, la fiesta que se celebraba en Atenas en memoria del diluvio.

Titanes

A Zeus no le basta con aniquilar la obra de Prometeo, también desea derrocarlo. Encadenado en el Cáucaso con las cadenas que había forjado Hefesto, Prometeo sufre todos los tormentos del vencido y el sometido. Se ve privado de los frutos de sus esfuerzos. El águila de Zeus le picotea el hígado, que se renueva incesantemente. Inquebrantable, sufre hasta que Heracles, cruzando las montañas, mata al águila y libera al titán de sus ataduras. Como los grandes titanes, Prometeo es inmortal, y también es inmortal su voluntad. Zeus puede derrocarlo pero no es capaz de extinguirlo, ni a él ni a sus deseos. Regresa al Olimpo, donde retoma como antaño su papel de consejero y présago de los demás dioses.

La obra de Esquilo muestra a un Prometeo sufriente, encadenado. Empieza con el encadenamiento y finaliza con el momento en que el titán es arrojado al Tártaro. Esquilo representa a Prometeo como un caso singular, como alguien aislado. Hefesto, que siente simpatía por Prometeo, aparece representado con el martillo y las cadenas, suspirando y ejecutando contra su voluntad la labor de forja que le ha impuesto Zeus. Cratos y Bía, los fieles acompañantes de Zeus, traen al titán encadenado. Cratos exhorta con acritud al titubeante Hefesto para que efectúe su trabajo bien y sin dilación. En Prometeo sólo ve al necio ciego, odiado por los dioses, al ladrón y delator de los secretos divinos, a quien es preciso ablandar mediante el dolor. Prometeo no sólo es encadenado, también se le hunde en el pecho una cuña diamantina. El titán se mantiene silencioso durante la ejecución de este trabajo y únicamente cuando lo dejan solo prorrumpe, devastado, en salvajes lamentos.

Los titanes ven en Prometeo, a pesar de todo lo que los separa de él, a uno de los suyos. No lo abandonan cuando está encadenado a las rocas. Desde el mar, las oceánides, hijas de Tetis y Océano, acuden volando sobre un carro alado. Un coro titánico eleva su voz en las solitarias orillas marinas y en las gargantas rocosas. Desciende hacia Prometeo, le consuela, le alienta y le apacigua. Océano, el padre, que sigue a sus hijas montado en un caballo alado marino, se ofrece como mediador entre Zeus y el titán, con quien está emparentado y a quien aprecia más que a los dioses. Su intención es pedir a Zeus que suelte sus ataduras. Prometeo procura disuadirlo recordándole la suerte que corrieron Atlas y Tifón. Océano hace caso a la advertencia y regresa a su reino.

El coro de las oceánides eleva su canto. Con prepotencia, así empieza, Zeus ha demostrado su poder a los antiguos soberanos. En todos los países se escucha ahora el lamento por el destino de los titanes, por el de Prometeo, entre los habitantes de Asia y de la Cólquide, entre los escitas, los árabes y los habitantes de las fortalezas del Cáucaso. Alrededor del titán Atlas, que está encadenado con ataduras de diamante, resuena el lamento de las olas que irrumpen salvajes del mar; las profundidades del Hades suspiran y las corrientes sagradas lamentan su sufrimiento. Es el sufrimiento de Gea por sus hijos, seguido de un poderoso eco que procede de los mares y las montañas, de las gargantas y las corrientes. Este lamento que se derrama por doquier evidencia que Gea se siente unida al titán. Se ha producido un desgarro entre ella y sus hijos, una separación dolorosa y violenta, y todo lo que pertenece a Gea se ve transido por este dolor. Se percibe un hondo suspiro cuando Zeus se hace con el poder.

Ío, objeto de la ira de Hera y que, como una segunda Hera, va errando por los países, se encuentra con el titán en su huida. El vidente Prometeo le predice el recorrido y el final de sus penas y también le revela que su bisnieto Heracles acudirá a liberarlo. Ío no sólo está vinculada a Prometeo por ser antepasada de Heracles, también está ligada a él por el sufrimiento común. Su suerte es la contrapartida femenina de la suerte de Prometeo. La doncella inaquea, al convertirse en amada de Zeus, tiene la

Titanes

misma condición que el titán. No se considera aquí la culpa o la ausencia de culpa; basta con que se unió al dios, que la deseaba, como una mortal. Esto la elevó por encima de todo lo humano, la puso en peligro y la expuso a ser aniquilada. Se vio involucrada en la batalla de los dioses y una locura incansable la hace errar por el mundo. De ahí que las oceánides imploren al destino que nunca jamás una de ellas tenga que compartir lecho con un dios olímpico. Pues es muy dura la suerte de aquella que es amada por los dioses.

Contrariamente a Prometeo, que forjó su destino con determinación viril, Ío es la sufriente desamparada, la perseguida por Argos, el de mil ojos. Sus lamentos llegan al fondo del corazón cuando, en los momentos de serenidad, se formula la dolorosa pregunta de qué culpa vio Zeus en ella para atarla a esos tormentos y torturarla con el miedo y la locura. Debido a que es reciente y joven, el poder de Zeus está lleno de una dureza sin contemplaciones contra los titanes. Éstos aparecen aquí como los antiguos soberanos. Prometeo define a Crono como alguien marchitado por la edad; de marchita califica a la titánide Temis. Los dioses empiezan a gobernar de un modo nuevo; ya se sienten tan seguros, tal y como afirma Prometeo contra Hermes, que empiezan a disponer su morada como si fuese una fortificación inexpugnable. En su odio a Zeus y a los dioses olímpicos, Prometeo se vuelve a apoyar en lo titánico. Invoca al éter, a los vientos, a las olas del mar, a la gran madre Gea y a Helio, un mundo titánico y sin dioses al que se siente unido.

Prometeo sucumbe porque ha amado a los hombres más de lo debido. Es el enemigo ancestral de Zeus y se jacta de ello. Salvó a los hombres cuando Zeus deseaba aniquilarlos. Plantó en ellos una esperanza ciega, de forma que no fueron capaces de prever su destino y olvidaron su propia condición mortal y caduca. Les entregó el fuego para que aprendiesen múltiples artes. Se precia de que el hombre adquirió conciencia y espíritu gracias a él. A los que vivían en cuevas les enseñó a construirse casas, a observar el curso y el tiempo de los astros. El conocimiento de los números, la invención de la escritura, que todo lo fija, proceden de él. Sometió los animales al hombre, inventó la navegación a vela, los medicamentos, el arte de la adivinación, la observación de las entrañas de los animales sacrificiales; descubrió y enseñó la utilización de los metales. El coro de las oceánides escucha con un sentimiento contradictorio la enumeración de las obras de las que se vanagloria Prometeo. ¿Contra quién se jacta de ellas? El coro eleva su voz de forma intermitente, alabando a Zeus como garantía de la obediencia a él debida. Prometeo sintió demasiada estima por los hombres. Cometió una falta por amor a unos seres ciegos e insignificantes cuya voluntad quiere ir inútilmente más allá del consejo de Zeus. ¿Qué es el hombre? Una figura de ensueño que nunca abandona su propia impotencia, un espectro, nada.

Prometeo sigue siendo irreconciliable. Emprendió por sí mismo el camino del enfrentamiento con Zeus. Desde un principio reconoció que la lucha de los grandes titanes contra Zeus era inútil e intentó animarles con sus inteligentes consejos para que se sometiesen al poder de Zeus. La predicción de Gea y de Temis le enseñó que con violencia no se podía hacer nada contra Zeus, que sólo la astucia podía ser de utilidad. De ahí que, cuando los titanes desestimaron sus consejos, se pusiera, con Temis, del lado de Zeus, aconsejándole que encerrase a Crono en el Tártaro junto con sus secuaces.

¿Qué hace sólido a Prometeo en su fuerza y su obstinación? Prevé que Zeus lo necesitará y apuesta por ello. Sólo él conoce el acontecimiento futuro que amenaza el poder de Zeus. Se atreve a anunciar su caída y no se deja intimidar por la advertencia del coro. Habrá unos esponsales cuyo fruto será funesto para Zeus. A Hermes, que aparece como mensajero exigiendo una explicación, lo rechaza con acritud y sorna. Hermes también se enfrenta al titán con una ironía incisiva. Hay algo de verdad cuando le reprocha que sería insoportable si fuese feliz. A ello Prometeo responde sólo con un grito de dolor, un grito que Zeus, según el comentario lacónico de Hermes, ignora. A continuación, le anuncia las consecuencias de su negativa. Zeus lo arrojará al abismo con ayuda de sus rayos y no verá la luz durante largo tiempo. Después, una vez de vuelta en la tierra, el águila devorará su hígado, el centro de su fuerza y de sus deseos, hasta que llegue Heracles, hasta que Quirón se decida a descender al Hades en lugar de Prometeo. Prometeo, que hace tiempo que conoce su futuro, insiste en su negativa a pesar de la última advertencia del coro y, de inmediato, tiene lugar la decisión de Zeus. La tierra tiembla poderosamente y el titán se hunde junto con la roca a la que está encadenado. Desaparece en las profundidades invocando el éter sagrado.

LOS TITANES Y LOS DIOSES

Los titanes no son dioses aun cuando engendran dioses, y en el reino de Zeus gozan de veneración divina. El *Prometeo* de Esquilo brinda suficiente información acerca de la contraposición entre ellos. El mundo que gobiernan los titanes es un mundo sin dioses. Quien se imagine un *cosmos atheos,* aunque no como lo definen las ciencias exactas, lo encontrará aquí. Los titanes y los dioses se diferencian, y como esta diferencia también se hace visible en su comportamiento frente a los hombres, pues éstos experimentan en sí mismos cómo gobiernan, son capaz de diferenciarlos en razón de su experiencia. El hombre es capaz de reconocerlos, no como producto de su experiencia sino como gobernantes por cuyo medio se funda la experiencia. La conquista del poder de Zeus marca un momento de cambio. Ahora se pueden comparar y medir una con otra la edad de Crono y la de Zeus. Cuando los dioses olímpicos se convierten en conductores del destino humano, todo lo titánico retrocede hacia la sombra. Crono y Jápeto siguen imperando en las tinieblas del reino de las sombras, descienden a la oscuridad de las cavernas de las que el joven Zeus se eleva hacia la luz. Los grandes titanes y su séquito, que se pone de parte de Zeus, se mantienen en su poder, si bien también ellos se ven afectados por la caída de Crono, ceden su lugar a los dioses olímpicos, que conforman el centro del acontecer.

Los grandes titanes no son descritos como impíos, insolentes u osados; se representa su poder grave, su legítimo y necesario modo de actuar. No son desenfrenados detentadores de poder ni detractores de la ley, más bien son los soberanos de una legalidad acerca de cuya necesidad no cabe duda alguna. Presiden con imperio el curso de los elementos, cuyas riendas y bridas sujetan, tal y como se observa en Helio. Son conservadores, protectores, salvaguardias, vigilantes y conductores de este orden. Ellos lo fundaron y ellos lo inician y despliegan más allá de Caos, como indica el comentario de Homero sobre Atlas cuando apunta que tiene en su poder los pilares que sostienen el cielo y la tierra. Su soberanía no es desorden, ni es un despliegue desordenado de fuerza; en relación con Caos constituyen un poderoso cerrojo que impide que todo retorne a la confusión de lo desordenado. Nos encontramos frente a un círculo, un ciclo de soberanos que aunque son diferentes unos de otros actúan conjuntamente. Su orden los distingue de la caterva de gigantes, en los que siempre hay algo masificado. Que el círculo de soberanos titánicos es numéricamente igual al de los dioses olímpicos no es un error de cálculo sin sentido ni una invención sino que muestra la simetría del relevo. Los titanes y los dioses se corresponden, y así como Zeus reemplaza a Crono, así Poseidón está en correspondencia con Océano; Hiperión y su hijo Helio lo están con Apolo; Ceo y Febe, con Apolo y Ártemis, y Selene, con Ártemis.

El reino de Crono no es un reino del hijo. En él los hijos se hallan ocultos, ya sea en el propio Crono, que toma para sí lo que él mismo engendró, o en su dominio, como Zeus, que vive oculto, al que Rea resguardó y crió en cuevas a escondidas de Crono. Como las cosas son así, el reino de Crono tampoco es un reino del padre. Crono no quiere ser padre puesto que para él la paternidad significa una amenaza constante a su soberanía y no supone más que trabajos y la preparación de su caída. Desea mantener el ciclo de lo existente sobre el que impera, dejar que perdure invariable; desea que ruede y gire en sí de eón en eón. Mantener y perseverar es ya la voluntad de su padre. Urano no desea el devenir titánico, lo que desea es perdurar inmutable en el espacio de su dominio. Urano es viejo, inconcebiblemente viejo, tan viejo como los metales y las piedras, el aire y el éter. Tiene una dureza acerada, alejada del devenir. Y también Crono es viejo. Da la impresión de ser viejo cuando, medido con Zeus, se compara al padre con el hijo. ¿Puede el flujo, el desbordamiento de las fuerzas titánicas adoptar a la vez el aspecto de lo inmóvil, de lo inmutable? Sí, si se lo considera como un retorno, como una etapa del retorno cuyo movimiento de incesante fluir revela al mismo tiempo la ley rígida e inviolable. Entonces todo parece ser viejo, viejo como Océano, que se mueve en círculo, que encierra los mares y las tierras; viejo como los viejos del mar que emergen de las aguas con sus rizos plateados. Esquilo llama a Crono el encanecido por la vejez, y a Gea Temis la encanecida. La inmortalidad ligada a la edad avanzada se hace patente en los titanes, pero no en los dioses. También la lozanía de los titanes diverge de la lozanía de los dioses porque en el florecimiento titánico se advierte el retorno del movimiento elemental. Zeus es joven porque niega este movimiento, porque lo rompe. No engulle a sus hijos, es un padre. Tiene la madurez de un padre. Urano y Crono son más viejos que Zeus y aun así no poseen esta madurez.

El reino de Crono está más rígidamente cerrado en sí mismo que el de Zeus, tal como lo muestra la dureza de Crono, que recuerda al guijarro; carece de centro. La esencia titánica desconoce el centro y por eso no puede alcanzar la madurez, pues el centro y la madurez se comportan como el hueso y la carne del fruto. Lo que deviene no forma una unidad con lo que madura, el tipo de movimiento es diferente. Crono no quiere saber nada de su propio fruto, su devenir excluye el fruto y la madurez. Aquí Rea aparece como una contrincante. Está cansada del devenir titánico, llena de nostalgia por la madurez; quiere ser madura, sobre todo como madre. Busca su madurez en la maternidad, a ello le ayuda su hijo Zeus.

¿Cómo alcanzan los titanes el centro? Caos carece de él y también Gea, que intranquila por la suerte de sus hijos irrumpe de la tierra con medio cuerpo. Lo que deviene carece de centro, sólo se hace visible en la consumación. El centro y la consumación se corresponden. A esto se refiere la sentencia de Solón de que nadie se puede considerar dichoso antes de su final. Lo que hay de dicha en una vida cuando puede decirse de alguien que es dichoso, sólo se percibe una vez se ha llegado al centro, cuando se ha producido la consumación. Una vida así irradia luz, obtiene brillo. Donde el devenir es un consumarse, allí el movimiento se aquieta en la consumación.

Zeus posee el centro y la madurez, y así todo en el mundo de Zeus obtiene su centro y madurez. Apolo es centro hasta lo luminoso, hasta el brillo supremo. Su brillo es diferente del de Helio, que siempre nos da sólo la cara. Atenea es centro por su serenidad y su mentalidad. Lo lúcido de este mundo irrumpe desde el centro. Y el resplandor llega volando hacia los titanes, que reconocen la preeminencia de Zeus y son admitidos en su reino. Rea madura como madre, Temis y Mnemósine maduran al unirse con Zeus.

Con el centro y la madurez está conectada también otra cosa, el sufrimiento de los titanes. El lamento de Prometeo encadenado indujo a Hermes al comentario burlesco de que un grito así era ajeno a Zeus. Los titanes, en tanto que mueven, son también movidos. Su lucha está impregnada de la inquietud del devenir y esta inquietud comporta sufrimiento. Se les han impuesto grandes tareas y grandes son las tareas que llevan a cabo. Están más cerca de Caos que los dioses, y en ellos se hace visible lo caótico. En Caos todavía no existe la necesidad, puesto que todavía no existe en él una ley visible, y lo necesario sólo surge cuando puede ser medido con respecto a una ley. La necesidad se refuerza en Urano y Crono con la ley del retorno. Esta necesidad es al mismo tiempo la más dura de las arbitrariedades. La arbitrariedad es sólo otro nombre para la necesidad, es la moderación de su voluntad. En la moderación de la voluntad de los esfuerzos titánicos se halla separado lo que en Caos estaba indiviso, lo desordenado e indiviso obtiene un orden y una distinción. Este orden impregnado de la inquietud del devenir lleva en sí la huella del esfuerzo que supuso; en él es evidente la aflicción. En las titánides es donde la tristeza se hace más patente: en la aflicción de Rea, que se ve afectada en su condición de madre; en la aflicción de Mnemósine, que incesantemente evoca el pasado. El fondo sobre cual se elevan permanece oscuro y la soledad las envuelve. El titán vencido es una imagen del sufrimiento. Derrotado, arrojado hacia los abismos de la tierra, condenado a una pasividad en la que sólo acarrea, levanta y se apoya, se asemeja a una cariátide que soporta una carga. Su espalda se arquea, sus venas y sus músculos se hinchan, como los de Atlas, que siente sobre sus espaldas y su nuca el peso de la tierra. Su invencible e indoblegable obstinación distingue la esencia de los titanes de la de los dioses, una obstinación en la que se endurecen y se petrifican. Invencible es la obstinación de Jápeto y de su estirpe, indoblegable la obstinación de Prometeo vencido, sufriente y encadenado al Cáucaso. Gea y sus hijos escuchan estos lamentos que llenan las montañas.

Los titanes y los dioses

El sufrimiento de Dioniso recuerda al sufrimiento de los titanes, pero está incluido en la marcha victoriosa y la entrada triunfal del dios, es un estadio de su constante metamorfosis. Sucumbe bajo el sufrimiento, despedazado por los titanes que le atacan, y sale de él con una fuerza inmortal e invencible. El retorno de Dioniso, el señor que se transforma, es distinto del retorno de lo igual elemental sobre el que vela el titán inmortal. El sufrimiento ayuda a Dioniso a madurar. Los dioses del Olimpo no sufren como los titanes. Son en sí mismos felices y se bastan a sí mismos. Pero no como si no conociesen el sufrimiento de los hombres, pues son ellos quienes lo provocan y lo curan. En el pensamiento epicúreo, los dioses habitan los mundos intermedios, separados de la vida de la tierra y de los hombres en un grado tal que nada les alcanza ni proviene de ellos. Disfrutan de sí mismos en una dicha eterna que no comparten con nadie. Aquí la idea de que carecen de destino se lleva tan lejos que trasciende todo poder e impotencia; es como si los dioses estuviesen sumidos en el sueño más profundo, como si no existiesen para el hombre. No es necesario que el hombre piense en ellos, sólo deberá dejarles dormir su sueño dichoso. Hay en esto una reflexión filosófica ajena al mito. En el universo homérico la dicha de los dioses es de un signo completamente diferente, no tiene nada de epicúreo ni de estoico. Su autosuficiencia no les separa del hombre, en el hombre mismo habita algo divino que no se pierde y que necesita de los dioses. La soberanía de Zeus tiene algo que todo lo penetra, los dioses son fundadores y su fuerza fundadora se hace patente por doquier, incluso el ojo más ciego la percibe. Aquí no existen mundos intermedios, ni espacios aislados a los que ninguna noticia tiene acceso, de los que ninguna noticia procede. El Olimpo está enraizado en la tierra y la tierra de la que los dioses proceden tiene valor para ellos en todas sus formas: el continente, la isla, el mar y el río.

Titanes

¿Acaso el dolor, el sufrimiento humano es menor bajo Zeus que bajo Crono? No, es de otro tipo. ¿Es mayor? Sí, en cuanto que la dicha también es mayor. En la dicha y en el dolor hay más madurez que en el ámbito titánico. En Dioniso se encuentra una madurez trágica de la que carecen los titanes. No les ha sido concedida ni la dicha de Apolo ni la ociosidad de Pan. Bajo Zeus se separa algo que bajo Crono todavía estaba unido. En la claridad que todo adquiere aquí hay un plus de dolor y de dicha. ¿Dónde empieza el dolor del hombre apolíneo? Donde la lucidez del cuerpo y de la mente se halla debilitada y empañada, donde anida lo torcido y lo sinuoso, en el pensar y en el hacer, en el Estado, en el Derecho, en las Artes. Nace de la vulneración del recto crecimiento y del caminar erguido, del oscurecimiento, de la falta de luz. Del mismo modo que Apolo odia la barbarie y la violencia, así también las odia el hombre apolíneo. ¿Quién se atreve a decir que este sufrimiento es poco? Por tanto, ¿es poca la dicha que brinda Apolo? Es grande el sufrimiento que se apodera del espíritu cuando éste ve al hombre cubierto de manchas.

El hombre dionisiaco sufre de otro modo. Tiene que adquirir conciencia de la cáscara, de lo vacío y hueco del transcurso del tiempo cuando Dioniso se aleja, cuando desaparece de la vista y se hace imperceptible. Entonces el tiempo se percibe como tal, la vida se convierte en un molino que se mueve y se mantiene mecánicamente, ¿por qué y hacia dónde? La existencia en la que ha perdido a Dioniso parece carecer de sentido para el hombre, su separación del dios se le antoja insoportablemente dura; suspira en su abandono, porque ¿qué es él sin el dios que es el vino de su vida, sin la exuberancia, la ebriedad y el olvido? Para él sería bueno, como dice Sileno, no haber nacido nunca o, si ya ha nacido, morir temprano.

¿Acaso el hombre que venera a Pan, el hombre pánico, no sufre? Sufre cuando se ve privado de su ociosidad, cuando su crecimiento se ve limitado y se le impide acceder a la naturaleza salvaje. Sufre como un cazador al que se priva de la caza, que ya no puede cazar, deambular y vagar, que ha sido excluido de las montañas y los bosques, de los ríos y las orillas, de los bosquecillos y los cañaverales. Sufre desde el sexo, por la deformación, porque en él ha sido atacado el origen del crecimiento, porque ha sido expulsado de los prados de las ninfas de Arcadia, de las corrientes de agua y luz de la naturaleza salvaje arcádica por la que transita el cazador Pan.

LOS TITANES Y LOS HOMBRES

Bajo Crono el hombre está incluido dentro del orden titánico; todavía no se encuentra en la oposición a él que se genera con la soberanía de Zeus. Experimenta en sí las fuerzas de los titanes, vive en su ámbito. El pescador y el navegante que se atreven a salir a la mar están en el elemento titánico; al pastor, al cazador y al campesino les sucede lo mismo en la tierra. Hiperión, Helio y Eos fijan el día, Selene la noche. Iris, las horas, las pléyades y las híades concluyen siempre de nuevo su danza y su corro. Las madres titánicas gobiernan, Gea, Rea, Gea Mnemósine y Gea Temis. Por encima de todo gobierna y dispone el viejo Crono, que abarca en el círculo todo aquello que aparece en el cielo, la tierra y el agua.

El curso de la vida humana está ligado al orden titánico. La vida forma una unidad con él; el curso de la vida no se desprende de él. Es curso del tiempo, curso del año, curso del día. Las mareas y los astros se mueven. El devenir se encuentra en interminable fluir. Crono impera sobre el retorno elemental y todo retorna, se repite, se asemeja. Ésta es la ley de los titanes y su necesidad. Su movimiento tiene un orden cíclico riguroso, un turno de retorno del que no puede escapar el hombre. Su vida es una copia de este ciclo, gira dentro del turno titánico de Crono.

El devenir carece de historia precisamente debido a esta necesidad que va ligada a él. El pensamiento mítico no conoce nuestro concepto de naturaleza. No obstante, está ya aquí lo que llamamos naturaleza pura, mediante la cual establecemos una contraposición con lo que viene determinado por imposición divina o humana, por el orden divino o humano. Para nosotros la naturaleza es todo lo que depende de las leyes naturales. En el reino de Crono no falta esta ley, está lleno de ella. Sin embargo, allí donde imperan una ley y una necesidad como ésta no puede haber historia, nada puede entrar en la historia. Del mismo modo que no puede existir una historia de las flores y de los árboles, puesto que siempre retornan en el tiempo, así tampoco existe una historia para el hombre que está totalmente insertado dentro del retorno del devenir elemental. De él no se desprende acontecer alguno en el que el hombre se pueda comprender por medio del pasado. No puede formarse el escalonamiento que se requiere para ello. Aquí no hay evolución, ni progreso, ni cambio que pueda ser retenido por la memoria y el recuerdo; aquí sólo hay un ir y venir de estirpes que se vuelven a sumergir en el anonimato. De ellos no sabemos nada, se han marchitado como la hierba y caído como las hojas de los árboles. Aquí el hombre todavía no tiene destino, como lo tienen los semidioses y los héroes. Bajo Zeus se despliega la vida de los héroes que pervive en el canto, en la épica y en la tragedia; con Crono no existen héroes, ni edad heroica. Para el hombre, Crono y los titanes no significan destino, pues ellos mismos carecen de destino. Helio, Eos, Selene no tienen destino, el mágico encanto de sus movimientos circulares y circundantes así lo demuestra. También los dioses carecen de destino allí donde impera la necesidad divina, donde el hombre los mira de un modo que no está contrapuesto al suyo. El hombre con el que se encuentran los titanes sólo perece, sucumbe a una catástrofe.

¿Cómo es que la memoria considera una época feliz aquella en que los hombres vivieron bajo Crono? Existe unanimidad acerca de que fue una época feliz, una edad de oro. Aunque el verso 110 de la *Teogonía,* en el que Crono es llamado soberano de la edad de oro, es una interpolación dentro del texto, la interpolación habla por sí misma. El recuerdo presupone una distancia; es una época más tardía la que recuerda la vida feliz bajo Crono. Se evoca con cierta nostalgia, con una cierta sensación de pérdida. ¿Qué tipo de felicidad fue aquella que gozaron los hombres en esa época y por qué su recuerdo tiene tanto valor para ellos? Para entenderlo se precisa partir de las experiencias de cada uno de nosotros. Cuando estamos sentados a la orilla de un arroyo o de un río y miramos el incesante ir y venir del agua, cuando escuchamos el monótono susurro y el murmullo sin fin, nos acuna este movimiento, nos acuna en la atemporalidad y en la falta de destino del elemento que nos transmiten el movimiento y el sonido del agua. A orillas del mar esta sensación es aún más fuerte. Cuando contemplamos una llama, el fuego, puede hacerse tan poderosa que actúe como hechizo o coacción. No podemos desviar los ojos del movimiento del elemento; se pierde la mirada, se torna soñadora y fija. Frente a un movimiento así, el hombre no sólo descansa, sino que se ve arrastrado por él y se adentra en él. Pierde su individualidad, su conciencia y su memoria. En el movimiento hay paz. Ya no es preciso que esté despierto, que sea receloso y calculador; puede entregarse a esa paz que carece de historia y sentir la felicidad de la entrega. ¿De dónde procede esta paz? De dónde sino del retorno. El retorno del movimiento que se va apoderando cada vez más del hombre, con el que éste siente que se está aproximando Mnemósine. Lo familiar de este movimiento procede de que siempre es igual a sí mismo. El hombre que desea encomendarse enteramente a él, que desea regresar a esta paz circular, siente el deseo vehemente de retornar a Crono. Con Crono, el hombre vive bajo cobijo, un cobijo que pierde con los dioses y que recuerda como algo que ha perdido. Lo recuerda y olvida en qué consistía. El hombre que no está resguardado tiene el sentimiento de cobijo, y lo tiene en la medida en que se ve amenazado y necesita amparo. Así sólo se protege aquel que necesita protección. El sosiego y el desasosiego del devenir titánico se corresponden. La ola sostiene y engulle. Y, frente al movimiento elemental del devenir, el hombre se siente débil y falto de recursos.

Ahora bien, sin que importe lo que aquí pueda sucederle, se puede afirmar que el hombre tiene las cosas más fáciles con los titanes que bajo los dioses. La carga que se le impone es menor. En este retorno de lo igual, el hombre también está incluido en su retorno, y lo está desde su nacimiento hasta la muerte. Es la costumbre, es el acostumbrarse lo que le mece en este retorno. Otra cosa no se espera de él y cumplir este cometido es fácil. Para cumplirlo no necesita a los dioses, ni al Estado, ni a la ciudad, ninguna ley adicional impuesta por los dioses o los hombres. Apolo es un fundador, un promotor de la ciudad-estado, y también su ordenador y su supervisor. De los titanes no se relata nada parecido, no son fundadores ni institutores, y con Crono no había Estado ni ciudades. El hombre no necesita para nada el Estado, las leyes, las instituciones, ni todo ese constructo que surge tras la caída de Crono. Aquí no existe aquella ley de Adrastea de la que habla Platón en su *Fedro*.

Zeus lo cambia todo. Ahora el hombre ha de decidir entre los titanes y los dioses. Es preciso, así se dice, que transmute su esencia titánica en dionisiaca. Debe ir a los lagares para volverse espiritual y maduro. A ello le ayudan el dios y su delirio catártico. En esta concepción, Dioniso cumple la misión de un dios salvador. Es una concepción que se encuentra en las reflexiones de Aristóteles sobre la tragedia, que no en las del mito.

Los titanes no escapan a la suerte que se depara a los vencidos. Fueron vencidos dos veces, por Crono y por Prometeo. El titanismo de Crono es devenir que retorna cíclicamente; el de Prometeo, un devenir en ilimitada evolución y despliegue que indujo a Zeus, pacíficamente sentado en el trono, a defenderse. Todos ellos sucumben al poder supremo del dios.

Los dioses poseen esa fuerza que basta para derrocar a los titanes, pero está fuera de su capacidad aniquilarlos, exterminarlos y privarles de su vida inmortal. No es éste su plan, ni tampoco en las luchas en las que se alzan con la victoria persiguen este objetivo. Lo titánico pertenece indefectiblemente a la edificación de la tierra, sigue continuamente activo en ella y es inconcebible sin ella. No puede ser erradicado. Los titanes rencorosos siguen viviendo en el reino de las sombras, los conciliados en el mundo de los dioses, y Prometeo retornará. De no existir lo titánico, la soberanía de los dioses carecería de fundamento, carecería de permanencia y de resistencia contra la cual se pudiera distanciar y adquirir forma. La carga de esta soberanía necesita un pilar que la soporte, unas espaldas y una nuca como la de Atlas sobre las cuales hacer reposar todo el peso. Zeus y los dioses brotaron de los titanes, y los dioses y los hombres son hijos de Gea. Es un cambio de dominio que arrebata a los titanes el derecho de primogenitura y precipita a los abismos y a las cavernas más profundas a aquellos que se oponen y que allí conservarán vivo su rencor. Durante mucho tiempo este destino funesto pendió sobre sus cabezas; estaban familiarizados con la idea de que llegaría. Intentaron impedirlo buscando anular ellos mismos el futuro. En su amargura se distanciaron de aquello que iba emergiendo. La ley del devenir, que sólo ellos reconocían, volvía como el Océano de flujo circular fluye hacia sí mismo; era como el fluir de las cosas que sólo cambian de lugar para volver a él. La *vis inertiae* adquiere su validez en los titanes, y su modo de ser y de actuar es tan determinable que puede ser definido como mecánico. Esta regularidad de la naturaleza es tan precisa que puede ser calculada. Un causalismo antiguo, duro como la piedra, yace en su camino. No reconocen a nada por encima de ellos y tampoco tienen nada por debajo de ellos. Es la calidad inagotable de la *natura naturans* por la que ambulan y deambulan, tanto en el silencio como en la agitación devastadora de las fuerzas. La ingobernabilidad e implacabilidad del devenir titánico asusta como un enorme acontecimiento de la naturaleza en el que el hombre no está incluido, o sólo lo está de un modo que lo aniquila ciegamente y sin elección.

Prometeo sabe que Crono será destronado. El hijo de Jápeto, dotado de una fuerza visionaria, prevé el final de esta soberanía. Se aparta de los titanes y no toma partido por los titanes llamados por su padre. Apoya a Zeus con sus consejos. Su concepto del devenir es distinto del de Crono, prevé un nuevo mundo con un gran porvenir a cuya edificación se dispone de inmediato.

EL HOMBRE TITÁNICO

El proverbio *Titanas boan* y *Titanas kalein* tiene un doble significado, uno irónico y otro serio, que está en función del que llama. La invocación de los titanes puede ser ligereza y jactancia que se despacha con una burla, puede estar basada en un atrevimiento humano que no se le escapa al que llama. También se invoca a los titanes por descuido, así, por ejemplo, un grumete que silba cuando se levanta la tormenta es reprendido por el timonel porque con su silbido atrae la tempestad. El hombre no es un titán y sus fuerzas están muy lejos de las de ellos. La suerte de Faetonte demuestra cómo les va a aquellos que se atreven a cosas que exceden en mucho sus posibilidades. Faetonte es lanzado fuera de la órbita que creyó poder recorrer con su juego y se precipita, carbonizado, quemado y mutilado, del éter a la tierra. Así le sucedió a Belerofonte, que tras gloriosos comienzos acabó su vida de héroe sumido en las tinieblas y la desesperación. Cuando pretendió ascender al Olimpo, el corcel alado le derribó furioso. Se hizo antipático y odioso a todos los dioses y erró hasta su muerte por la tierra, paralizado y ciego, separado de los hombres, cuyo contacto evitaba. Fue así como el inocente Ícaro se precipitó desde el azul a las profundidades.

Es la voluntad desmedida la que involucra al hombre en la esencia titánica. Dentro del devenir titánico actúa una voluntad poderosa. El hombre que por la imitación intenta reproducir esta voluntad sobrepasa sus límites, le sucede que busca realizar lo inalcanzable y sucumbe en el esfuerzo. Los dioses le castigan de modo tal que permanecerá atado por siempre a este esfuerzo. Es titánico el trabajo de Sísifo, que incansable sube una y otra vez la roca montaña arriba y ésta se le escapa al llegar a la cima. Fueron los dioses quienes impusieron este trabajo a Sísifo, rey de Éfira y fundador de los juegos Ístmicos, por el comportamiento ladino y embaucador que tuvo con ellos. Es trabajo de Sísifo todo aquel que no da frutos, todo esfuerzo estéril. Quien alaba el trabajo como tal, quien pide respeto por él como tal, está resucitando el sisifismo. El titanismo del hombre aparece ahí donde la vida y el mundo son entendidos como trabajo. Así se hace patente en los proyectos y esfuerzos gigantescos que exceden toda medida y fracasan estrepitosamente por agotamiento de las fuerzas. Tántalo, rey de Lidia y favorito de Zeus, fue precipitado por su desmedida insolencia al mundo inferior, donde se mantiene en pie bajo árboles frutales que retroceden ante él, junto a un estanque cuyas aguas, cuando se inclina sediento a beberlas, se retiran. Sufre los mismos tormentos que Sísifo, si bien por otros medios; ambos esfuerzos permanecen inalcanzables. Sísifo y Tántalo son hombres titánicos a los que les está deparada una suerte titánica porque vulneraron la medida. Lo que se percibe en ellos no es grandeza, pues ésta posee algo que el ojo y el conocimiento pueden medir. La grandeza sólo se fundamenta en la medida, pero donde no existe medida, no puede existir nada grande, no hay nada que medir. En la desmesura de Sísifo y de Tántalo hay jactancia y a la vez un desasosiego que los hace odiosos a ojos de los dioses. Píndaro representa a Tántalo suspendido en el aire, con una roca suspendida sobre su cabeza y que amenaza despeñarse sobre él. El tipo de castigo indica el carácter del delito por el que se le sentencia.

El hombre que carece de medida tiene algo de inacabado. Lo tiene porque la voluntad excede el ámbito de lo alcanzable que le corresponde. Estas personas, en su primer ímpetu, dan la impresión de ser los más fuertes, completamente imbatibles. Pero después yerran el objetivo y se precipitan al vacío, caen a los espacios subterráneos.

¿Qué sucede cuando los dioses se alejan del hombre, cuando lo abandonan? Dondequiera que se tornen imperceptibles para él, donde desaparezca su simpatía por él de forma que su destino empiece y acabe sin ellos, allí siempre sucederá lo mismo. Lo titánico regresa y hace valer su pretensión de poder. Donde no hay dioses, hay titanes. Es una ley a la que no escapa el hombre, dondequiera que dirija sus pasos. Los titanes son inmortales, siempre están ahí y siempre anhelan erigir de nuevo su soberanía en el antiguo poder. La estirpe de Jápeto sueña con ello y con ello también sueñan todos los japétidas. La tierra está henchida e impregnada de fuerzas titánicas. Están al acecho para irrumpir, para romper sus cadenas, para restablecer el reino de Crono. Los sueños de Gea están llenos de la gravedad titánica y siempre giran alrededor del mismo anhelo, del mismo objetivo. La maternidad de Gea es un titánico perseverar y adherirse a Crono, mientras que Rea tiene un afán titánico por separarse de Crono. Gea añora a Crono y esta añoranza la siente el hombre que se mueve hacia lo titánico.

Titánico es el hombre que confía completamente en sí mismo y que tiene una confianza ilimitada en sus propias fuerzas; esta confianza lo desliga y lo aísla de un modo prometeico. Es titánico el afán del hombre por una libertad y una independencia sin límites, y allí donde este afán se impone también aparece su precepto regulador, la necesidad, que actúa de un modo mecánico y que es preciso que surja como correctivo de un afán de este género. Tal es el final de lo prometeico, de lo cual Zeus es bien consciente. El nuevo mundo que crea Prometeo no es inagotable, también sus recursos se agotan.

El hombre se aproxima a lo titánico por medio de la voluntad, el entendimiento y el sentimiento. Tiende a ver la impronta de la grandeza en la voluntad desmedida, de ahí que una y otra vez sea preciso inculcarle que sin medida no existe grandeza. La medida es algo fiel a la imagen, es decir, nadie puede ser y permanecer como medida de sí mismo. En el concepto de medida se encuentra la relación entre imagen primordial e imagen fiel, de donde deriva la validez. Heracles es una imagen fiel de Zeus y posee medida y grandeza. Esta grandeza puede ser emulada. Heracles lleva a cabo con éxito, por su propia voluntad, lo que le ha sido impuesto como tarea por una voluntad ajena. Su fuerza está a la altura de los trabajos que tiene que realizar. Cuando su brillo se ensombrece, cuando se desvía de su recto camino, se ha producido una obcecación de la voluntad. Pero supera esta obcecación y se muestra atlético en su serenidad, por la que supera a sus contrincantes. La voluntad pura es elemento y reconduce hacia lo elemental. ¿Qué le sucede al espíritu que anhela regresar al elemento, que desea ser él mismo elemento? Se topa con lo titánico y este encuentro es lo máximo que ha conseguido hacer. Recorre siempre el mismo camino y siempre tiene que convertirse antes en enemigo de los dioses. Es un camino que parece conducir a lo inexplorado; pocos lo conocen y quien lo recorre no mide hacia dónde está yendo ni quién lo guía. Pero, ¿dónde está el final? El espíritu llevado por la añoranza alza el vuelo hacia lo que está libre de ataduras, se esfuerza por distanciarse de las moradas en las que ha crecido. Es preciso que rompa la casa y el vaso. Le agobia tener patria, le agobia residir y estar apegado, eso le hace languidecer como en una cárcel. Desea alzar el vuelo hacia lo alto. Al ansiar volver a lo que carece de ataduras, desea sentirse libre, libre también de su propio aguijón, del que no se libra. Este añorante y soñador es también siempre violento. El que sueña no es menos violento que el que actúa. Éste último topa rápidamente con su límite y con la resistencia, pero lo espiritual carece de límites, rompe todas las barreras y supera todo fácilmente y sin esfuerzo. No obstante, ¿qué es lo no atado que anhela el espíritu? ¿Acaso sólo es algo que niega? No, puesto que cuando el espíritu rompe las barreras, las medidas y los límites por medio de los cuales se expresa, se topa con otra cosa, con lo elemental. Mientras aspire a ello deberá parecerle como lo no atado, en el camino no existe nada que le ate. Se dirige hacia allí en un vuelo de Ícaro que, despreocupado, avanza hacia el sol. Una vez lo ha alcanzado, la relación se invierte y se topa con un juego de fuerzas ancestrales cuya existencia ni siquiera sospechaba, ni siquiera esperaba encontrar. Lo elemental es necesario y sólo la necesidad impera en él. Aquí ya no se puede hablar de libertad, aquí todo va y viene según unas leyes férreas, todo retorna de un modo necesario, rodando en círculo como Océano que circula, como Helio resplandeciente o Selene, de resplandor más suave. Son los guardianes titánicos quienes reciben aquí al hombre. Ni Apolo ni Atenea lo acompañan en este camino, que es un camino de regreso. Aquellos «¡Nada en exceso!» y «¡Conócete a ti mismo!» de Apolo son cerrojos colocados ante todo lo titánico que amonestan al hombre para que no tome esa dirección.

ZEUS

El Zeus que habita en el reino de Crono vive escondido. Como *deus* y *filius absconditus*, oculto a la mirada del padre, se prepara para su soberanía. Así transcurre, ocultándose, la etapa de su situación filial, que se caracteriza por unas circunstancias maravillosas y fabulosas. Las ninfas Ida y Adrastea lo alimentan con la leche de la cabra Amaltea, las abejas le traen miel y las palomas ambrosía. Son muy infrecuentes las representaciones de Zeus joven, las encontramos en lugares que guardan relación con su crecimiento en lugares ocultos.

Zeus es más fuerte que Crono y los titanes, más fuerte que Tifón y Prometeo. No sólo lo es por su voluntad sino por sus logros. Su voluntad establece una medida válida; en él la voluntad y la medida son lo mismo. Querer y lograr coinciden, puesto que no conoce un esfuerzo que no dé frutos. La madurez está ahí, pues en él todo está maduro y perfecto. Es más joven que Crono pero el reino que domina es más maduro que el de éste. Así lo muestra la comparación entre titanes y dioses. La madurez se demuestra en la consumación de las figuras que se han desprendido de Gea. Se hace patente en el néctar y la ambrosía, en la fragancia que envuelve a los dioses. Sobre su mundo se derrama un brillo, un resplandor, una luz más intensa. Aquí se agrupa un círculo de soberanos más grande y mejor ordenado. Este orden tiene su correspondencia en el templo, en el panteón sostenido por columnas. Aquí se tiene una vista panorámica desde las fortalezas y las cimas de las montañas consagradas a Zeus. Aquí la vista es amplia y despejada, como la que se divisa desde el monte Liceo, la máxima elevación de la montaña arcádica, desde el que se disfrutan vastas perspectivas, sobre todo el Peloponeso, que por ello estaba consagrado a Zeus. A Zeus entronizado en el éter le envuelve una luz blanca y fuerte. Blanco también es el color sagrado de Zeus y blancos son los caballos de su carro.

Es el poder del más masculino de los dioses, cuyas representaciones evidencian la virilidad más madura y vigorosa. También por su majestad se diferencia de los dioses; le complace sentarse solo sobre una cima y mirar hacia la tierra. No sólo es el que hace que el Egeo retiemble, es ante todo el imperturbable en cuya fuerza se perciben la calma, la seguridad y la duración del poder. Tal como muestra la balanza, es él quien vela por el equilibrio de todas las fuerzas, no porque en la lucha de los bandos sea él quien tenga mayor peso sino debido a una fortaleza capaz de hacer frente a una alianza de todos contra él. De ahí su amenaza a los dioses de lanzarlos a las tinieblas del Tártaro y su promesa de elevarlos a todos, junto con la tierra y el mar, hacia las alturas. Un poder tan impresionante como éste, que no tiene nada de opresor, de restrictivo, nada que marchite la vida, debe concebirse necesariamente, como todo lo sublime en general, como un poder totalmente en reposo. Basta con que exista para evitar ataques. Esta calma corresponde a la máxima serenidad, prudencia y comprensión, suficientemente previsora como para que la insten a precipitarse, a esforzarse desesperadamente, a moverse. Esta calma mueve pero no depende de una fuerza que la mueva. En el dios que posee el ser más pleno se manifiesta la plenitud en reposo del ser. Reposando, impera sobre todo. El Zeus imperante se encuentra por doquier, como consejero, fundador y conservador del reino, en el consejo y la asamblea del pueblo, en la familia, como patrono de la hospitalidad y como quien vela por el cumplimiento de los juramentos. Como Zeus Polieus preside la ciudad entera, como Zeus Xenios es el protector de las relaciones con los extranjeros e invitados, como Hikesios es el dios protector de los implorantes y como Horios el protector de los límites de los campos. Como Zeus Hórkios vela por los juramentos, como Tropeos otorga la victoria y el triunfo, como Zeus Soter se celebran las Soteria en honor suyo, el salvador, y se bebe el tercer vaso en su honor, y como Zeus Herkeios es el dios que bendice las casas. Siempre está presente sin que precise abandonar su trono áureo. No importa lo que suceda, sucederá dentro del orden que él fundó y que le está sometido y, por tanto, tiene que llegar a la sede de su poder. Cuando alguien presta un juramento y, para afianzarlo, invoca a Zeus Horkios, entonces Zeus está presente porque todos los juramentos dependen de él y ninguno puede escapar a su conocimiento. Así, el Zeus imperante es omnipresente en el mundo en el que reina. Pocas veces se muestra como un interventor sensible y visible. Sólo aparece donde su soberanía se ve afectada y donde es amante.

Los titanes no son amantes, en su ámbito toda inclinación es elemental y, cuando no es recíproca, necesariamente se torna violenta. El más fuerte y supremo de los dioses se inclina profundamente ante el poder de lo bello; lo sigue, lo persigue, se afana, no teme la transformación y recurre incluso a la astucia. Las transformaciones de Zeus son las transformaciones de un amante. El poder de lo bello es tan grande, tan triunfante, que también impulsa a Zeus a dejarse dominar por él. Una vez más, lo bello es en sí mismo tan libre que no se puede llegar a él por la fuerza, no por un mero acto de autoridad. Así es como el dios se desprende de su poder y pretende a las hijas de los reyes y los héroes. Al igual que su vate Homero, ama lo que hay de augusto en la mujer, su figura poderosa, la audacia y la fuerza del cuerpo y del espíritu. Hera es la imagen primordial de toda fuerza femenina y así se muestra Alcmena, madre de Heracles, de poderosas formas, perteneciente a una estirpe más orgullosa, cuyo hijo no sólo es el favorito de Zeus sino que es, además, el Zeus de los semidioses y los héroes en el que muestra por entero la naturaleza del padre. Quien es tocado por el espíritu de Heracles se hace invulnerable a toda afeminación. Las mujeres que se unen a Zeus son semejantes a él y sus hijos son obsequiados con las dotes del padre. Lo sublime se funde con lo encantador. Sobre Dánae cae una lluvia dorada y el cisne se aproxima a Leda cisneiforme. El águila de Zeus se precipita llevándose consigo a Ganímedes porque es el más bello de todos los habitantes mortales de la tierra y por ello merece vivir con los dioses y ser el escanciador de Zeus.

En lo divino se manifiesta ahora la serenidad, en la serenidad algo divino. Lo sereno en conexión con lo más sublime recibe el nombre de *jovial*, por Zeus. Lo jovial resplandece a través de la plétora de su poder como un signo de felicidad y al mismo tiempo es una benevolencia espiritual, una luz de la que todos pueden participar. En esta condición demora el dios; lo oscuro y poderoso, lo tenebroso y sublime, el pavor que él infunde sólo impera allí donde sale de su existencia en reposo y se dirige contra los que atacan su poder. La jovialidad no está presente entre los titanes, que no son joviales como los dioses, sino serios. Donde mejor se percibe ese enorme poder es en el reposo, y la imagen más apropiada de Zeus es la que lo muestra en reposo y sedente, como soberano sentado en el trono, inatacable, y como juez de los dioses y de los hombres. Así lo representa el cuadro más famoso, la imagen en oro y marfil de Fidias. Sentado en el trono, a su derecha Nice, de cara al observador, sostiene una banda de la victoria y, en la mano izquierda, el cetro con el águila. Sobre la cabeza tiene una corona de ramas de olivo y sus pies descansan sobre un escabel. La cabeza del dios llega tan alto hasta el techo que el observador tiene la impresión de que, si se levantase, haría estallar el templo y ascendería hacia lo alto del éter. Esta obra de arte, que suscitaba una reverencia mezclada con asombro, se ha perdido, pero una representación de lo Sublime como ésta, una vez ha salido a la luz ya no se puede olvidar. No muestra la majestad del poder sino la majestad del poder del padre. Es el padre quien infunde respeto reverencial. Por encima de él no existe nadie al que se pueda profesar mayor respeto.

DIOSES

APOLO

«Pues al dios del Ítome le plació la musa pura, con libres sandalias», reza el canto procesional del baquiada Eumelo de Corinto. Itomata se llama el Zeus en honor del cual se celebraba la fiesta Itomea en el monte Itome de Mesenia, donde se le había erigido un santuario. El paso limpio y ligero define a la musa de Zeus; posee la más elevada y exquisita figura y en su modo de caminar se evidencia su recto talle. Estas festivas palabras guardan relación con Apolo, hijo predilecto de Zeus, que aparece como fundador y protector de las artes. Apolo es el conductor de las musas, el señor de las diosas del Helicón que son de origen nínfico, diosas de los manantiales y custodias de las aguas espiritosas e inspiradoras. Él es el musageta que precede al coro de las musas y al que éstas siguen. Así como a las musas se las llama madres y maestras de poetas y aedos, así Apolo, padre de Orfeo y de Lino, es llamado padre del hombre inspirado por las musas. No existe dios que merezca más respeto, ningún conductor ni consejero es más digno de confianza. Así le veneraban los poetas y aedos y los protectores de los talleres artísticos. Con su canto y la cítara evoca el orden de las musas, que es condición de todo orden, pues sin él ningún trabajo, ningún esfuerzo puede ser saludable para el hombre. No se puede honrar el trabajo como tal, no por el hecho de ser trabajo; allí donde esto sucede, todo celo, toda actividad se diluye en las tinieblas; allí se hace visible lo servil y estéril de todo esfuerzo. Lo que las musas acompañan es la actividad alegre; allá a donde huyen, se llevan consigo la alegría. Los tiempos del trabajo no inspirado por las musas son siempre también los tiempos oscuros, tanto para las vidas individuales como para los pueblos; están desmemoriados porque Mnemósine, madre de las musas, no está presente.

El ámbito que preside el dios es ancho y luminoso. Luminoso como el propio Apolo, a quien nada permanece oculto, nada del presente y nada del futuro. Es, como lo define Esquilo, el profeta del padre Zeus cuya voluntad comunica en el santuario de Dodona. De Zeus obtuvo el don del presagio y de él, en cuanto dios présago, depende el oráculo de Delfos. Transferirá este don del presagio a Hermes. De Apolo irradia una luz que difunde su claridad en la oscuridad y que por esta claridad instaura orden. Por este orden las cosas no sólo se separan, de forma que adquieren nitidez y destacan vigorosamente unas de otras; bajo esta luz resaltan también los límites y las medidas. No es la luz de Helio, que aparece girando sobre la tierra, que desaparece y regresa; es una luz que irrumpe desde dentro del dios y que promulga leyes. Es enemigo de lo turbio, lo sordo, lo confuso; al indeciso, al ambiguo y vacilante le sale al encuentro como dios de la decisión. En él se encuentra el hilo conductor del conocimiento. Su poder anula el peso de la oposición desidiosa y pesada, su orden consiste también en hacer transparentes las condiciones difíciles y opresivas que advienen al hombre. El dios comunica a sus favoritos su propia ligereza y su aplomo, la fuerza en suspenso de su pie destinado a la danza. No se demora en los interregnos en los que surgen y pueden ver las quimeras, ni tampoco gobierna en el reino de la utopía. No se muestra como salvaguardia de unos órdenes ancestrales sino como legislador de un nuevo orden que él mismo instaura y que se adecua a la voluntad de Zeus. Bajo Crono, el hombre vivía con un miedo sordo, no a los titanes sino a las criaturas ctónicas que nacieron de Gea. Los límites hacia Gea, hacia Caos, eran más tenues y a través de los agujeros, de las juntas y las ranuras entraban los monstruos. El hombre pobló el mundo con sueños y criaturas que regresaban a él, se inclinaban sobre él y le sorpren-

Apolo

dían mientras aún dormía, y ni siquiera el más valiente se sentía preparado para mirarlos. El ámbito de Tifón y de sus descendientes está poblado de fuerzas telúricas y también demónicas. Actúan de un modo que para el hombre es hostil, aniquilador. Es de este miedo oscuro del que el dios que lucha contra los monstruos libera al hombre. Combate contra los dragones y da muerte al dragón Pitón, que, como hijo de Gea, custodia el oráculo délfico. Esta lucha al mismo tiempo es el relevo por el cual el dios se apropia del viejo oráculo de la tierra.

Apolo, al unir y separar, personifica. El laurel, cuyas hojas firmes, fuertes y fragantes tienen una forma diáfana, es su árbol sagrado, así como sagrada es la cigarra que bajo el sol emite su agudo canto, y la serpiente, no como criatura terrestre, pitonisa, sino como animal luminoso del mediodía que descansa bajo el sol. Una rama de laurel de los bosquecillos de Apolo en Delfos es más purificadora que el agua de manantial y de mar, que el incienso y el azufre al que, por su poder purificador, se llama divino. Esto sumamente puro es algo no mezclado, pero también algo terapéuticamente separador y segregador. El dios nos habla por medio de formas y todo lo que él ama posee una forma rigurosa. La forma es la unión de las partes para hacer el todo, es la manera de esta unión; según definición aristotélica, es la esencia conceptual del objeto en contraposición con la materia. Esta definición se basa en una separación y la ligera fuerza del dios es anterior a esta separación. Lo amorfo y no formado no deleita, se siente la carga, la pesadez asociada a ello. Lo informe se percibe en las formas malas y malogradas, recorridas por roturas e irregularidades, que indican una unión deficiente. Existen grados de perfección, un logro progresivo, una creciente ligereza. Quien se rinde siente el peso de las cosas, siente su propio peso. El hombre mide toda pesadez basándose en la pesadez de su propio cuerpo. Quien se siente libre, tiende a pensar que todo peso reside en un engaño, que el mundo es ligero como una pluma y carece de peso puesto que su pesadez únicamente se basa en la relación entre las partes. La maestría de Apolo se evidencia en que para él nada es pesado. No hay en él esfuerzo ni tensión de la voluntad, nada que sea forzado ni tampoco malogrado. El ámbito titánico es abismal, está desgarrado en lo profundo y de estas profundidades irrumpen los monstruos. No obstante, Apolo es el sondeador y descifrador de los miedos y temores oscuros de este mundo, que se disipan ante su mirada. Los dragones y las quimeras hacen su aparición en los límites, en dirección a lo ilimitado. Cuando les alcanza la mirada del dios, estos seres renuncian a toda resistencia y huyen. El dios provoca que el hombre vuelva en sí y en esto reside su serenidad. La conmoción que provoca Dioniso, el gran señor de las fiestas, parece penetrar más profunda y violentamente en el hombre. Dioniso no es sereno como Apolo, puesto que es un dios que muda y transforma. Carece de constancia y su suavidad es como la calma antes y después de las tormentas que sacuden el mar. Dioniso es conocedor y examinador de los altibajos del hombre y, por tanto, transmite la impresión de que su reino es más abarcador y que alcanza más allá que el de Apolo. Este mayor alcance ni siquiera sería perceptible si Apolo no se mantuviese firme; él sigue siendo el centro y el círculo.

Cuando el espíritu sereno se mece en su propio medio, alza el vuelo libre y alcanza la suspensión, entonces es difícil acercarse a él. Es difícil acercarse a Apolo, pues entre él y el hombre hay una distancia infranqueable y mortal. Por eso se le llama «el que hiere de lejos», el arquero que dispara sus flechas desde gran distancia, que tira desde lejos. No se acerca al hombre con tanta familiaridad y preocupación como lo hace Atenea en el poema homérico. Y cuando se acerca, las fronteras se hacen más visibles debido a esta cercanía. Su serenidad es un fuego límpido, carece de nostalgia, de necesidad y se basta a sí misma. La nostalgia es el recuerdo de lo que pasó que le sobreviene al hombre cuando es consciente de que ha sufrido una pérdida. Referida al futuro, también surge como una sensación de carencia. Niega el presente y se convierte en la sensación de una edad adversa. Su dulzura sólo existe a modo de comparación. El nostálgico no es festivo pero, en cuanto imperfecto, posee su propia profundidad. El nostálgico no puede acercarse al que no es nostálgico, no encuentra en ningún lugar una vía de acceso al dios que no conoce pérdida, ni pasado ni futuro. Cura a los sufrientes que se le confían, pero no ama el sufrimiento. Su mirada es solar y es un protector de lo perfecto. El brillo en el que está envuelto indica que está libre del tormento del devenir y de la servidumbre de la voluntad. Ha superado la muerte y la destrucción no le afecta. El dolor se aquieta en él. Refleja lo que tienen de sano, íntegro e inviolado las realidades, como el hombre que goza de salud y prescinde del médico.

Por ser un dios que traza límites, es señor de la medida y de la distancia, que está cimentada sobre la medida; quien se acerca a él percibe las barreras que se ponen a este acercamiento, las fronteras que no pueden ser traspasadas. Lo demónico es siempre sólo aquello que carece de distancia y de esto no se percibe nada en su culto. Él es festivo, alegre, claro y medido. Protege al hombre de la vulneración de las fronteras, de la falta de medida, de la desmesura. Vela por la mirada y otorga el don de la contemplación. La medida acertada de la obra de arte griega es un obsequio del dios, que tiene ojos grandes y mirada precisa. Sigue siendo amigo de la fuerza que se contiene a sí misma. El dios de la finitud bañada en luz en la que las cosas se separan y el hombre adquiere una conciencia de sí mismo y de sus límites, se dirige hostil contra lo titánico, lo gigantesco y ciclópeo. Es presencia diáfana y existencia luminosa; donde mejor se le percibe es en el instante. Aporta luz en la relación entre las cosas, como soberano y legislador. Se asemeja a una columna y el orden dórico es impensable sin él. El fuste redondo que va disminuyendo, que se eleva ligeramente, separándose, que está envuelto en un espacio de luz y aire y que sobresale en el equino y el ábaco, evidencia su fuerza.

En tanto que el Estado y la constitución no reflejan únicamente una necesidad de la existencia humana sino que son una obra de arte del espíritu atento, Apolo es el fundador de ciudades y el legislador. Es el autor del orden dórico; los *Rhetra* o sentencias de Licurgo proceden del oráculo délfico. No sólo promueve la *polis*, también supervisa la construcción política del estado, como artista y arquitecto. El dios tañedor de la lira junta y une, al tañer las cuerdas, las murallas de Ilión. Bajo su amparo lo difícil resulta fácil. Indica el camino correcto, de ahí que sea el protector de carreteras y caminos, y el que guía con seguridad a los colonos. Su oráculo no sólo dispone la fundación de colonias y determina el momento oportuno para ello, también indica el lugar en el que florecerá la nueva fundación. La ciudad-estado bien ordenada no debe ser ni demasiado grande ni demasiado pequeña, sus recursos están equilibrados y existe una relación proporcionada entre territorio y población. Si faltan ciudadanos intramuros, habrá que procurarlos. Si hay un excedente de los mismos, es preciso fundar colonias. Que estas comunidades que se desprenden de la madre patria estén bajo el auspicio de Apolo se deriva de que él es el patrón del carro y de la construcción masculina, y en todas partes favorece a la comunidad espiritual frente a las reivindicaciones de la comunidad de sangre. La *Orestíada* muestra que es contrario al derecho matrilineal que procede de Gea. El hombre por el que siente simpatía está impregnado de la conciencia del alegre crecimiento espiritual, del acierto y la perfección. Está lleno de entusiasmo por el aliento del dios que se aproxima –*afflatus est numine quando iam propriore dei*. El entusiasmo que suscita Apolo es conocimiento creciente, la felicidad que transmite es nítido entendimiento; de este modo impregna la vida entera, la vida pastoril vivida a la intemperie bajo los rayos del sol, así como las condiciones del poder real.

Como dios estatal y dios de la constitución del Estado de él dependen la legislación y la jurisdicción. Es el favorito de Zeus, cuya voluntad proclama como conocedor de lo que es verdadero y correcto, sin estar sometido a error y descubriendo el engaño. El engaño no le alcanza ni le afecta, de ahí que pretender mentirle y llevarle por un camino errado sea en vano. No le agrada la astucia, que es un arma de la mente masculina, contrariamente a Atenea, quien extiende su protección también a las invenciones del espíritu, a las excusas, las normas y las simulaciones, y se sonríe ante las astucias de los atrevidos. Apolo ama la sublimidad de lo sencillo, la franqueza y la certeza, no lo enmarañado ni lo dudoso.

Le caracteriza ante todo el conocimiento de la medida. Conoce las dimensiones de lo bello y se las enseña al estadista, al artista, al artesano y al pastor. Por el secreto y el poder del son de su lira existe la armonía, las formas básicas que son la medida de lo bello. No es sólo la armonía aguda de su tañido y el de sus alumnos lo que arroba, también se comunica la noción de que la armonía es consecuencia de una ordenación y de que, con la ayuda del dios, se puede conseguir que este orden se manifieste por todas partes, en la constitución, en la legislación, en la construcción de templos y en las diversas formas plásticas. Todo *nomos* se obtiene a partir del *nomos* apolíneo de la música. Aquí tiene su fundamento la importancia política inmediata de la música. El Estado bien ordenado se manifiesta en la tonalidad musical y las innovaciones que se efectúan en ella repercuten en el Estado. La introducción de una nueva tonalidad, de un nuevo instrumento puede conducir a disputas que afecten al Estado, instauren la confusión y hagan necesario intervenir.

El poder ordenador e inspirado por las musas de Apolo, que es un dios estatal, se extiende ante todo a la música. Tal y como predice el oráculo de Delfos, el eolio Terpandro, vencedor en el *agon* de los himnos de Delfos, acaba con la disensión que desgarra al estado espartano. Con su recital de cítara, el eolio crea un ambiente de orden entre el público y reconcilia a las facciones que parecían irreconciliables. Es un procedimiento que mueve las fuerzas de Orfeo. Un hombre que logra una obra así tiene algo de divino y como hombre divino le honraban los espartanos y le atribuían grandes poderes. Es el fundador de la primera *katastasis* inspirada por las musas en Esparta. Con su nombre se relaciona la instauración de nuevas normas en la música espartana; implanta la cítara de siete cuerdas en lugar de la de cuatro y enseña a los citaristas espartanos las nuevas tonalidades. Establece el *nomos orthios* de la cítara y le confiere una forma épico-lírica definitiva. Gracias a él, la lira adquiere una dimensión más amplia que la capacita para acompañar ritmos y metros ingeniosos, nuevos himnos más copiosamente ordenados. Al mismo tiempo, se hace patente la relación estrecha que mantiene esta música, este canto, con la actividad de Estado. Terpandro ya canta la gloria de Esparta para que en ella florezcan la lanza del joven, la musa, el derecho; sitúa en una relación precisa el orden de la guerra, de las leyes, del arte. En el orden de marcha y de combate el tañido de la cítara «sale al encuentro de la lanza» y en honor de Cástor resuena el *kastareion* de cuerdas eólicas tal y como relata Píndaro en su *Segunda oda pítica*.

A Apolo se le cantan los peanes. En métrica de peanes se mueven las *hyporchemata,* las danzas en honor a Apolo y las ligeras danzas pírricas que proceden de Creta. Son rápidas y fogosas, como las danzas que se bailan en honor de Apolo Peán. No se deleitan en melancólicos lamentos por lo perecedero de la vida, del amor y la juventud, son joviales y rápidos, entusiásticos y alegres, están impregnados de sentimientos juveniles y del disfrute del presente. Su tono agudo y levemente juguetón levanta el ánimo, confiere ligereza al espíritu e invita a bailar. Son salvajes, impetuosos, fogosos, encantadores y jocosos. En los cantos corales de la comedia volvemos a encontrarnos con ellos. Estos *hyporchemata* los introdujo el iniciador de la segunda *katastasis* musical en Esparta, el aedo y sacerdote de ritos propiciatorios Taletas, y fueron Jenodamo y Alcmán quienes lo ampliaron. La educación musical es impensable sin las *hyporchemata* y las danzas pírricas.

A los griegos no les faltaban maestros como éstos. Aunaban el conocimiento de la teoría con una intensa práctica. Así Damón, hijo de Damónides de Ea y confidente de Pericles, no sólo era un músico extraordinario, también dominaba la teoría musical, la rítmica y la métrica, y de él se relata que ordenó y dio nombre al metro, que es suya la frase de que todo cambio en la música implica cambios en la política. También se le atribuye la sentencia de que en los modos y los ritmos se pueden reconocer lo bello y lo noble, lo bajo y lo ordinario, la soberbia y la locura. Expuso la relación que existe entre la expresión rítmico-métrica y las pasiones humanas. Su participación en las luchas políticas de la época fue decisiva y de él cuenta Plutarco que era, para Pericles, lo que para un atleta es el masajista y el maestro de lucha. Son los dones de Apolo los que se perciben en un hombre así.

Vinculado a ello está el que Apolo es un dios sanador, que ahuyenta los males, que es médico y oráculo para los médicos en virtud del mismo poder que le convierte en el precursor de la actividad artística inspirada y de los musagetas. Cada dios posee un poder que mata y que sana, pero el de Apolo destaca por encima de todos los demás. Es padre de Asclepio, quien es a su vez el padre de los médicos héroes Macaón y Podalirio. La medicina de Asclepio se remite a los médicos héroes y al propio Asclepio y, por tanto, desemboca en Apolo. Los dos hijos de Macaón construyeron en honor de su antepasado Asclepio el primer templo, y los conocimientos médicos se transmitieron

Dioses

como herencia de padres a hijos hasta llegar al asclepíade Hipócrates, custodiados por un gremio de sacerdotes y médicos. Los lugares de culto de Asclepio y de los médicos héroes, que se encuentran cerca de las arboledas sagradas, de manantiales sanadores, de lugares altos, saludables y poblados de fuentes, son al mismo tiempo lugares terapéuticos. La enorme cantidad de estos lugares y baños terapéuticos muestra la estrecha relación de la medicina griega con Apolo. No sólo es el dios oracular de los médicos que, a través de su oráculo, indica los remedios contra las pestes, sino que además es, en esencia, un sanador. De este modo, ahuyenta los males que perturban el espíritu y el ánimo. Cura por medio del orden, la medida, el conocimiento de sí mismo. Bajo su protección, el enfermo se cura porque halla un modo de acceder a la salud del dios. Lo inviolado y lo ileso son una misma cosa; no obstante, en lo ileso reside una capacidad particular para producir curaciones.

Apolo comunica a sus favoritos su propia claridad ordenadora, la claridad cristalina del espíritu que engendra formas y así mismo lo vivo y melodioso que es inherente a las figuras. Abre la mirada. En el reino de Apolo Licio no hay nada inerte o rígido, todo está vivo, toda vida es consciente y toda conciencia se eleva hacia un conocimiento placentero. En él no se da una contraposición entre naturaleza y espíritu, puesto que el florecimiento y la expansión de las formas es en sí mismo espiritual, pero el cognoscente se siente identificado con el crecimiento, que le llena de goce. Todo esto lo expresa el *Primer himno homérico a Apolo* cuando el poeta dice que Febo ama los templos y los prados, las atalayas, los promontorios y los ríos que corren hacia el mar, pero lo que más ama es la floreciente Delos, donde los jonios le rinden culto con vestidos festivos, donde le deleitan con la danza, el canto y el pugilato, con sus hermosas mujeres, sus raudos bajeles y sus ricos dominios, con la procesión de sus doncellas sirvientes del dios, que entonan un himno en su honor,

Apolo

en honor de Ártemis y de Leto, un canto tan bellamente ordenado que cabría pensar que lo están cantando el propio dios y las diosas. El poeta canta al luminoso carácter festivo de la vida, al sentimiento del crecimiento vivo, a la felicidad inspirada por las musas. Desde el monte Cinto de Delos, a cuyo pie nacieron Apolo y su hermana gemela Ártemis, irradia una luz suprema. Se dice que Apolo nació al séptimo día del mes de abril, que en primavera regresa de su estancia invernal en la Licia soleada, en Etiopía, de entre los hiperbóreos, que viven en perpetua luz.

Porque Apolo señala la medida, salvaguarda los límites y ama lo que tiene bellas formas, precisamente por eso su ira se inflama contra aquellos que transgreden los límites, y es terrible y funesto para los que desdeñan la mesura. No tiene miramientos y sus flechas son infalibles. Su dureza es inviolable, irrevocable. La rectitud de la figura y del espíritu, la agudeza vertical de la luz y del conocimiento causan dolor, pero el dolor también cura. El ojo ciego y débil no conoce la luz abundante, puesto que la luz demasiado clara enceguece. En este sentido es Apolo Loxias, pero no para despistar, confundir y convertir lo recto en torcido sino porque la confusión y el engaño están en todos los lugares en que impera la falta de conocimiento. Su poder funesto y su poder curativo forman una unidad; mata y al mismo tiempo llama a la vida.

Como dios punitivo y funesto es el más severo, duro e implacable de todos, es aquel que sin dilación castiga la *hybris* con la muerte. En su naturaleza no hay nada de mediador, no es un dios de las transacciones y de las concesiones, y se hace valer con implacable contundencia. El temor a Apolo implica que el que vulnere su orden sea aniquilado. Sigue percibiéndose siempre el temor que suscita y que en el hombre apolíneo aumenta hasta convertirse en un terror profundo cuando ve que empiezan las desavenencias con el dios. Es el espanto que sobrecoge a los

Dioses

dánaos en el primer canto de la *Ilíada* cuando Apolo, después de que Agamenón hiriese a su sacerdote Crises, envía una peste al campamento griego. Tenebroso como la noche cerrada, el dios corre hacia las naves; a medida que avanza, resuena su arco plateado, que deja escapar un eco espantoso, y los dardos en su carcaj entrechocan aciagos. Se describe el sacrificio de expiación y purificación que ordena Agamenón, el baño de todos en el mar para lavar el sacrilegio, y el holocausto del toro y la cabra destinado a la reconciliación con el dios. El sacrificio no da resultado y sólo la invocación solemne de Crises, que ha sido apaciguado por Ulises, y el sacrificio que lleva a cabo el sacerdote de Apolo consiguen conciliar al dios. Después del banquete entonan el peán en honor a Apolo.

¿Dónde se genera el conflicto con el dios? En ningún otro lugar sino en los límites que se han marcado al hombre con relación a él, límites que el hombre traspasa a sabiendas o sin saberlo. Al hacerlo, topa con Apolo Oulios quien, como vigilante de las fronteras, lleva el arco plateado y cuyo solo nombre ya infunde temor. La desmesura por la que el hombre se obnubila también afecta al dios. Herir a Apolo significa también siempre ofender su espiritualidad. Como dios de mente luminosa castiga a la madre Níobe, es implacable con las reivindicaciones de poder de las madres. Castiga la temeridad de Marsias, castiga a los alóadas y a Ticio. Por mediación suya se anuncia de un modo resplandeciente la divinidad de lo espiritual, que en él se hace visible como un poder autónomo e incoercible. De ahí que sea enemigo de todo lo tosco, de toda subyugación y barbarie. Del mismo modo que reina sobre los gimnasios y las palestras y confiere resistencia en la lucha, destreza y rapidez, otorga la victoria en las competiciones musicales. Su oráculo define a Sócrates como el más sabio de los griegos.

Es el protector de Orestes. El cometido que asume en la *Orestíada* viene predeterminado por las circunstancias que concurren cuando da muerte al dragón délfico. Cuando Apolo mató a Pitón, hijo de Gea, que nació de la tierra húmeda del diluvio deucaliónico, hirió a la Madre Tierra. Al atacar a Pitón no agredió a un solo ser, sino que hirió a la tenebrosa y gigantesca alianza de las divinidades ctónicas en el centro de su poder y de sus dignidades, en el santuario de Gea. Pitón es un guardián de Gea como Apolo lo es de Zeus. Se apropió por la fuerza del santuario de Gea, convirtiéndolo en su sede; haber dado muerte a Pitón le implica en el asesinato, por el que Gea exige compensación. Por eso tiene que huir, expiar su delito de sangre, permanecer durante siete años como siervo de Admeto y purificarse en el bosquecillo de laureles antes de poder regresar a Delfos y asumir su mandato como pitoniso de Zeus. Lo que sucede aquí, se perpetúa en la *Orestíada* puesto que el reino de Pitón es el mismo que aquel en el que reinan las erinias. Las leyes del delito y de la venganza de sangre son más antiguas que el reino de los dioses olímpicos y proceden de Gea. La *Odisea* llama a las erinias las divinidades subterráneas que habitan en el Erebo; para Hesíodo, son las hijas que Gea engendró a partir de la sangre de Urano castrado.

Junto con Atenea, huérfana de madre, Apolo toma partido a favor del matricida, que es el vengador del padre, el ejecutor de la venganza contra la conyugicida. Al adoptar juntos a Orestes, se hace patente en Apolo y Atenea la diferencia de su naturaleza y su implicación. Apolo persigue su objetivo de un modo más brusco e irrespetuoso que Atenea, no rehúye ni lo más extremo, da la impresión de afanarse por provocar la ruptura con lo establecido y sus salvaguardias. Su oráculo ordena el matricidio. Es él quien adormece a las erinias en el templo, quien las expulsa con duras palabras. Atenea se muestra como la diosa del buen consejo, de las salidas y las soluciones acertadas. Su cometido es negociar con las diosas de la tierra y apaciguarlas, en su templo tendrá lugar la difícil tarea de la reconciliación. Apolo da a conocer abiertamente su aversión hacia las erinias y se enfrenta a ellas con acres palabras de burla. Las divinidades más antiguas reprochan a las más jóvenes que se burlen de la ley y la violenten al inmiscuirse en el antiguo e inalienable derecho de sangre; amenazan con hacer pagar al país y al pueblo de Atenas por el derecho de sangre que ha sido ofendido. ¿Cómo se dirime una lucha como ésta? Atenea procura el cambio decisivo al conseguir que las erinias dejen en sus manos la decisión. Pero cuando Atenea comunica su decisión a un areópago ateniense, a saber, cuando inicia un proceso judicial, todo amenaza con fracasar de nuevo. Lo nuevo, lo insólito de un proceso como éste reside en el medio mismo, que altera un orden que existe desde tiempos inmemoriales. Con ello se anula irremisiblemente el antiguo derecho de sangre; no importa cuál sea la sentencia, su restauración es impensable. Las erinias prorrumpen en amargos lamentos, en un hondo gemido. Aun cuando Apolo y Atenea apoyan al tribunal, éste no se atreve a absolver a Orestes; no existe ningún areópago de mortales que sea capaz de promulgar una absolución de un delito tal. Sólo cuando la protectora de la ciudad deposita en la urna su voto a favor de Orestes, se consigue la igualdad de votos y con ello una sentencia absolutoria. De este voto de Atenea se puede decir que convirtió Atenas en aquello que posteriormente sería, que colaboró en el destino de la ciudad. Las diosas de la sangre, que se sienten ultrajadas, juran de nuevo vengarse de la ciudad. Sólo se consigue apaciguarlas cuando Atenea les concede un lugar en la ciudad junto a su propio templo y les ofrece, por tanto, la veneración de los dioses y los hombres que asegura sus derechos para siempre. El grito de júbilo en el que prorrumpe Atenea cuando se lleva a cabo la reconciliación muestra lo que se ha logrado. Una procesión festiva de la diosa con sus sacerdotisas y las erinias, conducida por mujeres y hombres atenienses, pone término a todo y lo afianza. Quien reflexione acerca de la *Orestíada* entenderá que

Apolo

Orestes no sólo se liberó de la culpa, enorme y oscura, por asesinato, sino que con ello Apolo liberó a la ciudad y a Grecia entera del yugo de un ancestral y tenebroso derecho de sangre y de su venganza. Es la voluntad de Zeus, es un encargo que le hacen las divinidades olímpicas y que Apolo lleva a cabo. El fallo del juicio, que va más allá de toda comprensión y juicio humanos, da respiro a los hombres. El dios adviene como conciliador y libertador. La soberanía de las divinidades ctónicas se ve limitada sin que por ello se las prive de su dignidad. Se despliega aquí el poder de Apolo, que resplandece con su mejor brillo; aparece como un benefactor que, con toda la severidad que le es propia, resulta ser benéfico. El acto perpetuado por Orestes atañe a las fuerzas protectoras de Apolo pues incluye una prueba de poder entre el ámbito de Gea y el de Zeus. Entre los dioses y los hombres no existe duda alguna acerca de que el asesinato de Egisto, el patricida, constituye una proeza. En el primer canto de la *Odisea* el propio Zeus da su consentimiento y Atenea se le une. En el mismo canto, la diosa espolea a Telémaco para que asesine a los pretendientes de su madre, ya sea con astucia o abiertamente, y elogia al vengador Orestes, a quien todos los mortales ensalzan por haber vengado a su padre.

Apolo es un dios festivo. Es el dios de los juegos píticos, el que concede el triunfo en las competiciones de gimnasia y música y en las que él mismo es un competidor; es el tañedor de fórminge que crea orden con el canto y la música; es el fundador de estados, el legislador, el guía de los colonos y el protector de las carreteras y los caminos transitados. Es un dios oracular, médico y multiplicador de la fertilidad. Su poder se manifiesta en todos los lugares en los que se vive con claridad. El ojo límpido que con goce juvenil abarca las figuras, lo reconoce. Reside en él una gran felicidad. No es la felicidad de Tique, cuyo timón designa la supremacía del destino; su bola, el azar rodante; su cuerno amalteo, la plenitud de los dones de la fortuna; es una

Dioses

fortuna que no depende de cambios, azares y mutaciones, es un estado duradero de felicidad basado en la comprensión, la clarividencia mental y la serenidad, basado en la sobriedad del espíritu inspirado. Es la felicidad del hombre de bellas proporciones que actúa desde la reunión de sus fuerzas. Es la felicidad del rey Admeto, en cuya casa el dios entra y sale, en el que reinan la luz y la plenitud. Quien haya tenido la ocasión de visitar una de las islas queridas de Apolo y al amanecer o al mediodía haya contemplado la tierra y el mar, habrá percibido la vivacidad de la luz, su movimiento y su agitación en los contornos, en las líneas fronterizas; habrá conocido la felicidad que provoca este mirar en derredor; habrá percibido el poder de Apolo.

Es el dios de la juventud, el dios bello y juvenil. Su figura es un arquetipo de la belleza y los artistas plásticos, que tanto tienen que agradecerle, compiten por representar esta hermosura. No lo representan en posición sedente ni yacente; el dios es más bello de pie y desnudo, pues así resplandece la perfección de sus formas. Con talle recto y rigidez geométrica se alza el Apolo de Manticlo, que, a juzgar por la postura de sus brazos, sostenía en sus manos el arco. Sobre el cuello, muy largo, reposa la cabeza, con unas enormes y redondas cavidades oculares que en su origen debían de estar bañadas en plata. En su solemne apostura hay algo enajenado y ajeno que se torna amenazante e inquietante. Está de pie, muy distante, en un espacio intocable, y nada en él se acerca al observador, no hay nada que mueva al observador a acercarse confiadamente. Postura vertical es la del *kouros* de mármol de Paros, que avanza, y el Apolo de Deinágoras se apresura como si marchase a un torneo de gimnasia. El Apolo de Olimpia está de pie en el fragor de la batalla entre lapitas y centauros, sin mezclarse en la lucha y sus fatigas, ligero y despreocupado, y la rotación de su cabeza, la levedad del contacto indican ya un desenlace y una resolución seguros. Las representaciones en los vasos muestran un mayor movimiento del dios, si bien muestran también la concisión de este movimiento. Es él mismo el que se equilibra, el que mantiene el equilibrio, no necesita ni soporte ni apoyo. Por ello el Apolo Sauróctono de Praxíteles, que lo representa en la figura de un muchacho y del que sólo nos quedan copias, nos parece más débil, no sólo porque el dios abandona la postura erguida sino porque además busca apoyo.

PAN

Ya el lugar en el que hace su aparición define al dios, a quien se reconoce de inmediato por su figura. La constitución de Pan no es ni humana ni animal, sino que es medio divina, medio animal. Allí donde el dios aparece bajo la forma de un macho cabrío y camina a cuatro patas, ha tenido lugar una transformación. En la figura que le es propia se mantiene de pie y camina erguido. De cintura hacia abajo tiene figura de macho cabrío; también su abundante cabellera y los costados de su frente, de los que salen unos cuernos, tienen algo zoomorfo que nunca alcanza a perderse del todo. No hay en él nada formado por agregación, ninguna costura que indique una separación; el cuerpo del danzante y corredor Pan se muestra de una sola pieza. La constitución de Pan recuerda a la de los centauros, que aun siendo cuadrúpedos revelan el mismo origen, y no por casualidad, pues la vida de los centauros se desenvuelve en la naturaleza pánica, son los guardianes y custodios de todo principio de vida heroica. Entre ellos y Pan existen varias cosas que los unen. La figura del Dioniso barbudo y cornudo muestra con él algún parecido, aunque carece de la fuerza característica de Pan y de su fealdad. El arte plástico no abandona esta imagen ni en sus mejores momentos; no podía renunciar a ella, dado que el sexo mismo es divino, lo fálico es inseparable del dios y de su aspecto. Pan es un dios fálico. Aquello que lo convierte en dios no se encuentra en ninguna otra divinidad, ni siquiera en Dioniso, pues si bien todos poseen sexo, lo divino no es el sexo en sí, de modo que en su constitución, en su aspecto físico, lo fálico aparece amortiguado; encontramos un correlativo en la Ártemis de múltiples pechos de Éfeso. Afrodita dista mucho de ser una diosa en la que el sexo aparezca como algo aparte ni que sobresalga como tal. No son su impulso sexual ni su fuerza lo que se venera en ella, su ámbito de acción no es el de una diosa de la fertilidad. Posee unas proporciones de extrema finura que son un deleite para la vista. Es el encanto y la plenitud del amor, también es la diosa de la fruición amorosa, que es inseparable de la mirada y de la posesión de lo bello. Todo aquello que anticipa y multiplica el placer amoroso, los preludios entre ambos sexos, los aderezos del afecto, el cortejo, los juegos, la negación y la entrega, las chanzas y las bromas, todo esto depende de ella. La magia que se acumula en su cintura y que derrama luz sobre su perfección, define, como su propio cinturón, en qué consiste su fuerza. En ella todo afecto da la impresión de ser libremente elegido y el impulso mudo, que por naturaleza es implacable, violento y coercitivo, se hace en ella elocuente, se hace juego, adopta un algo de espiritualidad, vivifica la fantasía y mueve la imaginación.

Pan no lleva cinturón y no impera sobre un ámbito como el de Afrodita, en el que todo se transforma en encanto y fragancia. Es un dios fálico. Pero lo fálico se manifiesta en Príapo de un modo aún más visible y nítido que en Pan, y se destaca en su propio órgano reproductor; Príapo es un Pan local, un Pan de los viñedos, de los cultivos y de la pesca que ama la naturaleza cultivada y cuidada, y la cercanía de los hombres. Aquí se percibe la coincidencia entre lo fálico divino y la transgresión de la medida. Las divinidades en las que lo fálico no pertenece por sí mismo a lo divino, demuestran una proporción equilibrada y

Pan

bien formada, y aquello que en ellos aparece como razón, serenidad o luz, a la vez evidencia que el dios y el sexo no son lo mismo. En los dioses de la India se observa que, cuando se venera su poder fálico, desaparece la armonía de su figura y el sexo empieza a ser exuberante. Lo fálico es una fuerza primordial sin medida y no se puede dominar desde sí misma. La pregunta planteada por los humanistas acerca de por qué los griegos no limaron y refinaron a un dios de este género, por qué no le confirieron una figura semejante a la de los dioses, los semidioses y los héroes, no se puede ni siquiera plantear, puesto que como dios fálico no se le puede incluir en ningún canon de belleza basado en la figura humana. El sexo no es humano sino divino. Una intervención de este tipo en la figura del dios produce el efecto de un ataque al poder engendrador mismo, como un acto infructuoso que necesariamente tiene como consecuencia la falta de fecundidad y la escasez. De lograrlo, invitaría al dios a hacerse invisible y le privaría de su poder sobre las plantas, los animales y los hombres, de forma que se instalarían la debilidad y la esterilidad.

Que en el sexo como tal se manifiesta lo divino y digno de veneración es una noción que otros pueblos compartían con los griegos, pues no existe ninguno que no la tenga. No obstante, es específico de los griegos atenuar la seriedad profunda y a menudo terrible de esta adoración, que estaba sumida en el miedo, y elevar su ámbito a la libre contemplación. No hay rastro de enemistad ni de descontento entre los dioses del Olimpo y las divinidades fálicas. No se encuentran cara a cara como poderes enfrentados y no interfieren en sus respectivos ámbitos de actuación. Es más, se hallan unidos por lazos de amistad. En el nacimiento de las divinidades fálicas reinan la serenidad y la alegría que se manifiestan donde los dioses del Olimpo contemplan las figuras de Pan y Príapo, que evidencian indefectiblemente su naturaleza. Puesto que es un dios fálico, Pan posee una figura que, de abajo arriba, desde la pezuña hendida hasta la cadera y el asiento del sexo, muestra la forma de un macho cabrío. Su rostro fálico está definido por el profundo ángulo entre nariz y frente, una incisión que reaparece en el rostro fantasmal y fáunico de Sócrates, por sus orejas puntiagudas, como de animal al acecho, y por los cuernos que irrumpen de la frente escasa. La risa de Pan no brota porque haya percibido una contradicción o reconocido un conflicto que él mismo provoca; es una risa fálica, la risa del sexo. Las representaciones de este rostro muestran, como los rostros de los paniscos y los sátiros, como el rostro de Príapo, que cada rasgo en él es sexo y que posee la inocencia del sexo, sobre el que ninguna instancia de conocimiento puede ejercer su control como juez. Así como la yema y el renuevo en las plantas son uno y brotan del mismo lugar de la rama, así brota aquí el sexo despreocupadamente hacia la luz.

Quien observe un rostro de Pan semejante debe prestar atención a la relación que existe entre el sexo y la individualidad. Lo divino no posee nada individual, pues va más allá de toda individualidad. Esto se hace particularmente visible en el semblante de Pan porque lo individual excluye, limita y fortalece al individuo, mientras que el sexo apunta más allá de cada individuo. El semblante humano muestra la contradicción entre sexo y espiritualidad. Son rostros que no muestran ni riqueza sensual ni claridad mental. Muestran el sufrimiento del sexo torturado por la mente, de la mente torturada por el sexo. Su proporción ha sido dañada y la desproporción se manifiesta como un corte que atraviesa el rostro. Nada de esto se descubre en el incólume rostro fálico, ni tampoco en el rostro del dios fálico, que desconoce una contradicción de este tipo. El sexo, la naturaleza y el conocimiento forman en él una unidad y son inseparables. En las mejores representaciones de Pan, las que aciertan a expresar lo pánico divino, hay algo que al observador le causa extrañeza, que no logra resolver y que envuelve al dios a modo de círculo intocable. No se comunica, está al acecho, a la escucha, se empina per-

Pan

sonificando el carácter caprichoso del impulso, permanece separado por una barrera invisible, atisbando más allá del observador sin percibirlo. Un secreto semejante, insoluble, lo constituye el propio sexo; un secreto que infunde placer y despierta temor. Mirar a Pan siempre tiene algo sorprendente y emocionante, hace perceptibles, a un mismo tiempo, las delicias de la vida y el estremecimiento del placer que recorre la médula. Un pintor como Rubens, que conocía a fondo la naturaleza pánica, la despliega en toda su riqueza en el estilo flamenco, que transforma maravillosamente todo lo antiguo y que en Jordaens alcanza la más voluptuosa y ruda carnalidad. En los cuadros de estos maestros de la pintura, la naturaleza fálica y severa del dios ha sido suavizada hasta lo bucólico.

La cabeza del dios fálico jamás es la corona en la que culmina el cuerpo. Su cabeza no está separada de la proporción del cuerpo, como lo está la de Apolo, que es la flor de la belleza juvenil y sublime; no se halla suspendida sobre él como una flor sobre el fino cuello. La nuca y el cuello de Pan no pueden tener esta forma puesto que las cánulas y la médula de su fuerza confluyen de un modo diferente. Es la parte inferior animal la que determina la constitución y la postura del cuerpo superior, de forma que el medio constituye el centro de gravedad y este centro es el asiento del sexo. El rostro de Pan no contiene lo ideado y bien configurado, sobre lo que la frente se elevaría como un alto muro; en su rostro hay mucho que permanece como dormido e, incluso cuando está despierto, sigue teniendo algo acechante, sigue traduciendo algo del sigilo del venado que escucha un ruido.

En Príapo lo fálico sobresale todavía con más fuerza y en la misma proporción retrocede todo aquello que confiere determinación y agudeza al rostro. Así las obras de arte plásticas que lo representan muestran a menudo sólo un rostro aproximado y parecen adolecer de una cierta rudeza e informidad. No se requiere mucho detalle ni esmero. El cuerpo del dios fálico es un atributo de la fuerza procreadora y es el propio sexo el que lo da a conocer.

La forma descriptiva del mito no es cronológica; toda cronología es un procedimiento de medición del tiempo histórico. El mito no es ni historia ni un proceso histórico que la conciencia capte como tal. Si se lo considera histórico, surge la impresión de que hay algo ahistórico anterior al tiempo histórico. Este modo de ver destruye la esencia del mito y lo somete a una medición del tiempo que le es extraña. Lo mismo sucede cuando, por mor de comprenderlo, se lo toma como simbólico o alegórico, puesto que este modo entender y de considerar sólo es posible en un modo de ver histórico.

Es imposible encontrar fechas en el acontecer mítico. Las edades de oro y de plata no pueden representarse como una secuencia temporal cronológica. La atemporalidad del suceso se sustrae a cualquier determinación temporal. La precisión del acontecer mítico es distinta de la de la ciencia, pero no es más imprecisa. Esta precisión reside en la acertada fuerza y la claridad de las imágenes, y en su contexto. Se considera a Pan como hijo de Hermes y de la hermana de Dríope. Según otras versiones es hijo de Zeus, y su madre unas veces es Timbris, otras Calisto y otras, en fin, Oineis. Los poetas romanos construyen otras teorías acerca de su origen que no dejan de ser invenciones arbitrarias. Estos datos dispares no tienen su razón de ser en que la clasificación cronológica sea un trabajo que se emprendió a posteriori. Para el historiador es inimaginable que existan diferentes padres y madres y, sin embargo, no hay en esto nada inadmisible. Un poeta no sólo es hijo de sus padres sino también hijo de Apolo o de las musas, y nosotros mismos no somos únicamente hijos de una determinada madre sino también hijos de la tierra, de un país, de una ciudad; tenemos muchos padres y madres, y disponemos de una variada parentela. Pan, que es llamado hijo de Zeus, es el mismo Pan que en el *Himno homé-*

Pan

rico es hijo de Hermes y de la hija de Dríope. El acto de atribución define al mismo tiempo la disposición y el ámbito. Por parte de padre, Pan procede de Zeus y, como bisnieto de Crono, llega hasta los titanes. Cuando nace ya está completamente formado, de modo que la madre huye asustada del propio hijo, como las ninfas, que huyen del dios que las persigue. De Atenea se relata que surgió, ya doncella y armada, de la cabeza de Zeus. La diosa, que nunca estuvo ligada por un cordón umbilical a una madre, muestra al mismo tiempo la fuerza invulnerable y masculina de su mente e irrumpe, como un pensamiento libre, de la frente del dios omnipotente.

También Pan es de inmediato y por entero lo que es, y en el acto se separa de la madre. En él todo es instinto. La madre huye del dios fálico y no del niño, abandona el puerperio y jamás regresa con su hijo, pero no por falta de amor maternal sino porque el hijo, más fuerte que ella, no precisa sus cuidados. El susto que la sobrecoge se origina cuando advierte que su hijo no la ve como madre sino como mujer. Pan no es hijo de madre. Tampoco es el protector de los matrimonios ni de la familia; el reino que él preside es anterior a todo matrimonio y a toda familia. No tiene esposa, pertenece a las ninfas y toda criatura nínfica, todas las oréades, náyades, dríades, todas las divinidades femeninas que habitan los ríos, los árboles, los manantiales y los montes se encuentran bajo su soberanía. Entre sus madres hay ninfas, entre sus educadoras hay ninfas, las ninfas son sus amantes, así la oréade Eco y la ninfa arcádica Siringe, que, perseguida por él, implora ser convertida en junco. Al igual que las ninfas, que sólo se presentan en el Olimpo en ocasión de las asambleas de los dioses, tampoco Pan se demora allí. Al unirse a él y al acompañarle lo dan a conocer como su señor y maestro. Toda esencia nínfica mantiene un estrecho e indisoluble vínculo con Pan y el lugar nínfico pertenece a su reino al igual que la feminidad nínfica. Huir y esconderse de él forma parte de los juegos pánicos del sexo. También se le ofrendan sacrificios, que están relacionados con su sexo. La ninfa es hija de Gea, cuya llave guarda. Es el *numen* del lugar que está bajo su custodia, del que surge femenina, como receptora. Posee algo vegetal, también en la inocencia vegetal del sexo; en sus transformaciones adopta forma de planta. El *Himno homérico* dice de las ninfas que habitan los montes que no son mortales ni inmortales, comen ambrosía, tienen larga vida, bailan en magnífico corro, mantienen relaciones amorosas con Hermes y los silenos, y mueren junto a sus árboles, que se elevan hacia lo alto.

Pan no es salvaguardia de los usos ni de las costumbres, tampoco del lecho matrimonial, el fuego ni la casa. No es un dios de las leyes e instituciones consagradas por la convivencia sino un dios del sexo, que aparece como origen. Así como él mismo no vive una vida conyugal, tampoco tiene fuego, ni cama, ni casa, ni lugar en el que resida. Jamás cesa de vagar, errar, cazar y caminar, y esta inquietud, este vagabundear por vastos parajes, guarda relación con el sexo, con lo incansable del dios procreador, fecundador y multiplicador.

El contento como algo jovial, como algo que concuerda con Zeus, impregna el mundo de los dioses, acompañado de la risa olímpica. De ello habla ante todo el poema épico. Pan, al que su padre Hermes lleva en brazos al Olimpo, es observado por los dioses y les alegra el ánimo, como sucede cuando miran a Príapo. El tono de sus risas irradia una enorme simpatía y expresa un asombro que va acompañado de una alegre conmoción. La constitución de Pan evidencia la figura del impulso poderoso, bruto y nada refinado que brota despreocupadamente de su raíz animal, que es cruelmente veraz y está lleno, al mismo tiempo, de placer y goce. Hermes lleva a Pan como si asistiese a un acto de reconocimiento y no existe duda de que un dios con una figura tan prodigiosa entra a formar parte del círculo de los dioses. No es frecuente encontrarlo en este círculo, puesto que

Pan

su vida tiene algo insociable que le hace evitar las asambleas de dioses. Únicamente se siente a gusto en su propio reino y, ante todo, no tolera la obligación, no importa dónde aparezca. La risa de los dioses encierra un reconocimiento, una constatación. No se habla de cómo Apolo y las diosas vírgenes Atenea y Ártemis saludaron a Pan, puesto que sólo de un dios se relata que su alegría por el recién llegado fue grande y ése es Dioniso. Dioniso aparece como el dios más viejo y a la vez se dice de él que ha sido acogido como hijo por su padre Pan. Así es, es imposible concebir a Dioniso sin la naturaleza pánica. En la alegría del dios del vino por el nacimiento de Pan se evidencia, en primer lugar, la relación entre los dioses, que a menudo se expresan su mutua simpatía. La esencia pánica y la dionisiaca se encuentran y así como los lugares de sacrificio a menudo son comunes, así también vemos juntos a los dos señores con su séquito, vemos cómo se mezclan sus comitivas. La inminente llegada de Dioniso también excita a Pan. Alentado por el ruido de las ménades, presta atención y se les acerca, irresistiblemente atraído por el ruido de la procesión festiva que cruza sus páramos.

No es el Olimpo la morada del dios sino el territorio arcádico. Desde un principio aparece estrechamente ligado al territorio de Arcadia, que entre todos los parajes nínficos es el más vasto. Aquí le educa la ninfa Sinoe y aquí se hallan muchos de sus santuarios, en los montes Partenón y Ménalo, en el monte gnómico cerca de Licosura, en Heraia y Melibea. Aquí lo escuchan los habitantes cuando se demora en las montañas tocando la siringa. En su juventud recorre los parajes arcádicos, camina bajo cielo abierto, ama el campo y siente aversión por las ciudades, un rasgo que siempre lo caracterizó. En las colinas, los montes y los manantiales están emplazados sus santuarios y sus cuevas; las moradas frescas de su sueño son lugares en que se le rinde culto. Cerca de Maratón hay una montaña consagrada a él y una gruta con rocas que se llama «el rebaño de cabras de Pan». En el

143

Dioses

Parnaso se le rinde culto en la gruta coriciana. En el monte partenio interpela a Filípides, que había sido enviado por Atenas para pedir ayuda a Esparta en la lucha contra los medos, y l e promete que si los atenienses le rinden culto sembrará el espanto entre los medos. Del mismo modo que le es extraña la ciudad, tampoco le gustan los parajes de Deméter, la tierra cultivada, los campos de labor y los jardines. No hace aparición donde trabaja el arado, donde se parte en terrones la tierra. Su reino empieza en las dehesas y las cañadas, en los lugares donde se practica la apicultura, en las costas donde los pescadores extienden sus redes. Tan diferentes como lo son la vida y las actividades de los hombres, así de diferentes son sus encuentros con el dios. Cierto es que los pastores, por los que siente simpatía, lo reconocieron antes que otros y son los que más poderosamente se aseguraron su favor. Entre ellos, los pastores de cabras y ovejas son los que le rinden mayor pleitesía. El caballo y el toro le son más extraños; el dios no adopta sus formas. No es un jinete. El caballo y la vaca son animales domésticos, animales próximos al ámbito doméstico del hombre, y las casas y los establos no son lugares para Pan. Los pastores de cabras y ovejas que duermen a cielo abierto y conducen lejos a sus rebaños son los que por primera vez percibieron con claridad su figura, fueron los primeros en describirlo como el de pies de cabra, el cornudo, el que tiene rabo, el de nariz curva; como un macho cabrío. Pan destaca como dios de los pastores y del pastoreo. Custodia los rebaños como multiplicador de su fertilidad, como el procreador Pan, en cuya proximidad se multiplica el rebaño. A los cazadores, los apicultores y los pescadores les provee o les priva del venado, la miel o los peces. De ahí que los arcadios flagelasen su imagen cuando la caza había sido infructuosa.

La vida semisalvaje del pastor empieza donde termina la agricultura y se inicia la zona de pastoreo. Pan no impera en los pastizales, sino en el territorio limítrofe de su reino con los parajes cultivados. Su reino es la naturaleza salvaje. Pan está allí donde la montaña, el bosque montañoso, los ríos, los cañaverales, los frutales están intactos; es el dios de la naturaleza virgen. ¿Qué se quiere decir cuando se afirma que en la naturaleza virgen pánica se hace reconocible algo divino? ¿Qué significa para el hombre la naturaleza virgen?

De entrada, la naturaleza virgen es lo no definido, lo desconocido. No está sometida al hombre, no es propiedad de ningún hombre, no ha sido medida y carece de indicadores de camino. Es un territorio baldío según las leyes de la economía humana. Carece de historia y no evoca ningún recuerdo. Se implanta sin nuestra voluntad y prospera sin nuestra intervención. Para nosotros es *terra incognita*. El árbol silvestre crece y da frutos debido a las fuerzas que le son inherentes y al clima clemente en el que crece. Los animales se alimentan de estos frutos y lo que ellos dejan se pudre en las ramas y cae al suelo. Tal vez forme otra semilla y brote, tal vez se eche a perder. No importa, porque lo que crece aquí escapa a toda medición y cálculo. Aquí no existe propiedad ni nombre alguno, aquí verdea, florece, madura y se marchita un territorio sin nombre. La propiedad empieza con el nombre. Pan es un dios que no conoce la propiedad y por ello tampoco la reconoce y protege. Con nombres nombra el hombre y delimita lo existente, se lo apropia por medio de los nombres. Pan no da nombres, son los héroes quienes nombran, son ellos los primeros que recorren el territorio salvaje.

Quizá la mayoría no respete la naturaleza virgen y sólo pretenda destruirla. Pero, ¿qué sucedería si no existiese, si se la aniquilara por completo? ¿Sería esto posible? Ciertamente, puesto que hacerlo depende de la voluntad del hombre y éste sólo la ve como una enemiga, la ataca como se ataca a un adversario y se vanagloria de ello. Puede hacerla retroceder, herirla en su existencia y hacer que se rinda. Puede hacerlo, y lo hace, si bien sigue dependiendo de ella. Esfuerzos como éstos acarrean consecuencias que tienen una cierta regularidad. El suelo que se gana a la naturaleza salvaje se llama suelo virgen, y la experiencia demuestra que posee una fertilidad particular y da abundantes cosechas. No por mucho tiempo, puesto que las fuerzas que conservaba en su estado salvaje se agotan y se requiere un cuidado artificial para sacarle fruto. Hay que restituirle lo que se le sustrajo desde que perdió su crecimiento autónomo. La vida en la naturaleza salvaje es libre crecimiento; donde se la ataca también se está atacando a la naturaleza virgen. Donde sucumbe, falla el poder de Deméter, allí ya no alcanza su poder para hacer madurar el grano o para que los frutales den sus frutos. Sin las hierbas silvestres no existirían el trigo ni la avena; sin la parra no existiría el vino noble; sin los animales salvajes, el ganado domesticado. Todo esto no sólo le ha sido arrancado por la fuerza a la naturaleza virgen y se ha mantenido en la lucha contra ella, también se alimentado de ella, pues no puede prosperar allí donde la naturaleza virgen se extingue. Esta naturaleza es anterior a Deméter y, así como las hierbas silvestres preceden a los cereales, todo cultivo, todo cuidado se apoya en el desarrollo silvestre, en el libre crecimiento. El poder de Deméter empieza con las criaturas cautivas y en los rebaños provechosos, y se extiende al territorio delimitado por el arado, pero no depende de ella la naturaleza virgen innominada, el origen. La hoz y la corona de espigas son atributos de Deméter, no de Pan. Ella extrae el agua de cántaros y vasos, él bebe de la mano. Sus misterios no son los de Pan. Ni las herramientas, ni el instrumental agrícola y ganadero están consagrados a Pan. Pan es el dios de la poderosa fertilidad de la tierra que se encuentra en el origen. Como tal, se le reconoce en el acontecimiento que Pausanias relata de la Deméter negra a la que se rendía culto en una cueva ubicada no muy lejos de Figalia, en Arcadia, en el monte Elaion. Cuando Deméter se retiró a esta cueva, enfurecida con su consorte Poseidón y dolida por el rapto de Perséfone, pereció todo lo que la tierra genera-

Pan

ba y los hombres morían de hambre. No había dios que conociese dónde podía estar la diosa, nadie sabía dónde buscarla. Pero Pan, que cruzaba los parajes arcádicos, su coto de caza, la descubrió en la cueva envuelta en su vestido negro. Comunicó a Zeus su hallazgo. Zeus envió las moiras a buscarla y, persuadida por ellas, salió de la cueva y abandonó el duelo y la ira.

Pan encuentra a Deméter, a la que habían perdido los dioses y los hombres. Pero él no la pierde; también ella encuentra el lugar de él. El dios y la diosa no pueden perderse tanto de vista como para no encontrarse más. Él se limita a mirarla, no se le acerca y silencioso, tal como había llegado, se vuelve a marchar, llevándose consigo su saber. ¿Hasta qué punto es importante para él encontrar a Deméter y por qué revela a otros la noticia de su escondite? ¿No le habría sido de mayor provecho reservarse este conocimiento? ¿Acaso la diosa no restringe su ámbito, no lo fuerza a retroceder allí donde ella avanza? Lo hace, pero sólo con la condición de que le devuelva a Pan lo que le quitó, y Pan sabe bien que todo aquello de lo que ella se apodera volverá a él. No está en el poder de Deméter desbancarlo, ni desea hacerlo; no puede desearlo, puesto que sin él ella no sería lo que es. El procreador Pan tiene un derecho primordial sobre ella; sin él, no tiene ni madurez ni fertilidad. El reino de Pan abarca la condición predemeteriana de la vida y la naturaleza, y el poder de Deméter descansa en él por doquier. Sólo puede obtener el territorio que ha pisado Pan. La parte que le pertoca en la fertilidad es concebir y desarrollar lo concebido. Es la nieta de Gea y posee la fuerza maternal de ésta. Su lugar predilecto es el campo cultivado y tanto Homero como Hesíodo relatan que en el erial tres veces arado yació con Jasón, al que Zeus fulminó con su rayo. Buscan su fortaleza hasta los dioses más poderosos, Zeus y también Poseidón, quien habiendo adoptado la figura de un semental se abalanzó sobre la diosa transformada en yegua. En su abrazo parece abrazarse al entero sexo femenino. Esto la convierte en diosa de la fuerza del pueblo. El matrimonio, el cultivo, los frutales, el ganado son sus ámbitos. A su cargo están además el cuidado y la educación de los héroes, esa temprana asistencia a la vida de los héroes de la que los centauros no se pueden ocupar. Ella hace brotar los sembrados, madurar los frutos, y a ello se refieren sus misterios, en los que se pasa de la oscuridad a la luz. Como diosa del crecimiento es al mismo tiempo una diosa subterránea.

Pan sabe dónde encontrar a la Deméter oculta que se mantiene escondida, y la encuentra donde nadie la busca. Conoce mejor que otros los límites del dominio de Deméter y los respeta. Pero no puede convivir con ella. A los abrazos de Pan sólo se rinden las ninfas. Deméter no tiene nada de Ninfa. Pan no se demora donde ella impera, donde resuena el hierro de la hoz; sus pies pisan la hierba no segada. Deméter no se dirige a donde él se encuentra. Aun así, ambos forman un conjunto en virtud de una correspondencia que no puede ser abolida.

La naturaleza virgen no sólo es el territorio sin nombre, indefinido, que circunda los parajes de Deméter, también es el origen y por ello es sagrada. No importa hacia dónde nos dirijamos ni hasta dónde retrocedamos en nuestro pensamiento, toparemos con ella. Está en el alba de la mañana, reluciente por el rocío y refrescada por la noche de la que emerge. Se encuentra antes de toda historia y, en comparación con ella, toda historia es limitada, es un acto de la conciencia que se vuelve hacia el pasado para penetrarlo. Es una luz artificial que se crea de este modo; la distribución de la luz lo ilumina al modo como la luz de una vela ilumina un ámbito invadido por la oscuridad. Su contorno se halla exigua e inciertamente iluminado; la claridad aumenta a medida que se acerca al portador de luz. Aquí reside una ley que no podemos cambiar, una ley que es al mismo tiempo el método de nuestro pensamiento, el esquema según el cual trabaja nuestra conciencia. El origen que surge como naturaleza virgen en

Pan

el interior de la naturaleza se le escapa; se le escapa aun cuando nos acompaña y aunque nosotros, que procedemos de él, podamos volver a él. Este retorno a la naturaleza virgen se produce en un primer momento a través del abandono.

El niño abandonado en tierra salvaje es entregado a su origen para que se pudra como el fruto de un árbol silvestre. Tal vez se pudra, pero puede hallar sustento del modo más prodigioso. Al ser separado de los pechos de su madre, puede regresar a su primera nodriza, la naturaleza virgen puede acoger al expósito sin nombre y ofrecerle alimento por medio de las ubres y tetillas de las animales salvajes. Así es como la loba alimenta a Rómulo y Remo, la osa a Atalanta, la cierva a Télefo, y ellos crecen así más sanos y frescos, se crían más fuertes y ágiles que en la casa paterna. Niños como éstos son elegidos que llevan en su frente la marca de su destino. Ahora bien, lo que le sucede al niño y que se revela en la más tierna y desamparada edad, también le puede suceder al hombre. Al despreciado, al que carece de derechos y al inquieto, al que es libre como un pájaro, no le queda otro camino, deberá regresar a la naturaleza virgen como un sin nombre, lejos del hogar de Hestia, lejos de los parajes de Deméter. Deberá renunciar a su patria designada, a su comunidad designada. Si es fuerte y está a la altura de la naturaleza salvaje, ésta lo acogerá y lo protegerá, no importa lo que haya hecho. Ante ella no rige ley, derecho, norma alguna; para ella no hay delincuentes. Es el postrer e irreductible asilo de aquel que está desamparado, al que cualquiera puede matar impunemente; es la patria del hombre que es libre como un pájaro. Y como tal, también es sagrada.

Es sagrada en un sentido más amplio, el que evoca este verso del poeta:

Ante todo, que se tenga cura
de la naturaleza virgen, de divina

> construcción según la ley pura, de donde
> lo tienen los hijos
> del dios

Son palabras que definen de un modo conciso la relación que aquí tiene lugar. La naturaleza virgen es divina, no es obra del hombre, de ahí que en ella se haga visible la ley pura, la medida primera de todo construir. Esta ley pura que se hace visible en la naturaleza virgen es la que toman para sí los hijos del dios. La exigencia de cuidado que se formula aquí no es una petición de poca importancia sino un deseo que el hombre debe cumplir. Hay que recordarlo, porque el hombre no ha cuidado esta naturaleza, la devasta y extiende sobre ella la aridez, una aridez que rebotará sobre él. Explota abusivamente el campo en el territorio de Pan. No se le aplican, pues, a él, estas palabras:

> ¡Qué dulce es vagar
> por la sagrada naturaleza virgen!

La naturaleza virgen es el reino del Gran Pan y él constituye su más profunda vida divina. De ella emerge como el Pan de reluciente cabellera, el rudo bicornio, sonriente, montañero y amante de la danza. Desnudo o cubierto con una piel de lince, coronado con la rama verde oscuro del abeto consagrado a él, con semblante rojo y brillante sale del bosque, de la floresta, de los juncos de la orilla. Danzando y tocando la siringa tallada de caña, hace acto de presencia en los páramos. Con el rocío escurriéndole por el rostro se levanta por la mañana para iniciar sus incursiones de caza. La impetuosidad y la serenidad divinas definen su naturaleza. Es nervudo, incansable, el fuego fluye por sus venas. Su día consiste en deambular y reposar ocioso, en el juego y la danza, y en una dulce siesta al mediodía. Su sueño posee una profundidad y una salubridad

Pan

particulares, y Pan muestra su ira al intruso que lo interrumpe. El mediodía caluroso, la hora en la que, cansado de cazar, se adormece, es cuando se percibe su poder, pues obliga a todo a acompañarle en el sueño. El silencio pánico se extiende sobre el paisaje, cuyas flores, árboles y animales callan. En la quieta brisa ardiente y trémula no se escucha sonido alguno. También los hombres duermen y callan. Pero aquellos que están despiertos sienten el *numen* del dios y bajan la voz para no perturbar su sueño.

No es fácil espiarle, se sustrae a la vista, arisco como el venado que se esconde del cazador al acecho. No sólo porque rehúye el trabajo de los hombres y únicamente se le encuentra en los lugares solitarios y apartados que transitan los pastores, cazadores, carboneros, pescadores y caminantes. No es posible ir en su búsqueda para encontrarlo. Los encuentros con él son en parte intencionados, en parte casuales. Son breves como los encuentros con el cazador que, veloz, se pierde entre los matorrales. Su vida transcurre a plena luz y esa luz penetrante lo protege como a Apolo, que bajo la luz más diáfana se sustrae a la mirada. Todo esto hace patente en qué medida el dios es intocable y cómo en su calidad de intocable planea cosas ocultas. Llena más el oído que la vista; está en los ruidos, tanto en los suaves como en los fuertes. Ama el ruido; su risa, su estruendo, su desenfreno pánico así lo demuestran, pero también el silencio del mediodía en el que todo calla y enmudece de un modo atemorizante, porque él está durmiendo y toda la agitación del entorno se suma a su sueño. Cuando no duerme, siempre se le oye. El ondear de la hierba, el gemido del cañaveral y el juncal, el crepitar de la arena y las piedras, el murmullo y el chapoteo del agua, todo lo evoca y habla de él de un modo inmediato e inequívoco. Antes de que el ruido se haga nítido para el oído y se distinga, ya se lo vincula con la presencia de Pan. El cañaveral se parte y sus pasos se acercan. El agua salpica y el dios toma un baño en ella. Está presente en el agitarse y flotar, en el movimiento del sonido de la naturaleza; es él, es su vida que invade la campiña de vitalidad hasta sus grietas y aposentos más ocultos. El presentimiento de su proximidad se hace más y más consistente, hasta que el dios roza a un hombre o un lugar, amenazándolo, porque el individuo jamás está a salvo en estos encuentros y no puede predecir su curso. No sabe si su presencia es en algo hiriente para el dios. Esta plenitud de fuerza tiene siempre algo de destructiva, debido a que de entrada sobrepasa por mucho la medida del hombre.

Pan custodia el sexo, lo protege. Es el refugio del incólume poderío sexual masculino, que con él no está sujeto a merma alguna. En un sentido más estricto, cuida el origen del sexo, a lo cual apunta la veneración del falo, no importa dónde la encontremos. Jamás el sexo es algo concluso en sí mismo, nada que repose en sí mismo y sea limitado pues, incansable, se siente atraído por el sexo. De ahí el infatigable vagabundear de Pan, que es un habitante del suelo y transita los suelos. Está ligado a la tierra, es más terrenal que los dioses olímpicos. Como por el tiempo y el espacio, también todo lo vivo se halla unido por el sexo, y es el sexo lo primero que funda los vínculos y relaciones entre las criaturas. Por tanto, apunta hacia un origen común del que deriva el gran torrente de la vida. Del mismo modo que la naturaleza virgen conduce de vuelta al origen del que proceden todos. De manera similar el sexo es el paradigma de todos aquellos que deben su vida a un tronco común, incluyendo entre ellos a los muertos y a los desconocidos.

¿Cómo custodia el dios fálico el sexo? Con su presencia, su cercanía, sus roces. En él, el sexo vive su plenitud y su integridad, su fuerza divina. Llama a la vida, como procreador produce vida. El lugar donde él se encuentra empieza a rebosar de vida. Es fértil y aporta fertilidad. Los rebaños se multiplican gracias a su benevolencia; se engendran gemelos y los rebaños se duplican. Esto le divierte y le procura placer. Como procreador, vigi-

Pan

la el proceso de lo que germina, brota, echa renuevos y da frutos; está rodeado de un hálito de fertilidad y plenitud de vida. La campiña en la que mora así lo atestigua. En ella viven las ninfas, hay abundante caza y aves, follaje y agua fresca. Su naturaleza salvaje está llena de vida, no es el desierto, ni el territorio árido y muerto en el que no se encuentra vida alguna. La sombra del mediodía, la frescura de las cuevas, el bosque, el cañaveral y la humedad son indispensables para él. Ama los límites. No sólo aparece en la línea fronteriza entre el territorio cultivado y el inculto, también ama la orilla del mar y la contemplación del mar azul. Busca con afecto los paisajes con lagos y ríos en los que la tierra se separa del agua, lo sólido de lo líquido. El paisaje de las orillas es más fértil y con su humedad favorece la vida y así, por su fertilidad, está acorde con el dios. Deambula por los juncos, los cañaverales y los cañizales, allí donde en la orilla se encuentran las cunas y los nidos de la vida, y el cuerpo níveo de la ninfa se queda quieto en el agua silenciosa ante la llegada del dios. La siringa tallada de una caña repite los lamentos y quejidos de la ninfa, el aire que corre a través de sus cavidades forma melodías que evocan el placer acuático del pasado, las correrías en el cañaveral, la felicidad cerca de la orilla y el placer de los abrazos.

La memoria es la madre de la vida inspirada por las musas. Mnemósine es la madre de las musas y de toda actividad inspirada por ellas. Pan no es un dios de la memoria, si bien Mnemósine no le es ajena. Lo melódico del sonido de la naturaleza se escucha en su reino, la armonía que brota de la tierra y de sus formaciones, el sonido nínfico de la siringa, en la que se une el agua con la caña y el aire. El dios ocioso es al mismo tiempo un dios inspirado por las musas. Pan ama la música, y su simpatía por los poetas y aedos siempre ha hallado eco en ellos. Que el dios fálico es al mismo tiempo un dios inspirado por las musas es algo a destacar. Cuanto más se limita a las divinidades fálicas a la función de custodias y vigilantes del sexo, tanto más evidencian éstas su seriedad severa y terrible, y su capacidad destructora. En ellas hay algo inexorable que oprime el espíritu y sus buenas obras deberán obtenerse a un alto precio. Allí donde aparecen como ídolos mudos y graves, donde su figura hace resaltar lo exuberante y lo monstruoso, allí se encuentra el lugar de los sacrificios sangrientos, pues la fuerza procreadora y la aniquiladora son una misma cosa y no admiten ser separadas.

En cambio Pan, llamado el resplandeciente, está envuelto por la serenidad de una luz dorada, el azul de un aire transparente. Sus movimientos pasan a ser danza, por la que siente afinidad. No es sólo el maestro de las danzas en corro, el inventor de la siringa y el primero en unirlas, es que por su naturaleza mantiene además una relación con la danza y el canto, con el juego y la poesía. Sin él es inconcebible la flauta, la fiesta campestre, el modo pastoril, el poema bucólico; necesariamente decaen cuando les abandona la vivacidad pánica. Así como le enseña a tocar la siringa a Dafnis, cazador sicelio y pastor de vacas, así por todas partes es el maestro de los pastores que danzan, tocan y cantan. En los *Poemas pastoriles* de Estesícoro, en los *Idilios* de Teócrito, se habla del destino de un Dafnis golpeado por la ceguera. Pan ama el canto apolíneo y el dionisiaco. Es el amigo de Píndaro cuyas odas le complacen. En la *Tercera Oda Pítica*, las muchachas le cantan ante la puerta del poeta. El coro del Áyax sofocleo invoca con sumo júbilo a Pan y le exhorta a bajar del monte Cilene, en Arcadia, para que conduzca el corro con giros nísicos, como los que exhibe en los campos de Nisa en ocasión de las Dionisiacas, y con saltos cnósicos, como los que se bailan en la ciudad de los cretenses durante las fiestas en honor a Zeus y Ariadna. Y junto con él se invoca a Apolo, conductor del coro y del corro.

La creación y la producción inspiradas por las musas se encuentran bajo su auspicio. Las artes obedecen a los poderes

Pan

de Pan inspirados por las musas, y la influencia que éste ejerce sobre ellas es inconmensurable. Es un experto de la armonía de orden rítmico. Su vida está encaminada a la danza, el juego y el canto. El cuerno y la lira repiten el sonido de su flauta, que habla de las colinas y de los bosquecillos. Donde ya no danza, donde su flauta se rompe, allí enmudecen todas las artes.

Los dioses viven en la abundancia y ésta emana de ellos cuando establecen una relación de simpatía con un hombre. No sólo en forma de obsequios, como el olivo de Atenea, el corcel de Poseidón o la vid de Dioniso, cosas todas ellas que los hombres ni crearon ni fueron capaces de apropiarse antes de que hubiesen sido puestas a su disposición por medio de un acto de apropiación. Y no sólo por medio de ayudas, indicaciones o consejos, con beneficiosos resultados. Estas buenas obras, por muy grandes que sean, son señal de una abundancia que nunca se agota, son prestaciones que siempre exigen a cambio un obsequio por parte del hombre. El hombre no es tan pobre que no pueda obsequiar a los dioses, pero sí es más pobre que ellos, y ellos no están dispuestos a eximirle de esa pobreza. No quieren que viva como ellos y quien se atreve a competir con ellos está bajo la amenaza de ser aniquilado. Némesis sigue con ojo atento el delito y también la excesiva felicidad, y siempre uno de sus cometidos es reconducir al hombre a su medida y a respetar los límites que le separan de los dioses. A los dioses no les gustan la venganza desmedida ni el sufrimiento desmedido en el hombre. Lo que odian es el modo titánico del hombre. Tanto en el hacer como en el dejar de hacer, tanto en el celo como en la indiferencia, puede haber *hybris* y, allí donde la *hybris* actúa, no está lejos Némesis. No hay nada equivocado en la concepción de que cada hombre tiene su Némesis, que a cada dios le acompaña su propia Némesis que se dirige de un modo reconocible contra el hombre. Pues existen tantos inmortales como hombres. Si bien todos desempeñan la misma función, la ejecutan de un modo

Dioses

diferente, y las ceres de Aquiles y de Héctor son distintas. Así como los dioses se diferencian unos de otros, así sus contactos con el hombre son diferentes. Éste deberá estar atento a no herirlos en su ser a causa de una culpa, a no desafiarles. Pero ni siquiera es precisa una culpa, pues puede verse involucrado sin culpa y de un modo fatal en sus peleas, y perecer. Los dioses olímpicos viven un *agon* que afecta a los hombres.

La exuberancia es la característica fundamental de la naturaleza de los dioses, de la que el hombre sólo participa de un modo mediato, sólo por mediación de ellos. A su modo, Deméter reparte exuberancia, que se hace visible en el crecimiento de los animales domésticos y los frutos del campo, y que, por tanto, también favorece al hombre. Aunque esta exuberancia es independiente del trabajo del hombre, como todo logro lo es a partir del esfuerzo, no se produce sin trabajo, presupone un orden, un celo y un sudor. Donde éstos se encuentran, puede hacer acto de presencia la benevolencia de la diosa, aunque siempre de un modo tal que no se la pueda dar por descontado ni esperarla con seguridad. Atenea sólo favorece a los hombres que tienen coraje y astucia, y aquella fortaleza espiritual que se hace patente en los planes y los pensamientos, en los atrevimientos y los ardides. Donde esta fortaleza está presente, allí es más fácil encontrar a la diosa, y donde se cuenta con su ayuda, está asegurado el logro pues en los dioses, a diferencia de los hombres, querer y lograr son la misma cosa. La exuberancia de Pan es de otro tipo, puesto que para poder participar de ella el hombre no necesita planificar y esforzarse, atreverse y crear obras artificiales. La simpatía de Pan no se refiere al trabajo; en este sentido, no es un dios activo y no existe un trabajador Pan, como no existe un herrero Hefesto. La sobreabundancia le sobreviene al hombre sin previsión ni esfuerzo, del mismo modo que la naturaleza inculta ofrece sus tesoros sin pedir recompensas. Se disfruta de ella como del bosque que nadie cuida ni conserva, como del río

Pan

que no está ahí gracias a nosotros, como de la tierra, el agua, la luz, el aire y el sexo. Pan no necesita trabajar, ni siquiera necesita el trabajo de los hombres porque todo lo que éstos provocan y producen carece de utilidad para él. No es un dios de las construcciones y los talleres, de los puentes y las carreteras, tampoco de los proyectos de trabajo o de los cálculos. Está desnudo, se acuesta a cielo abierto y el matrimonio, la propiedad, la adquisición no le interesan.

Los objetos, fines, planes que se refieren al futuro no se encuentran en él. Danza, juega, caza y duerme. Así pasa su tiempo y éste se le escurre sin afectarle, sin penetrar en él. No está sujeto al tiempo ni lo crea. Su ociosidad es atemporal y está vacía de tiempo, como la mirada de sus ojos está libre de devenir. Si se ampliase el instante de forma que lo abarcase todo, lo engullese todo; si se lo extrajese de la secuencia del tiempo, de modo que se convirtiese en puro ser, en él se abriría la ociosidad sin tiempo del dios, que es redonda como la pelota que rueda y se basta a sí misma. La carencia, la preocupación y la penuria están lejos de él, pues estados tales no carecen nunca de la premura y el apremio del tiempo, que pesa sobre ellos y oprime y estrangula el pecho. De ahí que los encuentros con el dios del hombre sujeto al tiempo posean algo estremecedor y a la vez extraño. En un encuentro como éste el hombre sufre un choque, experimenta la sensación de que le sacan de quicio. La figura y los ojos del dios, que reposan sobre él, le resultan extraños. El susto pánico y la serenidad pánica surgen allí donde el dios sobresalta al hombre en su orden temporal, atemorizándole y agraciándole siempre repentina e inesperadamente, pues el choque no puede ser matizado ni atenuado. Al que pasea por los bosques, al que deambula por los matorrales y los territorios yermos, le sobreviene el susto cuando se encuentra con Pan. Al estremecerse y sobresaltarse, no sólo ve algo que le infunde terror, también siente que algo está cambiando, algo desconocido, insó-

Dioses

lito, que no tiene conexión alguna con su pensamiento y su sentimiento. Un estremecimiento le recorre la médula y tiembla. Así como una luz muy brillante impide ver, así el encuentro con el dios desquicia al hombre y le arranca de su capacidad de comprensión objetiva. Uno no puede prepararse para este choque pues frente a pruebas como éstas no es posible recurrir al pensamiento lógico. La razón puede hacer derivar de las apariencias lo que ella quiera; cuando se enfrenta al origen mismo, se asombra y se estremece.

El día extremadamente diáfano de Pan recuerda a la luz de Apolo, del que fue maestro. Los ámbitos que presiden ambos dioses son distintos y separados entre sí, de forma que una relación tan estrecha y profunda como la de maestro y discípulo puede parecer extraña en ellos y se plantea la pregunta de qué es lo que Apolo aprendió en la escuela de Pan. Pan es un dios présago. En el templo de Acacesio, en el que arde un fuego perpetuo, posee un oráculo con la ninfa Erato como sacerdotisa. Pan es médico, es curandero, en sueños anuncia el remedio, es el liberador de Troizen, donde a los durmientes les da instrucciones que curan la peste. Como présago y médico curandero no se aleja de su ámbito; estos dones están inseparablemente unidos a él y lo curativo que se hace reconocible en ellos brota de los poderes que siempre tuvieron los pastores, entre los que hubo adivinos y médicos naturistas. El arte del presagio estaba incluido en las clases que impartía Pan a Apolo. Según los antiguos, este arte podía aprenderse hasta cierto punto, puesto que el significado de los signos presagiados es fijo, se adquiere con la experiencia y se afianza con el ejercicio práctico. Pero lo que no se puede aprender es el don de la videncia, la capacidad de vidente, puesto que se basa en una predisposición natural. Este don lo poseen ambos dioses. Hay que entender el magisterio de Pan en el sentido de que posee la disposición original, de que posee la inmediatez de la visión. En él, el espíritu del presagio se localiza en sus ollares; es una videncia husmeante; en Apolo se manifiesta en la frente y en los ojos. El poder de videncia de ambos dioses procede de diferentes disposiciones, en Pan de un conocimiento elemental de la naturaleza, en Apolo de la espiritualidad del entendimiento. Éste no descansa en sí mismo, es inseparable de la visibilidad del espíritu de la naturaleza y para madurar necesariamente tiene que partir de él, basarse en él. Esta situación define la posición de un dios con respecto al otro. Lo que vimos en las relaciones entre Pan y Deméter, se repite en otro ámbito entre Pan y Apolo. El magisterio de Pan no se limita al presagio, ya que éste, como coronamiento de un saber divino que los dioses otorgan a determinados hombres, no es una materia que pueda ser enseñada por separado y carezca de relación con otro saber. Pan y Apolo no se encuentran sólo como videntes, sino también como danzantes, médicos y dioses inspirados por las musas. Las musas mantienen una estrecha relación no sólo con Apolo, sino también con Pan. Todo aquello que Apolo lleva a cabo en este ámbito tiene su origen en Pan.

También lo dionisiaco se genera en lo pánico, pues Dioniso no puede existir sin Pan. Como la vid y la hiedra, como los animales sagrados de Dioniso proceden del mundo salvaje, así el poder de Dioniso remite a la naturaleza salvaje. Dioniso, sin embargo, y esto lo diferencia de Pan y lo acerca a Deméter, es un custodio. No es un dios del mundo salvaje sino un dios de los suelos prolíficos, y de los más prolíficos. La vid es una planta cuyo cultivo requiere sumo cuidado, el celo más incansable, y la viña es impensable sin el viticultor. No es la función de Pan cuidar de la vegetación, cultivar plantas y criar animales y ennoblecerlos. Él representa la exuberancia libre, salvaje y silvestre, y no interfiere en el crecimiento; modifica la tierra pero no el suelo. Ahora bien, al intervenir Dioniso en la vid, ésta cambia y se torna más dulce y ardiente. En el reino de Pan crece la vid salvaje, en el de Dioniso la vid se cuida y se pasa por el medidor.

Pan provoca la germinación; el pie de Dioniso que pisa suelo pánico lo multiplica. En Pan se hace patente el ciclo natural que se basta a sí mismo, que carece de conciencia sobre sí mismo, en el que no hay ni historia ni drama. El tiempo se limita a pasar y no hay cambios ni se los necesita. La luz va y viene, y el florecimiento y la marchitación se suceden sin fin. En este mundo no existe conciencia de la muerte, ni aflicción, ni recuerdo. Tampoco existe una mirada a la que haya de enfrentarse como algo extraño, pue la mirada de Pan no es más ni menos que el espejo de su ser, su reflejo y su destello.

Él, el primero en ser adorado por los pastores de vida ruda y simple, se extenderá más tarde sobre el universo convirtiéndose en su dios y señor según oscuras enseñanzas. Pero, llegados a este punto, no seguimos adelante, puesto que aquí se diluye la mirada y con ella la figura del propio dios. El acontecer se torna simbólico, dios mismo se convierte en un envoltorio de conceptos, en principio universal.

DIONISO

La preocupación del hombre, su esfuerzo y sus cálculos se encuentran dentro del tiempo; en su miedo y su temor el tiempo le acosa, en la carencia y en la penuria. Está ligado al tiempo de su existencia y no logra desembarazarse de él. No le ayuda en absoluto medir ese tiempo exterior único, infinito e infinitamente divisible con precisión cada vez mayor, pues se hará dependiente de estas mediciones, tan dependiente que su propio tiempo interior vendrá medido con precisión y exactitud por el exterior. No tener tiempo es la forma más miserable de pobreza y, también, la más implacable, tanto si descansa sobre una presión externa como si surge de una necesidad interna y sentida.

Dioniso

Pan no se encuentra sujeto a ningún cálculo de tiempo, a ninguna partición del tiempo; de todos los dioses, es el más ocioso. Es el cazador y caminante arcádico y Arcadia es el origen, su naturaleza virgen y ociosa poblada de paisajes nínficos. Pan y el territorio de Pan se corresponden fielmente, y el dios siempre está en el lugar adecuado para él. Vive en un espacio en el que nuestra conciencia del tiempo no tiene validez; la carencia, la preocupación y la penuria no le afectan. No conoce esas formas de las malas épocas que nos atemorizan y, puesto que es uno con el origen, no entra en nuestra secuencia, en nuestra medición del tiempo. Este origen es, con respecto al espacio, la naturaleza salvaje. De ahí que al hombre que tiene acceso a la naturaleza salvaje le resulte fácil acceder al dios. Donde esta relación se halla extinguida en el hombre, el dios ya no se muestra. Un hombre sin ociosidad no puede aportar experiencia alguna del dios. Pan evita amplias zonas de la vida humana, las ciudades y el mundo del trabajo del hombre. Es insociable y ama la soledad. Luminosos, dorados e inalterados son sus días, porque ni empiezan ni acaban.

La ociosidad de Dioniso es diferente, como diferente es su relación con el tiempo, que por medio de él llega a nuestra conciencia de modo que nos liberamos del tiempo. En Pan lo apolíneo y lo dionisiaco todavía están unidos, por ello es el maestro de Apolo y el padre adoptivo de Dioniso, por cuyas fiestas se siente irresistiblemente atraído. Pero cuando los grandes señores del séquito se encuentran y reúnen, también se vuelven a separar y distinguir unos de otros; sólo se cruzan en la procesión de la fiesta dionisiaca. El lugar de su encuentro es el origen; el espacio en que se encuentran es la naturaleza salvaje, los territorios yermos, la zona de bosque, la tierra rocosa. El acechante y vigilante Pan, que escucha desde lejos el alboroto de las Ménades, se dirige hacia la comitiva, se mezcla en ella y la acompaña. Saborea el poder de la fiesta, después la abandona y se retira a sus cotos intransitables. El carácter festivo de Dioniso le impresiona, pero su reino no es el del dios del vino, al que no sigue hasta la ciudad, y así como se juntan en un origen común, también acotan sus ámbitos de poder.

El reino de Pan es anterior a todo tiempo, pero Dioniso representa la inversión, el cambio del tiempo. Por esta razón es el que altera y saca al hombre de su lugar, poniéndolo del revés y desquiciándolo, anulándolo y haciéndolo pedazos. Es un alterador porque se hace notar de forma súbita, repentina, sorprendiendo, transformando al hombre con un solo golpe de su enorme fuerza, quebrando la resistencia que se le opone. Esta resistencia se basa en la temporalidad de la vida humana, en su armazón temporal, que obra por medio de leyes, reglas y hábitos fijos, por el uso y la costumbre, por el ritmo del día y del año. Todo esto, esta vida ordenada por las mediciones del tiempo, consolidada y tranquila, topa de súbito con la resistencia del dios, que se rebela contra ella enfurecido desde las profundidades insondables del delirio y el desvarío. Irrumpe en la paz profunda de la vida. Quién no alabaría a las hijas piadosas de Minias, a las buenas esposas y madres que cuidaban de la casa y de los niños y tejían hilos plateados en sus telares. Creaban y se afanaban en la tranquilidad, en la casa acomodada, de telas profusas y fragantes, tan amada por Hestia. Pero, ¿qué les sucedió por no seguir la llamada del dios? Las parras y la hiedra cubrieron sus telares y del techo goteó el vino y la leche. El delirio se apoderó de ellas y se echaron a suertes a sus propios hijos, descuartizando al de Leucipe y devorándolo. La paz de la casa se trastocó y se transformó en sangriento delirio. ¿Qué es el telar, qué es la tejedora, qué el tejer y qué lo que incita al dios furibundo en contra de ellas? ¿Acaso las tres hijas de Minias no recuerdan a las moiras, a la hilandera Cloto, la medidora Láquesis y la cortadora Átropo? ¿En la imagen del telar no están comprendidas las mediciones del tiempo, que el dios no reconoce, que anula con su ser? De repente lanza el fuego del delirio sobre las madres que tejen, crean y atienden sus telares, que se levantan precipitadamente y empiezan a delirar. Cuando llega el alterador, cuando empieza la inversión, lo que éste hace es despedazar el tejido del tiempo y entonces quedan sin efecto su orden y su sentido, basado en este tiempo; ya son sólo espectros que se deshacen en el aire como un humo que pasa. Entonces el ser ordenado en el tiempo, tejido con los hilos del tiempo, se torna vacío y hueco, y da comienzo la fiesta de Dioniso, transmutador del tiempo. Ese bello orden de la vida del hombre que también agrada a los dioses del Olimpo, que lo custodian y lo cuidan con benevolencia divina, no significa nada para Dioniso. Él irrumpe destructor en el orden de la casa que se encuentra bajo la protección de Hestia, impele a las buenas esposas a salir de sus aposentos y las provoca hasta que matan a su propios hijos. Leucipe descuartiza a su hijo Hípaso, Penteo es despedazado por su propia madre. Parece como si precisamente aquello que une más profundamente al hombre con el futuro, lo que la madre ha criado y alimentado afectuosamente con su leche y su sangre, esté destinado al ocaso. El dios no respeta el parentesco de sangre, ni el matrimonio y la familia puesto que la ira menádica penetra en todas aquellas relaciones que no la secundan, deshaciéndolas y despedazándolas. Para el hombre dionisiaco no existen ni el pasado ni el futuro. Ante la embestida del dios, toda la construcción que han erigido los hombres tiembla y la propia *polis* antigua parece tambalearse y estar próxima a hundirse; tiende a su ruina como la casa de Cadmo. Los palacios se precipitan y una columna de fuego se eleva de la tumba de Sémele. Aquí se produce uno de los grandes momentos de cambio. Al igual que en la caída de los titanes, también en la caída de Prometeo todo se halla revuelto y el estremecimiento sigue resonando y retemblando.

Con la aparición del dios que sale de las profundidades primigenias, se hace patente la fragilidad de todo orden en el que los hombres creen poder mantenerse. La construcción artificial y artificiosa de la que dependen, en la que creen sentirse seguros y protegidos contra lo elemental, posee sólo una solidez aparente y cuanto más se la impermeabiliza y cierra, cuanto más el hombre se instala en ella, tanto más amenazado está. Todos los dispositivos de protección que aseguran el orden encierran algo pernicioso; así como las escolleras y los diques aumentan la acumulación y la presión del agua, y toda costumbre pretende evitar aquello sin lo que finalmente no puede existir y cuya eliminación acabaría con ella misma, así la vida asegurada que intenta hacerse estanca frente al origen es presa de él, es arrastrada hacia abajo y hacia él, al sueño y a la noche, a la ebriedad y la muerte. Para la conciencia despierta, ordenadora, la embestida del dios se presenta como un proceso en el caos, un movimiento caótico que rompe con toda medida racional. Quedan revocados aquellos límites y medidas que consagra la espiritualidad de Apolo, y se hace patente que requieren esta revocación si no desean convertirse en envoltorios vacíos y huecos, como las crisálidas de las que salió la mariposa de la vida. De ahí que la contraposición que parece darse entre lo dionisiaco y lo apolíneo se convierta en una unión que se hace visible en el lugar de culto compartido. Ambos dioses son hijos del mismo padre, y Apolo no puede existir sin Dioniso, como tampoco Dioniso sin Apolo.

Todo orden en la vida humana es cuestionable. Lo que ha sido creado es susceptible de irse a pique y ser presa de la destrucción oculta en él, igual que la ruina está en toda obra de construcción. Cuanto más sujeta al tiempo está la vida, tanto más cuestionable se torna, ya que resalta con más nitidez su condición transitoria y caduca. Ahora bien, en Dioniso no hay nada cuestionable, perecedero ni caduco. Es el tiempo el que conduce al hombre como sobre una cuerda hacia la muerte, hacia el final ineluctable de toda criatura que se hunde en el

Dioniso

Hades. Dioniso exime al hombre del tiempo, su fiesta lo libera del tiempo. La muerte no tiene poder sobre el dios; la naturaleza de su fiesta consiste en que se suprimen los límites con el Hades, que el oscuro reino de los muertos que está aparte desaparece y queda incluido en ella, que los vivos y los muertos se funden en la fiesta.

El hombre no puede vivir sin fiesta; sin fiesta, decae. La necesita como necesita la comida, la bebida y el aire que respira. Por su carácter, la fiesta es la eliminación de las mediciones por las que el tiempo ejerce su poder sobre los hombres. A ella le pertenece la exuberancia que se derrocha. Ahora bien, la abundancia no se genera, como piensan muchos, por actos continuados de ahorro y prevención; se da sólo allí donde se anulan en esencia el ahorro y la preocupación. El que ahorra y se preocupa no podría asistir a una fiesta si no poseyera la fuerza para anular esa condición suya, si no se hiciese festivo de acuerdo con su ser. No es la previsión la que le conduce a la ebriedad que le sobreviene durante la fiesta. La sobreabundancia no procede de los medios con los que habitualmente se celebran las fiestas, de aquellos medios que el hombre ha ido acumulando a lo largo del tiempo a partir de los excedentes, que reúne con cuidado y cálculo, como defensas contra la penuria que le amenaza por todas partes en razón de su condición temporal. Sin el hombre festivo, estos medios están muertos. El avaro que se muere de hambre y crea un desierto a su alrededor no sabe nada de la fiesta, porque en él todas las medidas del tiempo se han congelado. ¿Cómo podría, por mucho que se esforzara, conseguir la sobreabundancia contra la que se rebela todo su ser? ¿Cómo podría acceder a una fiesta aquel que no renuncia a su memoria, por la que se mide el tiempo, que no quiebra el orden de sus sucesiones? El olvido forma parte de la fiesta, pero no como un acto de la voluntad por el cual el hombre se sobrepone a la conciencia que lo atormenta; es la compañía de la ebriedad, que se fusiona con la inversión, la que anula el tiempo en la conciencia. La ebriedad es la correspondencia de la exuberancia que se instaura en el momento en que el hombre se deshace del tiempo y se olvida de sí mismo.

Pero la fiesta evidencia todavía algo más. La vida y la muerte están tan íntimamente ligadas que no se puede concebir la una sin la otra. La muerte sólo se acredita frente a la vida y no existe fuera de la vida. No puede concebirse por sí misma, sin conexión alguna con la vida. Así como no puede haber vida sin muerte, sin muerte no hay vida. Ambas son uno, y aquel abismo profundo e inconmensurable con que la imaginación las separa es mera ilusión, una apariencia inconsistente que también desaparece ante la mirada carente de temor. Es el tiempo el que provoca la separación, y el temor a la muerte que devasta la conciencia procede de una concepción del poder separador del tiempo, de los límites por los que se halla separado el reino de los muertos. Este reino exterior de los muertos está también en nosotros, y el tiempo mismo presupone el Hades que lo anula. Dioniso abre las puertas del Hades, de un empujón abre de par en par las puertas del reino de los muertos. El lugar en el que esto sucede es el lugar de la fiesta dionisiaca. Eso es lo que dicen las palabras aparentemente oscuras de Heráclito. Esta procesión, esta canción del falo, dice, serían desvergonzadas si no estuviesen dedicadas a Dioniso. Porque el Hades y Dioniso, por el que alborotan y a quien celebran, son una sola cosa, añade. Toda fiesta de la vida es al mismo tiempo una fiesta de los muertos y de la muerte; sin anulación del tiempo, el hombre no se hace festivo, y no anula el tiempo si no elimina las fronteras del reino de los muertos. De ahí procede la exuberancia que afluye a él, de ahí la ebriedad. En las fiestas se percibe la proximidad de los muertos. Y en la corona, en la fiesta de todas las fiestas, en la gran fiesta de Dioniso, están completamente unidos con los vivos y aportan su contribución a la fiesta. Dioniso es un dios

Dioniso

exuberante; la riqueza que aporta y dilapida brota de la apertura del Hades, se genera por la anulación de las limitaciones a las que está sujeta la vida, que es pobre porque es temporal. De ahí que sea errónea la opinión de que esta fiesta surgió a partir del miedo a la muerte. El hombre no puede ser festivo a partir del miedo. En relación con la muerte, nada está menos atenazado por el temor que la ménade, que participa en la fiesta. Nada más alejado de ella que el impulso de autoconservación, que convierte al hombre en precavido, mezquino y ahorrador. Aquí no se perdona nada y el ojo es ciego al peligro que teme el hombre prosaico, el cuerpo no siente el dolor. El miedo a la muerte sólo puede sentirlo el individuo que es consciente de su aislamiento y su separación, pero no el que ha sido acogido en la comunidad de la fiesta dionisiaca, puesto que en ella ya no hay individuos. Hades y Dioniso son uno y el mismo. ¿Cómo podría surgir el miedo entre ellos? Esa certeza y la ebriedad son, de nuevo, una misma cosa.

Siendo así, la veneración del Dioniso infernal es parte indispensable de todo culto dionisiaco. En el tercer día de la fiesta de las Antesterias, el día de las ollas, se rendía culto a Hermes, conductor de los muertos, consagrándole ollas con legumbres cocidas; se celebraba el renacimiento y el enlace de Perséfone con Dioniso, y se llevaba a cabo su matrimonio con la esposa del *arconte basileus* reinante. Dioniso, como señor del Hades, está en relación con Hermes, el conductor de los muertos. Hermes ya aparece como guardián de su temprana juventud; es Hermes quien conduce al muchacho hacia las ninfas de Nisea, que lo crían en una cueva. Hermes y Sileno, considerado hijo de Hermes, son sus mentores. También es Hermes quien convierte en aves nocturnas a las hermanas Leucipe, Alcítoe y Arsipe, que habían descuartizado a Hípaso. Así como el vuelo espectral de Hermes va desde la tenebrosidad de la noche hacia la luz, de la oscuridad hacia la claridad y luego regresa, así la procesión de

Dioniso va desde el reino de los muertos al mundo del sol, y desde la luz regresa al Hades.

Dioniso, que da un viraje al tiempo, es el dios mutante que transforma a los hombres. Todos los dioses se sirven de las transformaciones, sobre todo allí donde se aparecen al hombre, que soporta con dificultad mirarlos directamente. Todos ellos poseen además el poder de transformar al hombre. Pero la capacidad de Dioniso de transformarse y mutar forma parte de su ser; es el dios del devenir y su placer por las transformaciones es el devenir que fluye y por el cual se comunica. En su juventud muestra un parentesco con Pan. Su relación con las ninfas, su vida en las cuevas, su satisfacción por el ruido y algunas cosas más lo acercan a Pan. Cuando Zeus lo transforma en macho cabrío, adopta enteramente la figura fálica del Pan transformado. En sus formas hay algo incierto y fluctuante. Incluso su sexo es incierto y tan poco evidente que se pudo tomar la decisión de educarlo como una muchacha. Esta fluctuación de la figura es algo propio del dios, que aparece como en devenir. Al separarse de la naturaleza pánica y hacerse independiente, se muestra en su máxima belleza juvenil, que tiene algo tierno, suave y femenino; una belleza sobre la que se ha derramado un hálito de ebriedad, entusiasmo y delirio. En él se hace patente el delirio. El acontecimiento que hace visible su condición es el delirio en el que le ha sumido Hera, y su errar por países extraños y lejanos, a los que le empuja este mismo delirio. Zeus, que da a conocer su amor de padre hacia el hijo bajo la forma de la participación, le envía un tigre. En la paradoja de su cambio, ahora madura a través de su locura. A partir de este momento, va errando en compañía de su comitiva y séquito, rodeado de mujeres enloquecidas, de las hordas y los coros de bacantes, ménades, tíades, clodones y mimalones que le acompañan haciendo ruido, danzando, cantando y tocando flautas, tambores y platillos, además del tropel de Selene y los sátiros, y de los animales que se unen al séquito o tiran del carruaje del dios, leones, tigres y linces, que también son los animales del Pan envuelto en piel de lince. El sátiro, la Ménade, la fiera conforman el séquito del dios. Con ellos cruza los países extendiendo su poderío, introduciendo el cultivo de la vid, difundiendo la ciencia de los frutos, fundando ciudades e impartiendo leyes, unas leyes que guardan relación con el desarrollo de su culto, con sus fiestas y celebraciones.

Dioniso ama las transformaciones zoomorfas. Se muestra ante todo como león o toro. En estos animales se evidencian los dos lados de su ser, que siempre tiene algo de doble, de inversión de rostros. El león, al que en el ámbito dionisiaco corresponden el tigre, la pantera y el lince, y el toro, representado por el asno y el macho cabrío, son figuras de una fuerza y un salvajismo indómitos. En el león se unen la fuerza destructora, la flexibilidad y la avidez impetuosa de sangre; es el cazador y el devorador, y, en un sentido más específico, el antropófago. Por su fuerza se le compara con los reyes y el sol, pues del mismo modo que éste es señor de los planetas, él es el señor de los animales. La fuerza del toro se manifiesta en la cerviz y en el lomo, en la testa inclinada hacia el suelo, en los cuernos que escarban la tierra. En él se hace visible la fuerza del sexo, en el cuerpo y en el impulso ciego, cegador, que estalla en locura y destrucción. Es el animal de la tierra, un animal ctónico, y cuando se encarna en él Dioniso muestra su máximo poderío, puesto que en esta última figura sucumbe a los titanes que lo rodean en gran número y que lo despedazan. En la figura del toro, Zeus es en cierto modo dionisiaco; en él se halla prefigurado el hijo Dioniso, así como Ariadna recuerda en algunas cosas a Europa. Otro animal que aúna lo doble, lo contradictorio, es la serpiente. La serpiente apolínea, el animal del sol y de la luz, se diferencia de la serpiente dionisiaca, que es conducida en una caja en ocasión de la fiesta trietérica de invierno. Es el animal terrestre que surge del medio húmedo. La serpiente, animal sagrado de Dioniso, es el animal de la reversión y del regreso que se enrolla en forma circular y anular.

La figura cambiante de Dioniso se repite en el fruto de la vid, en el zumo de uva que a partir de su dulzura va madurando, burbujeando, fermentando, efervescente como una turbulencia, a través de diferentes etapas, hasta convertirse en el fuerte y noble vino. En él se aúnan el fuego solar luminoso y el subterráneo fuego oscuro, y de esta unión procede su nobleza, su fuerza. En el vino se encuentran el león y el toro Dioniso, y los poetas cantan al vino llamándolo león o toro, y con estos animales lo comparan. Su relación con el dios ya se hace patente en el proceso de pisar y triturar la uva, en la decantación, en el sufrimiento al que se somete a la cepa antes de que empiece a henchirse, a madurar y a despedir aroma en el vino. Se hace patente en el efecto que tiene la bebida madurada, dulce y poderosa, cuyo poder de quitar las penas, de embriagar y de trastocar corresponde al dios. A quien no le gusta el vino tampoco le gusta Dioniso. En su fuego, en su fragancia espiritosa se comunica el propio dios prolífico. Anima y alegra, induce al canto, al baile y al placer, procura que los miembros sean ágiles y libres. Al mismo tiempo, muestra su fuerza profunda y violenta. Dioniso con cabeza de toro entra en el círculo de los bebedores, de los amantes de las serpientes, en el círculo de aquellos cuyas venas están inundadas de un fuego oscuro, salvaje y desgarrador. El bebedor recorre todos los estadios del olvido, todas las transformaciones. Se libera de su temporalidad, de su memoria, y la preocupación, la pena y el dolor acaban en nada. El dios le acompaña desde la dulce y fogosa vivacidad del principio hasta el sueño mortal de la pérdida de conciencia.

En la obra *El cíclope*, de Eurípides, Sileno ensalza el vino como despertador de la vida, diluyente del sufrimiento, un estimulante para bailar que invita a los sexos al amor y al placer. A los sobrios que no gozan con la vid los tacha de locos, mientras que él expresa su deseo de precipitarse, como desde un acantilado, en el dulce y feliz dormitar de la embriaguez. En esta comparación, la ebriedad es como un mar en el que todas las aguas pierden su forma, su contenido; se relaciona a Dioniso con el elemento del que emerge y en el que se sumerge y desaparece. El dios se asemeja al agua que se mueve y cambia sin cesar. El manantial, el arroyo, el río cambian. Nadie puede cruzar el mismo río dos veces y así como el río, Dioniso se halla en un movimiento sin fin que comprende el cambio y la transformación. Asemeja al mar en el que todos los ríos y corrientes se fusionan y se hacen uno. Es el dios del mar que derrama ebriedad; la embriaguez que dispensa se parece al mar, según palabras de Sileno.

En *El cíclope*, la figura de Sileno ha sido llevada totalmente hacia lo cómico; es un anciano gordo y calvo, con un odre de vino, que siempre está ebrio y mantiene una jovialidad subida de tono. Pero también este maestro y acompañante inseparable de Dioniso, señor de los silenos, de los sátiros y satiriscos, y conductor de todos los servidores del dios que muestran los atributos de éste, la flauta, el tirso, la parra, la copa del licor; este anciano ebrio posee una doble naturaleza. Las máscaras y las imágenes lo muestran ora como un paposileno extremamente peludo y animalesco, ora como un sátiro imberbe y juvenil, ora calvo y con el rostro aplastado, ora con un rostro más chato y con crespos cabellos. Sus rasgos cómicos consisten en que su jarra tiene un asa completamente gastada, la corona le cuelga torcida de la frente, a duras penas se mantiene en pie y sólo aparece en posición yacente, durmiente, tambaleante o cabalgando sobre un asno y parcialmente apoyado en unos sátiros y llevado por ellos; aúna su propensión al descanso, típica de su edad, con el deseo de bailar y cantar. Pero en su imponente corpulencia, excesiva y aparentemente frágil, vive el espíritu del supremo presagio, y él, que desconoce todo esfuerzo y preocupación, todo deseo de posesión y de bienes, penetra con su mirada la oscuridad del tiempo. Es hijo de Hermes, conductor de los muertos, y es el anciano dionisiaco y profeta que, como la edad senil anacreóntica, ama el vino y las rosas. Si durante la embriaguez se le ata con coronas de flores, se le puede obligar a profetizar. Así es capturado y encerrado en los jardines de rosas del rey Midas, donde pronuncia esa oscura sentencia acerca de la vida de los hombres. Más tarde se hablará del sentido de estas historias.

El dios, que cambia y se transforma, no adopta sólo apariencias zoomorfas, sino que también se muestra caminando entre la multitud festiva, cubierto por un ropaje bajo el que cabe sospechar su presencia aunque su ser esté allí envuelto de un modo irreconocible. Llega disfrazado, como un dios con máscara, como el enmascarado Dioniso. Por todas partes se encuentran sus máscaras, que a menudo son de tamaño colosal y constituyen una especie de envoltura de su ser, en la que se introduce y de la que sale. Es el dios de las metamorfosis. Suyos son los cambios, los disfraces, las mascaradas, y también le son propias la apariencia cegadora, la ilusión óptica y el desconocimiento, como la capciosa Maya de los dioses indios. Se dice que el dios estuvo en la India, que regresó de la India. El dios con máscara da a conocer, como la máscara misma, una duplicidad. La máscara oculta y revela. Es encubrimiento, una forma rígida e inerte que sólo deja pasar la luz y el aire a través de la rendija de los ojos, de la cavidad de la boca. La máscara retiene el instante de la vida petrificada, el instante de la vida que se ha detenido, inamovible, y que, detenida con violencia, se desfigura de un modo fantástico y demoníaco. En sus rasgos puede haber miedo, asombro, sorpresa, pero siempre una extrañeza de la que emana un estremecimiento capaz de conmover al hombre en lo más profundo. La máscara es un rostro y ha sido formada para el rostro, pero no es una imagen, no es una copia que pretende la semejanza individual, pues el hombre con máscara no se reproduce a sí mismo ni a otra persona sino al dios. El vaciado de un rostro vivo o muerto, aunque se llame máscara, no es tal, sino que es una copia y, por lo tanto, tampoco se utiliza como máscara. La máscara disfraza y oculta la individualidad de su portador, hace irreconocible a todo aquel que se oculta tras ella. Este disfraz no tiene una finalidad en sí mismo pues no pretende hacer irreconocible una individualidad, no busca esconder los rasgos característicos del rostro tras una careta. La máscara revela y está destinada a hacer visible y patente algo, pero no al hombre empírico sino al rostro de los dioses ctónicos, a los que imita el portador de la máscara. Las máscaras no surgieron con motivo de una broma ni una mistificación, para reconocer sus orígenes debemos prescindir de los rasgos cómicos que se han adherido a ellas, porque las máscaras encubridoras no están al servicio de la diversión sino de la imitación reveladora del dios. La máscara y el falo que se pasea en las procesiones celebradas en honor a Dioniso guardan una relación: la máscara evidencia la vitalidad fálica. Estas procesiones marcan el inicio de la naturaleza bufonesca que se ha propagado por todas partes y que no niega su origen dionisiaco. Bajo la máscara de su bufonada el bufón es hombre dionisiaco, es el señor del mundo invertido, al igual que Dioniso. Desde las Dionisiadas, pasando por las Saturnalias romanas y el *Festum Stultorum* o el *Festum Fatuorum*, la verdadera fiesta de los bufones de la Edad Media, llega hasta el presente la esencia bufonesca.

Puesto que es un dios que se transforma y que transforma a los hombres, Dioniso también es un gran mago. No lo es en el sentido ordinario que se atribuye a la magia, no es uno de esos magos que practican la prestidigitación ni tampoco un mago que por medio de conjuros y fórmulas, de un poder mental adquirido, domine y violente la naturaleza. No son éstas las operaciones que lleva a cabo. Invierte y transforma al hombre desde dentro. No sólo aparece con las figuras más diversas, también se sustrae a los intentos de asirlo, y a quien lo pretenda lo aturde por medio de bufonadas, engaños y coloridas ilusiones. Así mismo, con un engaño, logra arrastrar a Penteo, que se le resiste, fuera del palacio y hacia la muerte. Cuando navega hacia Naxos en el barco de los piratas tirrenios que pretenden venderle como esclavo, se transforma en un león, convierte el mástil y los remos en serpientes, recubre la nave de hiedra y la llena de un ruido de flautas ensordecedor, hasta que los navegantes, acometidos por la locura, se precipitan al mar y son transformados en delfines. Con él todo pierde su forma original en virtud de un encantamiento y se convierte en otra forma. El poder de encantamiento del dios reside en que él es el otro. Al hombre, que no sabe nada de él, lo encierra en figuras ilusorias y en alucinaciones, se apodera de su imaginación de forma que ésta confunde las cosas. Dioniso que navega en el mar es un encantador tal y como está representado en el vaso de Exequias. Ingrávido, ligero, se desliza con su barco por el mar. Exuberante, una vid brota hacia lo alto desde el barco de madera que lleva al dios. Lo envuelve el silencio del elemento y ni una brisa mueve las aguas que, dichoso, surca con su barco. En el acontecimiento hay algo de fabuloso. Con su barco y su carro se desplaza por un mundo de ebriedad encantada con la maga Ariadna, que en su cabeza luce la corona del mar y las estrellas.

 Dioniso crece y mengua. Se hincha y madura hasta que empieza a resplandecer y a irradiar. Cuando se aproxima, las cosas brillan, un resplandor las recorre, el aire tiembla. Seguidamente, va perdiendo de nuevo fuerza y se va alejando. Por último desaparece y es preciso llamarlo. Abate a los titanes y es desgarrado por ellos. Muere y renace. Se encuentra en perpetuo devenir, engendrando, fecundando, interviniendo en el crecimiento, en la flor y el fruto. En el constante movimiento sin fin del tiempo que es divisible y mensurable, se sustrae al hombre; aparece con el cambio de época, en el que se anulan las fronteras con respecto al reino de los muertos. No siempre está ahí presente, sino que recorre los campos como la primavera. Eso lo diferencia de Apolo, que es omnipresente y pura presencia, un dios de la existencia al que no le importan el placer ni el esfuerzo del devenir. Apolo no tiene un séquito y su figura no admite anexos ni añadidos. Es el más plástico de los dioses. La figura de Dioniso no evidencia esta solidez plástica, no admite que el cincel la resalte de la piedra redondeándola, al menos no en las imágenes del Baco indio, en las que se lo representa con barba, en actitud de dignidad y sabiduría, con abundante cabello y ricamente ataviado, ni en las representaciones del dios juvenil, en las que aparece ensoñador, suave, delicado y en la floración del cuerpo.

El solitario no es un servidor de Dioniso. No puede serlo, Dioniso es un dios que une. «Hércules es como un príncipe, Baco un espíritu comunitario», así lo define Hölderlin en una versión tardía del himno *El único*, y es una definición acertada. Heracles es la imagen primordial del príncipe en su fortaleza viril, es el Zeus de los semidioses que reproduce al padre con inconfundible semejanza. Dioniso, sin embargo, es espíritu comunitario. No adviene para establecer el límite y la medida de cada uno. Anula la individualidad y la conciencia por medio de la cual ésta existe. No llega solo sino con su horda y su séquito. Y no se dirige al individuo sino a los pueblos. No extiende su soberanía a través del rodeo de los sabios, cuya sabiduría reside en el discernimiento; no se dirige al entendimiento y a la razón para que lo reconozcan como señor. No llega silencioso sino haciendo ruido y escándalo, con el retumbo de los tambores y el sonido desgarrador de las flautas, llega como triunfador por la *via triumphalis* de su procesión y se le oye desde lejos. Es inquietud lo primero que provoca su llegada, una inquietud que actúa en los hombres y empieza a cambiarlos. Todos los trabajos y actividades habituales se detienen y se paraliza el proceso de los quehaceres, que está determinado por el tiempo. El estruendo de los instrumentos, el ruido de las ménades, los gritos inconscientes acaban con toda resistencia. Del mismo modo que el estrépito fálico de Pan, que ahuyenta a los titanes con sus sonidos primordiales, tiene algo de espantoso, así el ruido dionisiaco estremece al hombre, narcotiza y desgarra la memoria, penetra la conciencia con ondas de ebriedad. El dios instaura en la emoción una contradicción profunda que se va extendiendo agobiante, insoportable y desgarradora. Si el hombre se resiste al dios recurriendo al orden y a lo establecido, deberá reconocer que esto no le brinda protección alguna. No se consigue liberar de la espina que le ha herido. Una insaciabilidad, un desasosiego y una ira abrasadora lo recorren como fuego. La sensación de haber perdido algo, de haber sido engañado por la ilusión del tiempo, y la sensación de entender este engaño, de liberarse de él, son dionisiacas. La vida que se vive separada del dios se siente trivial, hueca y vacía. El dios despierta múltiples sensaciones contradictorias. Dioniso es el vaso que se desborda y el vaso que se rompe. Tienta al hombre y lo pone a prueba, sondea los altos y los bajos, y nadie sabe tan bien como él transformar el dolor en placer y el placer en dolor, nadie domina ese arte tanto como el lagarero Dioniso.

Anula la diferencia y derriba las barreras. No separa ni diferencia, reúne. Por su naturaleza es un espíritu comunitario. El ditirambo es impensable sin el cortejo dionisiaco. Es el señor del teatro, que es asunto de la *polis* y que está sostenido por el *demos* entero con sus pasiones. Los poetas, los actores, los coros y los espectadores forman una unidad que no vuelve real sin la comunidad dionisiaca. Las representaciones teatrales forman parte de la fiesta de Dioniso. La fiesta es espíritu comunitario, empezando por las modestas fiestas regionales en las que, en un pequeño cortejo, se exhiben el jarrón con vino, la vid, la canasta con frutas, el macho cabrío y el falo, hasta las grandes y suntuosas fiestas que celebra la *polis* con danzas de guerra, cantos, competiciones dramáticas, procesiones festivas, ágapes y bacanales. Por todas partes encontramos estas solemnes procesiones en honor del dios, imágenes del falo, frutos y coronas, por doquier máscaras, música, cantos y la competencia griega sobre quién celebra la fiesta más hermosa.

Pan acosa a las ninfas, las asecha con juegos del sexo y siempre va en busca del sexo. En él se manifiesta la violencia engendradora del impulso masculino, que persigue su placer atisbando, rastreando, cazando. La ninfa, que huye de Pan y a la vez lo adora, que ofrece sacrificios al sexo de Pan, pertenece al dios. Lo nínfico, tal y como se hace patente en la mujer, es el correlativo de lo pánico. La ninfa, que aparece como espíritu de los manantiales, de los pozos y los árboles, es todo sexo que ella misma a un tiempo custodia y otorga. Muestra su frescura, su inocencia, su desnudez y su belleza, pero también el lado oscuro de la naturaleza que absorbe, roza la locura, mata y arrastra hacia abajo.

Pan se acerca a las ninfas como acude a los manantiales y los prados, a los bosques y las aguas. Y cuando deja a las ninfas sigue deambulando, sin preocuparse por ellas, con la certeza de que volverá a encontrarlas. Ahora bien, la relación de Dioniso con las mujeres es diferente de la del rudo y viril cazador Pan. Criado por nodrizas y guardianas cariñosas, sin negar en su propia figura lo femenino, rodeado en sus procesiones de mujeres entusiastas, unido en un indisoluble afecto amoroso con Ariadna, Dioniso siempre se encuentra asociado a lo femenino. Las hembras son las primeras en sentir su poder, no importa dónde estén. Son ellas las primeras en caer presas de la agitación, pues son más sensibles a la proximidad del dios, cuya llegada presienten como panteras y linces. La relación que ellas mantienen con el tiempo y la muerte es diferente de la de los hombres. No son ellas sino los hombres los señores de la *polis* y son ellos quienes determinan el ordenamiento del tiempo en el que se inserta todo acontecer. El dios no quiere saber nada de este espíritu masculino que se aísla y que excluye o pone límites a la mujer. Su llegada no es aplicable al estado cimentado en la prevención y la capacidad masculinas, no es un dios de las reuniones de hombres. El cortejo triunfal que encabeza siempre es un triunfo de la mujer, que participa dominando en su fiesta. Su poder sobre la naturaleza femenina, a la que sacude poderosamente, no es el poder del legislador masculino y del *pater familias*. Tal y como en la epifanía del dios hay algo de andrógino, así también en su naturaleza. ¿Por qué las mujeres pierden la cabeza cuando aparece el dios? No porque les recuerde con más vehemencia y claridad el designio de su sexo sino porque las exime de este designio, las eleva por encima de él. La ebriedad que sobreviene a las mujeres guarda relación con su sexo, pero dista mucho de ser una ebriedad sexual. No buscan hombres: buscan y siguen al dios. No acuden al encuentro de un abrazo sino que desean formar parte del séquito del dios. Y en la medida en que el dios las ha tocado, se vuelven intocables para los hombres. La ménade no piensa en un hombre, es el recipiente del dios que este dios llena hasta hacerlo estallar. Su designio es ser el recipiente y el vaso del dios. Es el instrumento que el dios toca. Dioniso suelta las ataduras que la mantienen atada y la libera, anula su dependencia del hombre y la exonera de sus cadenas con la familia y el matrimonio. De ahí que desde lejos acudan a él en tropel y que al juntarse con él abandonen súbitamente a sus maridos e hijos, la casa y el telar, y como una bandada salgan de las ciudades para atravesar bosques, montañas y planicies, y para cruzar espesuras y ríos. Las vírgenes, madres y matronas están poseídas por la misma excitación. Tales hordas, que deambulan de aquí para allá hasta agotarse y desfallecer, no tienen nada de atrayente y el caminante que se encuentra con ellas, el pastor al que le llega este alboroto, inmediatamente percibe que se trata de un peligro amenazante. La horda en delirio inconsciente posee el más fino olfato para percibir los estorbos y las animadversiones, y se dirige con ira salvaje contra todo aquello que impide su avance. Sacudidas y espantadas por Dioniso, a las mujeres se les hace insoportable la tranquilidad, les impele a ascender, a salir. Salvaje y agobiante, el dios toma posesión de la ménade y ella lo secunda emitiendo un grito agudo o en silencio y con ojos llorosos. Tiembla con una excitación que rápidamente aumenta hacia la ira. Este delirio es el efecto que produce el dios en ella y que sólo se puede apaciguar poniéndose a su servicio. El vagar e ir a la deriva de la ménade constituye una de las piezas principales de este ministerio. La ménade es la hembra absuelta de toda determinación del tiempo que ha sido acogida en la comunidad de Dioniso.

El hombre se convierte en el propio dios. El entusiasmo dionisiaco comprende no sólo la comparecencia del dios ante el hombre y del hombre ante el dios, llega un momento en que ambos se funden en uno. El movimiento de la fiesta y del cortejo así lo evidencian. Este movimiento es imprevisible, es decir, ni persigue un determinado objetivo ni tiene una dirección fija. Parece imitar el vuelo de un enjambre de abejas que abandona su colmena originaria e irrumpe con salvaje zumbido, arremolinándose hasta que se solidifica en racimo. Y el enjambre, al arracimarse, parece imitar el movimiento por el que la vid se transforma en vino en razón de una tumultuosa fermentación. Pero aquí no se trata de imitación. La imitación no es transformación. La imitación de la transformación que lleva a cabo el actor dionisiaco sólo retiene en la memoria el proceso; el teatro griego es el lugar en que esto sucede. En el lugar de la transformación actúa el propio *numen*.

Sobre el espectador que se encuentra fuera de este movimiento, el revolotear sin rumbo ni dirección de las mujeres por el paisaje, sus distanciamientos y agrupamientos producen el efecto de algo desordenado. Ésta es la impresión que causa porque al observador le queda oculta la disposición de fuerzas de que aquí se trata. El enjambre es uno e indivisible, su desplazamiento no es individual sino anónimo y colectivo, y aunque se lleva a cabo con una profunda falta de conciencia está atento y es sensible, lleno de una fuerza de percepción penetrante de todo aquello que no le pertenece o incluso le es hostil. Y cualquier espectador es hostil para este movimiento, puesto que el acto de observar es enteramente adionisiaco. Tal vez estas mujeres apenas se perciban unas a otras. Se olvidan unas y otras de cualidades y relaciones que en circunstancias normales advierten entre sí. Estas cualidades, tanto si desunen como si unen, desaparecen. Se anulan las distancias. En ello reside la fuerza desgarradora del movimiento, en que destruye las distancias, en primer lugar, las temporales y, a una con éstas, también las jerarquías y los órdenes racionales de la vida, cuya estructura es temporal. En la comunidad de la fiesta dionisiaca se rompen las gradaciones. El dios está dentro del enjambre y lo dirige. El enjambre es el dios mismo. Las mujeres están en el dios así como el dios está en ellas. No es un procedimiento duradero. El dios vuelve a abandonar el enjambre y se arranca de él. Entonces finaliza el movimiento dirigido por el dios y el enjambre se desintegra.

Dioniso es el cambio de los tiempos. És la inversión. Se relata lo que sucede cuando llega un dios, se relata cómo se comporta el hombre con la llegada del dios. A Dioniso, que irrumpe arrollador como un torbellino, se le opone resistencia. El rey Licurgo ahuyenta a las fieles del dios y al dios mismo lo fuerza a huir hacia el seno del mar, hacia las profundidades, donde Tetis lo acoge afectuosamente. Según la *Ilíada,* esto encolerizó a todos los dioses contra el rey, Zeus lo cegó y ya no vivió por mucho tiempo. En el último canto de la *Odisea* se menciona la urna de oro que Dioniso regaló a Tetis en señal de agradecimiento por su acogida; en esta urna reposarán los huesos de Aquiles. Pausanias señala que en una pintura de un templo de Dioniso en Atenas se representaba el castigo de Licurgo. La resistencia con la que se encuentra el dios excita poderosamente su bullente juventud. A partir de entonces tendrán lugar sucesos terribles, asesinatos, atrocidades cometidas en estado de delirio, y los cultivos no darán frutos. Porque no se le adora en Argos, las mujeres matan a sus hijos y los devoran. El rey Licurgo mata con un hacha a su hijo, al que confunde con una vid. Encadenado por su pueblo, es conducido a la montaña, donde el dios ordena que sea despedazado por caballos. Una y otra vez se relata lo mismo: el infanticidio, el asesinato de la propia descendencia. También Hípaso y Penteo caen víctimas de sus madres. En correspondencia con ello está la infertilidad de los cultivos, el fruto que no se desarrolla y que se pudre. Al igual que Crono, que devora a sus propios hijos, la madre delirante mata y devora su propia carne y sangre. Actos como éstos son consecuencia de no reconocer al dios, que castiga este desconocimiento como un sacrilegio. Pueden considerarse represalias a consecuencia de la ceguera y la *hybris* de los hombres, como desagravios por una némesis. No obstante, a menudo parecen estar más allá de toda culpa, en el ámbito de una fuerza natural que irrumpe desde las profundidades y para la cual el hombre no está preparado ni armado. En el estado ménade, la mujer ya no es madre de sus hijos; un indicio de ello es que las nodrizas amamantan a crías de animales. Los animales, que se mezclan sin temor entre el séquito del dios, evidencian cuáles son los límites que el dios derriba.

La resistencia con que se topa Dioniso no es casual, es consecuencia de la violación de un comportamiento legal. No se transforma únicamente el individuo, es la *polis* misma la que es transformada. Tal y como lo muestra el primer logro de Licurgo, la resistencia es poderosa y por esta fuerza contraria lo triunfal aumenta con la aparición del dios envuelto en un fuerte fulgor.

Son las campañas, las batallas con las que afianza su reino; irrumpe sin mediación alguna y se abre paso con violencia. Ahora bien, si Dioniso tiene algo de guerrero, es un tipo particular de guerrero. Sus armas no son las que habitualmente se usan en los enfrentamientos, no son espadas, escudos, lanzas, saetas y armaduras. Su ejército no necesita ninguna de las artes de Ares con las que se arremete contra el adversario. No tiene nada que ver con una lucha entre héroes. Está compuesto de seres no armados, en su mayoría mujeres. No envía a la batalla a luchadores entrenados ni prudentes sino a delirantes inconscientes, presas de la locura divina. Pero este ejército escandaloso, desenfrenado, con sus flautas y sus platillos, es más terrible que cualquier tropa entrenada, y ante su ofensiva incluso la resistencia más pertinaz se derrumba. Este ejército está conducido por la fuerza sobrehumana del dios, que aniquila y desgarra a todo aquel que se le opone. Penteo, Licurgo, Hípaso son descuartizados; el propio cuerpo del dios es descuartizado por los titanes. No mata desde la lejanía con saetas de plata como Apolo sino como los tigres y las panteras que se encuentran en su séquito.

Como vencedor triunfante, adornado con los trofeos de la victoria, reconocible por su carro triunfal y sus insignias de triunfador, recorre los lugares. Al igual que el de Pan, su séquito se desplaza por los desiertos y los bosques; las ménades se precipitan zumbando como un enjambre a los ríos y a las arboledas. Pero Dioniso no es un dios de la naturaleza salvaje como Pan, ni rehúye, como Pan, las ciudades, sino que ama las multitudes en fiesta y las ciudades son los lugares en los que se ofrecen sus grandes fiestas y celebraciones. Al igual que Pan, siempre está en camino, pero su movimiento es diferente. Pan atraviesa el territorio desértico y, ora aquí ora allá, aparece inesperadamente como un ser fronterizo, sorprendiendo y asustando. Dioniso y su séquito están de camino hacia los lugares de celebración, son invitados, huéspedes y visitantes de los reyes, de los pueblos y las ciudades que dejan atrás para dirigirse a nuevas fiestas. El hombre es, por su constitución, demasiado débil para demorarse en un estado de festividad atemporal. La fuerza del dios sí es capaz, su naturaleza es siempre festiva.

La ira de la agresión, la ebriedad de la victoria proceden de la resistencia que es abatida. Al derrumbarse esta resistencia, surge la certeza de que no ha lugar la defensa sino la adoración y el despliegue de esta adoración. El servicio que se presta al dios deberá experimentar una regulación, un cometido cuya dificultad no deja lugar a dudas. Es necesario conceder un espacio al delirio y al divagar de las ménades y organizar las fiestas y celebraciones en honor al dios. Cuando esto sucede, el dios se vuelve a transformar. Su naturaleza cambia y se suaviza. Ahora las puertas de la ciudad están abiertas esperando al dios y no importa adonde llegue, podrá estar seguro de ser recibido con gritos de júbilo. La vida sin Dioniso no es vida, allí donde se la vive apartada del dios carece de alegría. A esta vida se refiere la sentencia del viejo Sileno cuando dice que para el hombre lo mejor sería primero no haber nacido, pero, segundo, morir temprano. En la obra *El cíclope* tacha a los sobrios que no conocen a Dioniso de dementes. Su razón delira y esta razón es la locura de la sobriedad, en cambio, la locura del dios es la llama que irradia luz y calor sobre el sombrío mundo.

Al suavizarse la naturaleza del dios, éste extiende al mismo tiempo la riqueza que le ha sido asignada. Su ámbito no sólo es la viña, la pisada de sus pies no sólo se caracteriza por la vid que brota con exuberancia. Es el señor de todo campo cultivado y es su cuidador. El cuidador Dioniso esparce sus dones desde un cuerno de la abundancia inagotable. Aparece así estrechamente unido a Deméter. La raíz de esta fertilidad no sólo se encuentra en el campo cultivado sino también en el dios, que aúna lo de abajo con lo de arriba y, a través de esta unión, se encuentra asimismo en el hombre. El dios se convierte en señor y gobernante de la *polis*, a la que llena de espíritu comunitario. Como dios inspirado por las musas, ejerce su influencia sobre las artes. El canto y la música ditirámbicos surgen gracias a él, así como también la tragedia, que se genera a partir de sus fiestas y celebraciones. Se convierte en señor de los juegos. Es el dios que irradia una infatigable pasión de amor, es el esposo de Ariadna.

Lo ariádnico en la mujer está en correspondencia con lo dionisiaco en el hombre. Ariadna rodea a Dioniso, que queda atrapado en este abrazo. El cazador Pan busca y acecha el sexo nínfico, en cambio, Dioniso es un cónyuge. El brillo que baña a Ariadna tiene, en cierto modo, algo de tenebroso que apunta hacia lo subterráneo. Conoce los laberintos y su salida. La hija de Minos y Pasífae ayuda a Teseo a salir del dédalo subterráneo. Desde el principio se la define como amante y de ella se relatan aventuras que parecen irreconciliables. Abandonada y expuesta por Teseo en la isla de Naxos, supuestamente Ártemis la mata cumpliendo órdenes de Dioniso. En la misma isla en la que, abandonada, duerme en una gruta, el dios la ve por primera vez y queda prendido de amor por ella. El dios la mata y la resucita a una nueva vida, del mismo modo que también él muere y renace. También a Sémele, la madre, la desgarra y mata un rayo de Zeus, y su hijo la transporta al Olimpo. La descendiente de Minos, iniciado por Zeus en una gruta sagrada y que después de su muerte se convierte, junto con Eaco y Radamantis, en juez de las sombras del Hades, mantiene, como Minos, una relación con el Dioniso subterráneo. Minotauro, al que Pasífae engendra con la criatura nívea del mar de Poseidón, es su hermanastro. También Dioniso, fuerte como un toro, procede del mar, donde vivía junto a Tetis. Ariadna se eleva desde la oscuridad subterránea y por ello aparece envuelta en un brillo más intenso. Reúne todo aquello que el hombre dionisiaco busca y desea en la mujer, representa su estrella de la buena suerte, que sale para él, que cumple sus deseos y sus sueños. Es una estrella y tiene poderes astrales. Las órbitas de los astros son los caminos en los que se encuentran los sexos, son órbitas que retornan y en ellas se expresa toda afección.

El instante en el que el dios contempla a Ariadna dormida, lo unirá para siempre a ella y, hasta su muerte, hasta que su corona sea colocada entre las estrellas, ella seguirá siendo su esposa. De todas las hazañas que Ariadna logrará superar, la más grande es el encuentro con el dios, el hecho que salga airosa de él es inolvidable. Las nupcias se describen como una celebración en la que participan todos los dioses. Como consorte de igual condición, ella sube al carro del dios y se convierte en la primera de todas las mujeres dionisiacas, en señora de todo el delirar y vagar ménade, de toda ebriedad. La naturaleza prolífica del dios, que actúa con contradicciones fructíferas, es recibida por la capacidad amatoria inagotable de Ariadna. El dios en perpetua transformación permanece inmutable y constante frente a ella. En esta constancia del afecto, en el carácter inseparable de la comunión amorosa, Ariadna ejerce su poder sobre Dioniso. Al unirse con ella, él empieza de nuevo a transformarse. Quedan ahora muy lejos sus tempestuosas apariciones, ya no es el atacante que quebranta la resistencia de sus enemigos. El horror que antaño provocara se ha desvanecido, él mismo se va aclarando cada vez más, y se va templando y madurando. Despunta el reflejo de la época de felicidad que vive junto a Ariadna, el destello de un encanto con el que ella lo ata. Por la unión con ella él se hace más fructífero, se convierte en señor del oráculo, en legislador, en médico curandero y présago, y, como Deméter, en inventor del arado y del cultivo. Ariadna hechiza al dios en razón de la profunda y clara ternura de su ser, en el que el dios se refresca como en un manantial. De ahí procede la luz que la envuelve; en la memoria de los hombres, ella perdura para todos los tiempos como benefactora, como bienhechora digna de los

Dioses

honores que se rinden a un dios. Tiempo atrás ayudó a Teseo a encontrar el camino de regreso desde el laberinto nocturno e insondable; ahora, con hilos de oro, conduce al dios a cuyo carro triunfal se ha subido. En épocas aparentemente anárquicas, porque todavía no se puede determinar el nuevo devenir que está por surgir; en estados que son caóticos, violentos e impenetrables para la razón, en los que la destrucción irrumpe sin límites entre los hombres, Ariadna muestra su poder de amar y curar.

Las *Bacantes* de Eurípides son un eco tardío del acontecimiento. Al contrario de lo que muchas veces se ha dicho, no representan una confrontación entre la creencia y la incredulidad; el mito desconoce este tipo de confrontaciones y al poeta tampoco le interesan. No se trata de creencia o incredulidad sino de fuerza imaginativa, de imaginación. No es necesario que yo crea en el dios que está presente, que actúa, al que veo. Ningún dios, tampoco Dioniso, exige esta fe. La piedad del hombre griego es la imaginación. Es terrible cuando falta, cuando no logro ver al dios, cuando no lo conozco. Así lo demuestra el destino de Penteo: está ciego y por eso es cegado. Al contemplar procesos como éstos el espectador debía de caer presa del terror. La aparición del dios, primero como hombre, ocultando lo divino; el coro de las bacantes, que irrumpe con gritos salvajes; la morada todavía humeante del soberano destruido por un rayo, en la que Sémele sufrió golpes mortales; el derrumbamiento del palacio real y las llamas refulgentes que se levantan altas como una torre de la tumba de Sémele: todo ello anticipa acontecimientos extraordinarios y terribles. El curso de la acción tiene algo amenazante e infausto que paraliza el pensamiento y confunde. Puesto que es el rey quien se presenta primero, rechazando las advertencias de Tiresias y Cadmo, e inicia la confrontación con el dios, su ira todavía parece juiciosa. Aparece en calidad de soberano que merece ese nombre, poniendo orden, previniendo con ánimo sereno, pero serán precisamente estas virtudes las que le convertirán en víctima del dios. Penteo no percibe nada de lo que el dios tiene de incomprensible, de inconcebible; está ciego para aquello que ya ha enardecido al pueblo, que ya ha penetrado en los aposentos de las mujeres. Ahora se disuelve velozmente la apariencia que reviste su ira y con ella el juicio del propio soberano. El suelo bajo sus pies se vuelve ilusorio y alevosamente, insidiosamente, todo empieza a tambalearse a su alrededor y a cambiar. Queda inconsciente y su inconsciencia le enferma; sus palabras, sus preguntas, suenan dementes. El dios que se transforma lo transforma a él y lo va envolviendo cada vez más en imágenes ilusorias, hasta que lo atrae hacia las montañas, vestido con ropa de mujer, hacia la muerte que le dará su propia madre. Todo esto oprime el pecho e infunde horror. El relato del mensajero que informa del deambular de las bacantes en el monte Citerón anticipa el espanto. El enjambre de mujeres anda envuelto en pieles de ciervo, tienen enroscadas serpientes que les lamen el mentón, y jóvenes gacelas y loboznos maman de sus pechos. El cortejo zumba y brama y embiste con salvajismo a los pastores que lo molestan, éstos escapan huyendo velozmente y enseguida las mujeres se abalanzan sobre las vacas y las descuartizan. Corren al asalto bordeando el río, entran en las poblaciones, las destruyen y ahuyentan a los hombres que se les oponen.

El reinado de Penteo se derrumba, su final es espantoso y este espanto aumenta todavía más con el grito de triunfo con el que el coro, que toma enteramente el partido del dios, da la bienvenida a la noticia del mensajero. El infeliz soberano en vano toca el mentón de su madre delirante, dándose a conocer; ella ni lo ve ni lo escucha. En un primer momento, ella se reclina sobre su pecho, y con ella las hermanas del rey. Entonces aparece la madre del degollado junto con el coro que aúlla la victoria y ella, extasiada, canta mientras mantiene empalada en un tirso la cabeza de su hijo. Cree haber matado a un joven terne-

Dioses

ro, a un león, y sumida en una profunda pérdida de conocimiento inquiere por el paradero de su hijo Penteo para que le ayude a colgar la cabeza de león en el friso de su casa a modo de trofeo. Así queda de manifiesto que ha actuado sólo como instrumento del dios, está convencida de haber participado en una cacería de la que regresa con buenas presas. Será Cadmo, que acompaña la litera en la que reposan los lamentables restos acéfalos de su nieto, quien se acerque a ella y le haga recuperar la conciencia, ordenándole que contemple el éter luminoso. Sólo entonces desaparece la ceguera provocada por el dios y ella prorrumpe en un lamento interminable. Dioniso se presenta envuelto en un brillo divino, proclamando la suerte de la estirpe cadmea.

HÉROES

PROCEDENCIA DE LOS HÉROES

El territorio mítico está poblado de vidas y proezas de los héroes. El continente, la costa y las islas, los bosquecillos y los manantiales están ocupados por lugares de culto consagrados a ellos. Tras su muerte, los héroes perviven en la memoria como seres divinizados y alejados, perduran en los altares y santuarios consagrados a ellos, comparecen entre las filas de batalla de sus sucesores y desde el cielo brillan como astros sobre la tierra. Son los ancestros, los antepasados, son fundadores de ciudades y colonias, son creadores, protectores, defensores y custodios; de ellos emana una fuerza que ordena y actúa intensamente, sin la cual es impensable la abundante articulación de la vida griega. No existe *polis* sin culto a los héroes, sin héroes. Una ciudad-estado con sus arcontes y *bouleutes* que careciese de él, necesariamente daría la impresión de ser frágil y miserable; es difícil imaginarse un estado tan desorganizado. El culto a los héroes está ligado a la vida de la *polis* de un modo exacto y estricto, y de él depende el ordenamiento y el florecimiento de las ciudades.

Homero y Hesíodo refieren quiénes eran los héroes y qué es un héroe; informan también sobre los lugares de culto a los héroes y sobre los mitos locales. Por un lado, el culto a un héroe puede cambiar de lugar como el propio héroe y, por otro, también puede propagarse e incluso generalizarse cuando las ciudades, las estirpes, los gremios y las profesiones se apoyan en ellos tal y como evidencian los cultos a Heracles o a los dioscuros. Ahora bien, la relación del héroe con el lugar es más profunda y duradera, tal y como se observa en el héroe epónimo, el héroe fundador de una ciudad o de una región. Entre los héroes epónimos en razón de los que Clístenes dio nombre a las diez *phylae* o tribus áticas, se encuentra Áyax de Salamina, pues Salamina pertenecía a Atenas como un *demos* especial. El héroe es y sigue siendo un *genius loci*, está ligado a un lugar determinado y perfectamente acotado dentro del cual cumple múltiples misiones. Como tal es héroe epicórico o encórico. Posee un lugar fijo y su *heroon* es propiedad permanente del territorio. En consecuencia, se puede hablar de territorios heroicos que delimitan unos con otros. A partir de ellos, surgió nuestro concepto de territorio heroico, de suerte que entendemos como heroico un territorio cuya naturaleza es imponente y poderosa, y evidencia formas libres y audaces. En su origen, el concepto de territorio heroico no era estético sino mítico. La naturaleza mítica, que tiene vida propia, pertenece a los héroes.

Ya se apuntó que no existen héroes en la época de los titanes, que ni siquiera se conocen los nombres de las generaciones de hombres que vivían en ella. En la *Ilíada*, Diomedes le pregunta a Glauco a qué estirpe pertenece, y éste le responde que por qué lo pregunta. Continúa diciendo que las generaciones de hombres crecen y desaparecen como las hojas de los árboles y que, por lo tanto, son anónimas, no conocemos los nombres de las épocas anteriores a la edad heroica. La necesidad que retorna a modo de ciclo, el carácter elemental del reinado de los titanes, no admite héroes, pues esta necesidad y esta elementalidad carecen de destino. Los héroes y sus nombres sólo aparecen allí donde hay dioses. También los dioses carecen de destino. Pero para el hombre que se topa con ellos, ellos son el destino; el hombre que se encuentra con ellos posee un destino. Los titanes y los héroes no se encuentran con anterioridad a la caída de los grandes titanes; el hombre suscita interés únicamente a partir de Prometeo. Tampoco se produce un contacto directo entre un héroe y Gea. El héroe ni procrea con Gea ni ha nacido de la tierra como los titanes y los gigantes. A Ticio y Erecteo se los tiene por hijos de Gea. Ticio no es un héroe, es un ser de tamaño gigantesco que desea procrear con diosas, para lo cual le ha sido deparada una suerte muy similar a la de los gigantes. Tampoco el anciano y serpentiforme Erecteo o Erictonio es un héroe. El *stamnos* o ánfora de Hermonax representa a Gea emergiendo de la tierra y entregando el hijo de Erictonio a Atenea.

Hay que diferenciar entre héroes y autóctonos. Los pueblos y las diferentes generaciones de héroes no sólo se remiten a los antepasados heroicos de origen divino sino también a los autóctonos. Los atenienses y los arcadios se consideraban a sí mismos autóctonos. Ogigo de Beocia, Pelasgo de Arcadia y Feneo, Perifas del Ática, Erecteo y Cécrope son autóctonos. Su correlativo en Italia son los aborígenes, el pueblo itálico originario del que proceden los latinos y cuyo primer soberano fue Jano bifronte. Son indígenas o terrígenos, nacidos de la tierra, tal y como también los llamaban los griegos. Autóctonos son los antepasados, autóctonos se llaman los pueblos y las generaciones que proceden de ellos y que no se han mezclado. El autóctono griego es alguien que ha brotado directamente de la tierra, que es su madre; no tiene padre. Es gémino, bimorfo, en la parte superior es hombre, en la inferior es dragón, y esta forma corpórea es la que lo caracteriza. El gémino, tal y como muestran los gigantes, siempre es un terrígeno. Sin pies reposa sobre la tierra de la que surgió al igual que los dragones, las serpientes y los gusanos que, como animales ctónicos, proceden directamente de Gea. Homero dice de Erecteo que lo engendró el terruño. Cécrope, a quien adoran los cecrópidas del Ática como a su antepasado, también es un gémino. El nacimiento de la tierra y la bimorfidad acercan a autóctonos y gigantes. La diferencia entre autóctonos y héroes reside en la genealogía; en los autóctonos lo determinante es la madre, en los héroes el padre. Los héroes son hijos de su padre y se remiten a un antepasado de origen divino, a los dioses. Viven en un orden patriarcal y no matriarcal. Son hijos de Zeus o de otro dios, no son hijos de Gea. Están sujetos al *nomos* de Zeus, no al de Gea. Puesto que el ámbito masculino, paternal, que desemboca en la historia produce un predominio indiscutible, los autóctonos irán retrocediendo cada vez más ante los héroes. No se extingue su recuerdo y se mantiene el culto en su honor ya que no es posible que desaparezca por varias razones, pero este recuerdo conduce de nuevo a la oscuridad, a lo insondable, al mismo seno de Gea. De éste provienen criaturas como la Esfinge, Equidna, Quimera y las sirenas, criaturas todas que tienen algo de enigmáticas porque aparecen en los límites y porque aúnan en ellas formas dispares.

Del antiguo orden autóctono apenas quedan vestigios. Se advierte bien que la naturaleza autóctona ha sido desplazada por los héroes, por doquier puede comprobarse el hecho de que a los autóctonos también se les atribuyen padres, como Hefesto. Una prueba de ello también es la curiosa relación que mantienen Erecteo y Atenea, a la que éste cuida y protege, y cuyo culto introduce en Ática, en cuyo honor instaura unos juegos y erige un templo. Este templo, el Erecteión, en el que Atenea es honrada junto con Erecteo y Pándroso, muestra ya en su construcción, que difiere de las construcciones habituales por una singular y curiosa disposición de sus espacios de culto, el tipo de dificultades que había que vencer. Los atenienses adoptaron posteriormente a Erecteo como uno de los diez héroes originarios y aparecerá como héroe epónimo ateniense.

Todavía queda por saber qué conexión existía entre Prometeo y los héroes. El héroe no es prometeico sino que se encuentra bajo la influencia del *nomos* de Zeus y se somete a él. La época del dominio de Zeus y sólo ella coincide con la aparición de los héroes. El héroe pertenece al ámbito mítico y no sale de él, no entra en la historia. Eso sucederá únicamente en aquellos raros momentos en los que las fuerzas míticas pasan a ser históricas, haciéndose de nuevo efectivas en medio del devenir histórico. En la batalla de Maratón había entre el ejército de los griegos un hombre a quien nadie conocía y que no se dejó ver una vez acabada la guerra. Iba vestido como un campesino y en la mano llevaba un arado con el que mató a muchos persas. El oráculo al que recurrieron los atenienses para conocer su identidad les mandó adorar al desconocido como héroe con mancera (*ekhetleos*). Y así fue. En la pintura de la batalla de Maratón ubicada en la Poikile está representado con una mancera. Lo excepcional de un procedimiento como éste reside en el hecho de que aquí el héroe aparece como alguien anónimo. Dejando a un lado casos como éste, no debemos buscar al héroe en una época histórica y sólo a modo de comparación pueden ser calificados como héroes los personajes que entran y actúan en la historia. Pero en un sentido estricto no lo son.

Homero llama héroe a todo hombre libre; su definición es la más amplia. No sólo la utiliza para hablar de un hombre sumamente respetado que destaca por sus méritos, no sólo del soberano y el guerrero, y de aquel que ocupa un asiento y tiene voz en el consejo o en la asamblea popular sino también cuando habla del jovenzuelo inexperto, del anciano, de los aedos y de los heraldos. Aún así, elogia el reinado de los héroes; a los soberanos, a los pertenecientes a una estirpe real, los realza frente a los demás. La *Ilíada* es la epopeya del reinado de los héroes, que se presenta junto con sus seguidores. Si bien en ella una de las características del héroe es su origen divino más o menos cercano o lejano, la palabra reviste un significado más amplio, que Hesíodo resumirá con mayor concisión al decir que en la tierra los héroes son la cuarta generación de hombres. Debido a su proximidad con los dioses, los héroes son, en cierto modo, divinos. El héroe se caracteriza como tal porque se encuentra con el dios. Todas las generaciones de héroes apuntan hacia un origen divino y descienden de un dios o de una diosa, y es este origen divino el que más tarde reivindicaron para sí los autóctonos. Las diferencias en los niveles de prestigio se justifican por la cercanía o lejanía con respecto a este origen. El semidiós no siempre aparece bien circunscrito con respecto al héroe, pero esta denominación sólo se aplica a los que tienen un origen divino, ya sea por parte de padre o de madre. El respeto por esta procedencia presenta ciertos grados y los vástagos de Zeus se llevan la palma. El primer canto de la *Ilíada* evidencia qué piensa Homero al respecto cuando Néstor, durante la lucha entre Agamenón y Aquiles, toma la palabra y sopesa los méritos de uno y otro. Lo que no menciona es que Agamenón procede de Zeus a través de Tántalo, y Aquiles a través de Eaco. A su entender, Aquiles es el más fuerte y goza, además, del privilegio de proceder, por parte materna, de una diosa. Agamenón es más poderoso y manda a un ejército más numeroso. Néstor advierte a Aquiles que no se oponga a Agamenón ni se le equipare en honores porque el propio Zeus, protector de los reyes, cubre de gloria al Átrida. El hecho de proceder directamente de Tetis no le otorga a Aquiles una ventaja en la batalla. Ahora bien, cuando Tetis intervenga en la lucha, la inclinará a favor de su hijo.

Es evidente que en el héroe se da más divinización del hombre que a la inversa. A través de los matices propios de la palabra, el camino conduce a los dioses supremos pasando por los semidioses. En cierto modo el hombre es divino, y es esto lo que atrae a los dioses y les induce a establecer contacto con ellos. Los dioses buscan al hombre, logran esta conexión con él. Esta idea, que Homero llevó al extremo, ilumina el poema épico con una luz no menos intensa que la de Helio. Más allá se encuentra la certeza, que recorre el mito entero, de que el hombre es capaz de algo de lo que no son capaces los dioses; de que en su corazón late el dilema por el que, apartándose de los dioses, dirige su atención al ámbito titánico.

La veneración debida a los dioses es similar a la de los héroes. Se adora a los héroes como si fuesen seres divinizados. Puesto que son *genii locorum* a los que se evoca en lugares sagra-

Procedencia de los héroes

dos, en manantiales y pequeños bosques, la dimensión espacial de su culto es, en principio, local y está circunscrita a una ciudad o zona. Así sucede con los héroes délficos Autónoo y Fílaco y con otros muchos héroes locales que nombra Pausanias en sus crónicas de viajes conocidas como *Descripción de Grecia*. A otros se les rinde culto en diversos lugares con los que tienen un vínculo existencial. Un vínculo de este género puede ser creado a posteriori; se observa entonces que el culto emigra, como ya dijimos refiriéndonos a Heracles y a los dioscuros. Por lo general, se puede decir que el poema épico propaga el culto a los héroes confiriéndole la más amplia dimensión. A los ayácidas y átridas, a Filoctetes e Idomeneo, y en particular a Ulises y a Diomedes se les rinde culto más allá de Grecia, incluso en Italia.

Los héroes han muerto y como a muertos se les venera. Son tanto espíritus protectores como punitivos, e intervienen en el destino de los vivos de modo numinoso. Se le aparecen tanto al que está en vela como al que está durmiendo, ya sea espontáneamente o porque han sido invocados, pero ante todo aparecen en sueños de favorables presagios. Se entiende que en el poema épico, en el que aparecen vivos y activos, no se hable mucho de su divinización, que pertenece al culto de los antepasados y de los muertos; no obstante, se perciben indicios de ello por todas partes. El poema épico evidencia el sellado de una época a partir de la que ya no surgirán nuevos héroes; la edad heroica llegó a su fin. El culto a los héroes, que es local, sigue al acontecer mítico. Al igual que a los dioses, a los héroes se les ofrecen sacrificios; estos sacrificios son víctimas sacrificiales y siguen un procedimiento propio. A los héroes se les ofrecen los primogénitos. Si se sacrifican animales negros en su honor, es necesario mantener la cabeza en dirección hacia la tierra, la sangre debe escurrirse en una cavidad y la carne no debe comerse como banquete sacrificial sino que debe ser quemada. La libación en su honor consiste en vino, miel, agua, leche o aceite. Se les ofrece sacrificio por la tarde y no por la mañana como a los dioses. La segunda crátera está destinada a los héroes y a las heroínas. El altar erigido en su honor es bajo y no es de piedra. En los relieves votivos se observa al héroe venerado sentado en su trono o postrado. Encima de la tumba a la que se rinde culto se erige un *heroon*. Se mantiene por doquier el carácter del sacrificio a los muertos. Se procede a verter la libación en una cavidad a poniente de la tumba y mientras hace esto el oferente dirige su mirada hacia occidente, hacia la zona del Hades. Los animales sagrados de los héroes son el caballo y la serpiente.

LA EDUCACIÓN CENTÁURICA

Que el modo centáurico de vivir se convirtiese en una escuela de héroes, que se los educase lejos de las moradas de los hombres, a cielo abierto, en las cuevas de la naturaleza salvaje de las montañas, puede parecer extraño, considerando el concepto genérico de lo centáurico. A él se asocian la rudeza y el salvajismo propios de la vida de los primeros cazadores. En ellos no se percibe nada de la fuerza suave de una Hestia o de una Deméter; no son pastores ni cultivan el campo. Están desnudos, son vellosos, impetuosos, poseen armas fabricadas por ellos mismos y llevan la vida errante de los cazadores que van por libre, que persiguen su presa y necesitan vastos espacios. Los cazadores de toros tesálicos, centauros con cuerpo humano, retrocederán más tarde ante los hipocentauros. De su cuerpo zoomorfo de caballo surgirá la figura humana, a modo de remate que no puede liberarse del pesado e imponente cuerpo de animal y permanece unido a él. Píndaro relata que fue Ixión quien engendró a los hipocentauros de su unión con una nube; Ixión, no obstante, es de origen lapita. El jinete y el caballo están unidos en el centauro; sus armas son troncos de árbol, lanzas, tizones o pedazos de roca, pero no arcos y flechas. Se alimentan de carne cruda; les gustan la leche y el vino, que los embriaga y los vuelve violentos, pero los coloca al mismo tiempo bajo la influencia hechizante de Dioniso. También guardan desde siempre relación con Pan, como indican los lugares que habitan, su vida errante y el hecho de haber sido criados por ninfas. Son veloces, fuertes y están hechidos de un poderoso deseo de unirse a mujeres humanas. Las centauresas equinas, que son menos frecuentes, presentan una hermosa constitución femenina. Se dice que los hipocentauros fueron lentamente desplazados de sus vastos parajes de caza y tuvieron que refugiarse en desiertos lejanos. Así lo evidencia el combate que mantuvieron con los lapitas, en el que fueron expulsados del Pelión y huyeron hacia el Pindo y a las fronteras del Épico, así como también la Centauromaquia, cuando lucharon contra Heracles, que los forzó a dispersarse y les infligió tal derrota que se diría que desaparecieron. Heracles, Teseo y Pirítoo son sus principales adversarios en este combate. Las montañas boscosas, las planicies cubiertas de hierba y, en general, los territorios salvajes intransitados constituyen la morada más antigua de los centauros. Los encuentros hostiles de los héroes con ellos se deben a incursiones en sus zonas de caza y en sus moradas como expediciones de castigo por sus raptos de mujeres. Ahora bien, aunque estos encuentros son ocasionales y hostiles, su efecto es profundo y duradero. Las vidas de los centauros y los héroes entran en una relación amistosa e incluso íntima. Un rasgo aislado lo conforma la acogida hospitalaria de Heracles por parte del centauro Folo, en quien las fuerzas rudas y desenfrenadas de la vida de los centauros parecen más suavizadas. A través de su antigua y proverbial rudeza se traslucen los rasgos de una nobleza indestructible que, en el inmortal Quirón, anula cualquier indicio de salvajismo. Por su origen Quirón se diferencia de los centauros porque es hijo de Crono y de Fílira, una de las hijas de Océano, y este origen evidencia su singular dignidad. Es el gran maestro y educador de héroes. La vida de los héroes se vuelve hacia el ámbito centáurico, en él echa sus raíces y de él emerge fortalecida e iniciada. ¿Qué puede aprender un héroe con el centauro? ¿Qué es lo que éste le enseña? Los héroes acuden a él cuando salen de la casa paterna, a una tierna edad, cultos y ávidos de saber. Son restituidos al elemento y, aun cuando se les acoge, son al mismo tiempo expósitos que se sumergen en el vigor de la naturaleza virgen. En ella se endurecen, adquieren fuerza y autonomía, aprenden a ser independientes. Una educación doméstica y urbana, y también teórica, está lejos de lo centáurico, lejos de toda educación centáurica. Ésta se caracteriza por la frescura del rocío de la mañana que cae sobre el joven, por la naturaleza virgen como lugar de esparcimiento de los jóvenes y de sus juegos, por el contacto con el aire, la luz y el agua. Quirón educa más por su cercanía, su trato, su modo de vida que porque esté constantemente enseñando. Se le representa en medio de sus alumnos. Cariclo, esposa de Quirón, y su madre Fílira participan en esta educación. En la *Cuarta Oda Pítica*, Píndaro hace decir al joven Jasón que procede de Cariclo y de Fílira, de las cuevas donde le educaron las nobles hijas del centauro y donde, durante veinte años, no ofendió a mujer alguna con sus actos ni con feas palabras. Lo que Quirón enseña es la vida sencilla, autosuficiente, libre e independiente, el uso de las armas, el arte de la cinegética, el conocimiento de las hierbas. Apolo conduce hasta él a Asclepio, al joven médico de los dioses, puesto que Quirón enseña a tratar las enfermedades y a curar heridas. Entre sus alumnos se cuentan también los hijos de Asclepio, los médicos héroes Macaón y Podalirio. También Palamedes, sagaz y sumamente instruido, es discípulo suyo. Quirón no sólo es el maestro de la caza y la medicina, también domina el arte del presagio, la música y la gimnasia. Su saber se completa con las artes liberales. De ahí que dependa de él la educación de los héroes en las artes y que, gracias a él, la vida de los

La educación centáurica

héroes se llene de unas fuerzas artísticas sin las cuales necesariamente seguiría siendo tosca y pobre. El centauro es como el sátiro, al que recuerda por su vello y por las orejas puntiagudas; tiene mucha sensibilidad artística, y Quirón, el educador, recuerda al sileno entusiasta, educador y maestro de Dioniso. Apolo y Ártemis guardan una estrecha relación con Quirón, del que se decía que era comedido, sobrio y prudente, y que poseía un alto sentido de la justicia. En el Pelión frondoso en el que habita corretean sus alumnos y una de las imágenes más encantadoras y tiernas de esta convivencia muestra a Aquiles, todavía pequeño, cabalgando y jugando. La casa real a la que pertenece Aquiles está estrechamente emparentada con Quirón, puesto que Tetis es su hija, Peleo es su nieto y Aquiles su bisnieto. Peleo ya frecuenta la escuela del Pelión y junto con él está Néstor, que empieza aquí su larga vida; aquí están también Telamón y Teseo, los célebres cazadores Meleagro y Acteón, Cástor y Pólux, Jasón y tantos otros. El Pelión es la escuela que acoge a la flor de la juventud heroica, es la escuela de escuelas, frecuentada por la Hélade entera. La vida de los héroes, en sus inicios, remite al Pelión y se nutre del caudal de espíritu centáurico. Esta vasta y vigorosa naturaleza de las montañas, en la cual brota en abundancia la hierba sanadora llamada *centaurion*, es salvaje y se encuentra en el punto en el que nacen los manantiales, en los orígenes. Lo que Quirón lleva a cabo, lo hace la naturaleza virgen con sus fuerzas nutrientes en los hijos de los héroes, a los que se expone, que son amamantados por animales salvajes y posteriormente acogidos por pastores.

Al reflexionar acerca de la relación entre centauros y héroes, habrá que reconocer que el hombre es, en cierto modo, centáurico y que eso le impele a ir hacia el origen. Aúna en sí lo opuesto que se manifestaba en la lucha. En la unión que enseña Quirón hay una elevada dicha.

EL *NUMEN*

El *numen* es el encuentro, el contacto del hombre con la divinidad. Es también la impresión que deja este contacto en el hombre, al que le sobreviene, como dice Virgilio, un temor escalofriante (*multo numine suspensus*). La divinidad misma es *numen* y posee un *numen* que denota su poder, su fuerza, su voluntad, su mandato y su soberanía. El modo que tienen los dioses de obrar y reinar, la divina providencia, es *numen*.

Numen es una palabra romana. Al *numen* latino le corresponde el *daimon* griego, y el *daimonion*. El *numen* envuelve a su portador, lo rodea como un fluido, llena el lugar de un hálito visible y lo deslinda de su entorno, por eso Ovidio dice del Lucus Aventino: *numen inest*. Así, el lugar señala un *daimon*, da a conocer un *daimonion*. El *daimon*, en cuanto no se refiere a la propia divinidad, también abarca lo que los romanos llaman *genius* y tiene una amplia aplicación, en cuyo extremo se encuentra la oscura sentencia de Heráclito: *Ethos anthropo daimon*. Si entendemos esta frase como antítesis, significa que el hombre es un *daimon* para sí mismo en virtud del modo de ser que le es propio, a saber, que nada que esté fuera de él puede ser *daimon* para él. Esta interpretación es cuestionable, pues no hace falta tomar la frase como una antítesis y porque ésta también expresa que su constitución y su modo de ser guían y determinan al hombre como un *daimon*. Él es, es lo que es y es como es: para él, esto es algo insuperable. Aquí el *daimon* no es un *numen*. Y tampoco lo es el *daimonion* socrático, que resuena en el hombre como una voz que advierte y desaconseja. Tal vez la sentencia de Heráclito arroje luz sobre el lugar interno del que procede la advertencia susurrante del *daimonion* socrático. Lo que el *daimonion* produce, los romanos lo atribuirían al modo de obrar del *genius*. Tanto en el modo de obrar del *genius* como en el del *daimonion* se revela con inconfundible voz un *fatum*. Que el hombre posee un *fatum* es una convicción extendida, pero no se considera que él mismo sea un *fatum*. El hombre no es un *fatum* para el hombre; el destino de la vida del hombre, que depende del modo en que éste actúa, se llama *sors*. El *fatum* como aquello de lo que se habla, que se expresa, es una determinación divina. En correspondencia con ello está la *heimarmene* griega, bajo la que subyace el concepto de participación.

Un ejemplo del *numen* que se da en el encuentro lo ofrece el encuentro con el dios Pan. Bacon de Verulamio definió el *terror panicus* con estas palabras: *Natura enim rerum omnibus viventibus indidit metum, ac formidinem, vitae atque essentiae suae conservatricem, ac mala ingruentiae vitantem et depellentem. Verumtamen eadem natura modum tenere nescia est: sed timoribus salutaribus semper vanos et inanes admiscet; adeo ut omnia (si intus conspici darentur) Panicis terroribus plenissima sint, praesertim humana.* La característica de ésta y otras explicaciones reside en que anulan o eluden el *numen*. La clave para el *terror panicus* es el encuentro con el dios Pan. Pertenece a la esencia de Pan que aquel que se encuentre directamente y de improviso con él caiga presa del *terror panicus*. El hombre que se topa con el dios siente un pavor inmenso y no hay lógica que lo pueda preservar de tal susto. El *terror panicus* no surge porque la «naturaleza», que Bacon entiende como razón y entonces como un producto de la *physis*, le empuje, desde un instinto de conservación que le es propio, a oscilar entre la vida y la aniquilación, como un remedio que cura o previene, sino porque tal remedio no existe. Por esta razón, el hombre que se encuentra con el dios se ve lanzado fuera de su camino, tanto en el tiempo como en el espacio, y sufre una conmoción.

La experiencia enseña que el *numen* se percibe con más frecuencia que la propia divinidad. El hombre se topa antes con el *numen* que con la divinidad, de lo que se puede concluir que los dioses se dan a conocer en el encuentro con lo numinoso y que a partir de este encuentro se hacen perceptibles, visibles y representables. Ahora bien, cuando se hacen perceptibles, visibles y representables es necesario que se aparezcan. Pero las señales preceden a las epifanías. Por delante de los cortejos de Dioniso corre el anuncio de los mismos, la transformación numinosa del territorio y del hombre empieza antes de que aparezca el dios. Las relaciones entre dioses y hombres se representan de entrada como relaciones de estrecha coexistencia y convivencia. Es preciso partir de que existe un contexto numinoso ininterrumpido. Alcínoo, rey de los feacios, decía que en las hecatombes los dioses se aparecen visiblemente en la figura que les es propia, que participan en el banquete y que se le aparecen también al caminante solitario; al pueblo de los feacios les son tan familiares como los cíclopes y los gigantes. Por tanto, las epifanías ocurren con frecuencia, y no raramente; el encuentro con el dios no sólo constituye una experiencia interior sino que también es exterior y retornante, y en todas partes se registran coexistencias y convivencias, en particular con los dioses menores, pero también con los dioses supremos. Aunque los romanos utilizasen a menudo la palabra *numen* no hay que deducir de ello que tuvieran mayor experiencia de él que los griegos. Más bien, estaban más atentos a lo que sucede con menos frecuencia y disponían de la palabra adecuada. La utilizan más a menudo para definir el encuentro con los *dii inferiores*. Aquello que ellos llaman *genius* acompaña al hombre durante toda su vida. En cambio, un autor como Censorino sostiene que el *numen* se manifiesta una sola vez en la vida del hombre. Esta opinión contradice toda la tradición, pero seguramente se apoya en su experiencia personal y muestra que el *numen* se había convertido en un fenómeno poco frecuente. La experiencia numinosa se presenta entre los griegos con mayor profusión y riqueza que entre los romanos, y se presenta, además, en su forma más imponente, a saber, como un encuentro con el dios. Por tanto, les aventajan también en las representa-

El numen

ciones de estas experiencias y antes de las innovaciones de los tarquinos los romanos ya reconocían esta superioridad.

¿Cuál es, en primer lugar, la relación entre *numen* y *nomos*? El *numen* encierra en sí totalmente al *nomos* y no lo deja ir, de forma que éste no se puede independizar como ley, regla o disposición y no puede producirse la contraposición entre lo público y lo privado, tan corriente para nosotros. Un *nomos* no puede formarse sin *numen*, puesto que sin él no hay ni necesidad ni comprensión. La separación e independización de este *nomos* se produce en el ámbito de la *physis* y aquí ni el hombre ni su lenguaje y su territorio son *physis*. El *nomos* aparece como *numen* y surge de un modo numinoso. El mito está todo él lleno de *numen*, como un prado lo está de flores o el firmamento de constelaciones. Para nosotros es como un prodigio (*thauma*). Pero el *numen* no es un *thauma* ni es magia. En Homero *thauma* no reviste el significado que se le dará más tarde. Lo que nos parece mágico y encantador del mito tiene que ver con las metamorfosis. Las metamorfosis sólo se producen ahí donde el *nomos* y la *physis* no están equiparados. Más adelante hablaremos de la correspondencia entre *numen* y metamorfosis.

Las concatenaciones que se producen en el transcurso de la vida de los héroes vienen provocadas por el *numen*. El contexto mismo es numinoso, tal y como lo demuestran la vida de Perseo, la de Teseo o la de los dioscuros. Si prescindiésemos del *numen*, no habría nada que relatar. Hay que relacionar el laberinto de Cnosos y el periodo dedálico del arte con las metamorfosis de los héroes en constelaciones de estrellas para poder entender el curso de los acontecimientos. En ellas está ausente aquello que llamamos motivación, a la que se otorga tanto valor porque a partir de ella proceden o parecen proceder la probabilidad, la credibilidad, la conexión y la unidad del acontecer; falta la conexión psicológica. El *numen* mismo es la fuerza motivadora. Hablamos de motivos allí donde se da una unión, una secuencia de voluntad y acción conforme a las leyes; la motivación entonces es causal y, por tanto, de ella se ha eliminado el *numen*. En el acontecer mítico el motivo para actuar es el *nomos* de Zeus, o el de Atenea, o el de Apolo o el de otro dios, que se manifiesta en el *numen*. A él, y no a algo por encima de él, se atribuye el modo que tiene el hombre de actuar, y se desecha aquello que de él difiere.

El *numen* es personal, forma una unidad con su portador, del que es inseparable. Se percibe por la proximidad de aquél al que pertenece, como algo que está presente. El concepto de nimbo, que es más tardío y que procede de la nube que, resplandeciente, rodea a la divinidad, es más limitado y más visual. Cada divinidad tiene su propio *numen*, que admite ser reconocido y definido, y se manifiesta en el ámbito de su actuación y dentro de él, de un modo espacial, en un determinado territorio. Pero no sólo la divinidad, tampoco el héroe es inconcebible sin el *numen*. No sólo actúa en él, sino que procede también del héroe muerto. Podemos estar seguros de que no carece de él, de que forma parte de sus características. Es imposible establecer quién es héroe a partir de una doctrina de la virtud y de la moral, porque lo ético como disciplina se ha desprendido de todo *numen*. El héroe vive cerca de la fuente de la experiencia numinosa y, muerto, se convierte en portador de un *numen* que sigue actuando durante mucho tiempo, que es percibido a lo largo de las generaciones y que constituye el núcleo del culto al héroe. Así Pélope, hijo de Tántalo, posee un *numen* poderoso que se extiende a su descendencia y a las reliquias que de él se conservan. Debido a que el *numen* se circunscribe y se localiza, permanece en un determinado lugar, en un determinado territorio, y se entienden los cometidos del héroe epónimo como los del héroe encórico y epicórico. El culto a los héroes a través de los sacrificios y de las ofrendas presentadas a los muertos incluye al *numen*, lo cuida y lo protege. La relación del héroe con el territorio es

El numen

siempre profunda, como lo es la relación de los descendientes con su antepasado divino y su rey.

Aquello que de inmediato se observa en el territorio mítico y en los relatos sobre él, aquello por lo que destaca, es que actúa en los hombres a través de los *numina* que le son propios. No existe naturaleza sin ellos, por tanto tampoco ningún territorio que no los posea. El territorio se divide en zonas que limitan unas con otras por su *numen*, por el *daimonion* que las habita. Así, el territorio de Pan con sus «espacios sagrados e infranqueables» (Píndaro) limita con el de Deméter; así las islas, que son entornos particulares de los dioses, limitan con el ámbito de los dioses del mar; así las cimas constituyen el coto de Zeus, y también los bosquecillos, los manantiales y los árboles donde habitan las ninfas poseen un *numen*. En Delos se encuentra el de Apolo, en Rodas se percibe por todas partes el de Helio, que interviene en la vida de los isleños y determina la relación de éstos con el territorio. El riesgo de vulnerar el *numen* suscita temor y un afán de dejar inviolado también lo sacro, de trazar alrededor de él unos límites seguros. Al vulnerar el *numen*, se vulnera a su portador. Esto incluye también la consideración que se tiene del lenguaje mítico que usan los poetas; procede del *numen* y no se separa de él. El concepto de territorio profano está muy alejado del concepto de poesía; el territorio como ámbito profano del que ha sido expulsado el *numen* no existe. Si se ahuyenta a las musas y a las ninfas de los manantiales, atrás queda sólo el agua muerta e inerte. En su lenguaje, el aedo no separa al *numen* del territorio, como se hacía antiguamente cuando se desprendía la corteza de árbol del cetro floreciente de Aquiles, que, por tanto, ya no florece más; no existe territorio sin *numen*. El territorio heroico posee una vida interior propia que destaca con vivos contornos. Tiene una plenitud no vulnerada que se deposita, como el rocío, sobre las percepciones. De él emerge, abriéndose paso, lo que está vivo y adopta formas. Lo que mana de los manantiales se hace más perceptible, y el mar y el bosque murmullan con un sonido más audible. Esta percepción está contenida en el lenguaje, cuyas imágenes ofrecen perfiles delicados pero vigorosos; no se origina a través de descripciones que podríamos definir con exactitud sino que se despliega ya con la construcción misma del lenguaje y de las frases y a menudo, al parecer, en epítetos como los que utiliza Homero. El territorio heroico no aparece como un objeto de observación aparte, no como naturaleza separada del hombre sino como naturaleza penetrada por el *numen*. Es obvio que un territorio que carece de él está muerto o se ha convertido en mero objeto de disfrute y explotación por parte del hombre, que vendría a ser lo mismo. Al poeta, y no sólo al griego, lo caracteriza que respeta el *numen*.

Un ejemplo de un territorio como éste lo constituye la isla de Circe. Es una de las islas ubicadas cerca del Hades y esta proximidad con respecto al reino de los muertos le confiere una luz propia y reflectante. No es una isla grande, pues Ulises la domina con la mirada desde una cima. Está próxima a tierra firme y de su centro, donde Circe tiene su morada, Ulises ve salir humo de la tierra. Es evidente el efecto que produce el *numen* de la isla en el héroe y sus acompañantes. Ulises observa el lugar desde una roca en la orilla y medita si debería adentrarse en la isla de inmediato. Decide regresar a los barcos y sacrificar un ciervo, que le parece una ofrenda enviada por los dioses a modo de consuelo. Juntos se deleitan con la carne y con el vino. Pero qué llanto, qué torrente de lágrimas derraman los hombres cuando se toma la decisión de explorar la isla para traer noticias de ella. El lamento en que se deshacen es como el temor que los hace palpitar y temblar. Para la empresa se elige a suertes a Euríloco y sus hombres. A medida que se adentran en la zona numinosa de la isla, se va abriendo el reino de Circe. Lobos y leones encantados los rodean festejándolos, y luego escuchan el canto melodioso con

El numen

el que Circe acompaña su labor de tejer el tapiz, como los cantos hechiceros que se entretejen en un tapiz mágico. Es evidente que teje un tapiz diferente de aquel con el que Penélope se entretiene y que cada noche desbarata. Se les da la bienvenida, se les invita y se les agasaja. A todos menos a Euríloco, que prudente se queda afuera, se les convierte en cerdos y se les envía a las zahúrdas. Euríloco regresa y relata lo sucedido. Entonces, Ulises emprende solo el camino; Hermes le entrega la hierba *molu* y Ulises sale airoso del encuentro con la diosa.

Lo que más llama la atención de estos acontecimientos son las abundantes transformaciones, los filtros, las varillas y las hierbas, los hombres convertidos en animales y la diosa transformadora. Igual que el Hades es un lugar de metamorfosis, también lo es la isla de Circe, cercana a él. De ahí que no sorprenda encontrarse en ella a Hermes, cuyas múltiples ocupaciones tienen que ver con su función de mensajero. No es por casualidad que Ulises se encuentre tan cerca del Hades con el conductor de almas y de muertos. En Eea, la plétora de metamorfosis es prodigiosa. También Calipso canta en su isla Ogigia mientras teje un hermoso tapiz, también Hermes ejerce sus servicios de mensajero. Calipso también desea transformar al héroe, aunque no en un animal sino en un inmortal eternamente joven. Estas islas se parecen mucho y están envueltas en el mismo encanto. Incluso Hermes se sorprende cuando regresa a la gruta de Calipso, ante la cual se elevan volutas de humo aromático de cedros y limoneros; cuando divisa el bosquecillo, los pájaros, la vid con racimos de uva, los manantiales y los prados verdes. ¿Cuál es la magia que nos conmueve? Estas islas están incluidas en la epopeya y en su acción, que avanza hacia ese futuro que oprime tan terriblemente al hombre; en ellas, el tiempo está detenido y un día parece un año o un año un día. Uno de los diez años que dura su periplo, Ulises lo pasa en Eea como amante de Circe, y durante siete años permanece en Ogigia como amante de Calipso, y para la epopeya estos años son como un día. Allí no envejece ni sucede nada. Penélope envejece día tras día sin que Ulises llegue, pero Circe y Calipso siempre son jóvenes y hermosas, y el extranjero que llega a sus islas las encuentra sumidas en su canto melódico y tejiendo sus bellos tapices. El deseo de Calipso y Circe de transformar a Ulises en un inmortal significa que así viviría una vida semejante, no afectada por el tiempo; significa que no envejecería al lado de su compañera, sin edad, sin miedos ni preocupaciones, sin deseos ni anhelos, sin futuro ni pasado. Los dioses sin destino desean eximir al héroe de su destino, de la trama temporal de su vida. El héroe se niega a entrar en esta paz, se asusta y, aunque Penélope es menos atractiva que las diosas, Ítaca más pobre que Eea y Ogigia, y el camino de regreso un calvario, elige lo que es menos porque es lo que más aprecia. En Ítaca, donde el tiempo no se detiene, donde los años pasan y los pretendientes se hacen más insistentes, son muchas las cosas que varían y cambian, y la *Odisea* entera apunta que el héroe todavía regresará a tiempo; la epopeya se erige sobre esta suspensión agobiante del tiempo. Para Ulises, todas las circunstancias son sólo dilaciones, distracciones, contratiempos que él mismo maneja y aparta a un lado; para él existe un único pensamiento: regresar, volver a casa. En Ulises lo épico es su fijación en un pensamiento que atraviesa todas las separaciones, todos los enredos y transformaciones, y tiene que descender hasta la entrada del Hades, hasta la sede primordial de toda transformación, para encontrar el camino de regreso hacia sí mismo. Aquí, como en todas partes, queda patente que el *numen* y la transformación existen juntas, y que es necesario que así sea, porque aquí no existe nuestro concepto de desarrollo, sea mecánico o histórico. Éste ha sido ganado y obtenido con engaño a la causalidad en la cual todo *numen* debe retroceder ante la *physis*. Sólo allí donde el devenir no sigue un concepto de tiempo mecánico o histórico pueden producirse las transformaciones.

LA METAMORFOSIS

No existe mito sin metamorfosis, en ningún pueblo de la tierra; es impensable sin ella. Los dioses poseen un poder transformador que se manifiesta de dos maneras, como capacidad para transformarse a sí mismos y como facultad de transformar a los hombres en otra figura. Así, diferenciamos entre metamorfosis activas y metamorfosis pasivas. La transformación de uno mismo es pasajera y se practica a menudo, pero siempre frente al hombre, puesto que frente a los dioses no es efectiva, dado que éstos se reconocen entre sí y descubren la metamorfosis. Los dioses no siempre se muestran al hombre tal y como son, ya sea porque el hombre soporta mirarlos en menor medida, ya sea porque no le es concedida su visión. Los dioses ponen en práctica sus intenciones cuando se transforman. Para ello adoptan figura humana, bien creando una figura propia para alcanzar sus objetivos, bien adoptando la figura de un hombre vivo, como hace Atenea con la de Néstor y Poseidón con la de Calcante. En estos casos, el *numen* permanece oculto en un primer momento y se percibe sólo cuando el dios deja entrever la transformación y se hace reconocible o perceptible. Los dioses se reconocen unos a otros, tal y como le dice Calipso a Hermes, por muy separados que estén sus ámbitos. Pero el hombre no reconoce a los dioses si éstos se ocultan y desean permanecer irreconocibles en su transformación. Patroclo no reconoce a Apolo, que se acerca envuelto en niebla; Aquiles tampoco lo reconoce, pues el dios huye delante de él en forma humana. De ahí que siempre haya que considerar la posibilidad de que bajo la figura humana se oculte un dios. Héctor, que observa a Diomedes durante la batalla, no está seguro de tener ante sí a un hombre o a un dios. Por consiguiente, le pregunta a Pándaro a este respecto. Éste cree haber reconocido a Diomedes, pero duda de si es o no un dios. Si se trata de Diomedes, entonces necesariamente recibe el apoyo de un dios, pues lucha de un modo que supera toda fuerza humana. En éste y en otros lugares surge la duda de si se trata de una transformación o de una sublimación, como las que los dioses otorgan a sus favoritos. Por el contratrio, el pequeño Áyax observa, cuando Poseidón se aleja de él bajo la figura de Calcante, que es muy fácil reconocer a los dioses. Si en la transformación el dios se sirve de una figura inferior, en la sublimación provoca que el hombre adquiera un aspecto similar a un dios. Su mirada se hace más penetrante, su figura más imponente y excelsa, su andar más firme y su belleza mayor; el poder de un dios se desliza en él. Sublimado de este modo, despierta asombro en aquellos que le ven; Nausícaa se asombra al ver al Ulises, que ha sido sublimado por Atenea.

Cuando los dioses adoptan figuras animales, la relación con respecto al hombre es otra. Zeus llega transformado en amante habiendo adoptado la forma de toro o cisne, Poseidón llega como corcel, Pan como macho cabrío. Atenea llega como observadora, transformada en gaviota o buitre. O bien el dios que se muestra bajo forma humana se marcha volando como un pájaro. Para otorgar un *numen*, los dioses se sirven de animales como representantes y mensajeros suyos, envían a los animales numinosos, entre los que destacan las águilas de Zeus. Por último, existen las metamorfosis en vegetales, en agua que corre, en lluvias de oro. El dios que se transforma no se introduce en un ser que ya existe sino que crea esa figura exclusivamente para él y se envuelve en ella; se abre el interrogante de si la transformación, a ojos de los hombres, no es una ilusión óptica, aun siendo inevitable e ineludible. En la metamorfosis, el dios provoca una ilusión; aparece y al mismo tiempo parece ser algo que por lo demás no es. La visibilidad de la metamorfosis no siempre es generalizada. Quién va a poder percibir al dios depende del dios. A veces sólo lo ve el que está directamente implicado; en otros casos, lo perciben todos los que están presentes.

La metamorfosis

Se advierte una metamorfosis cuando se reconoce al dios o a su *numen*. Puede existir incertidumbre, producirse una controversia acerca de si es obra de un *numen* o si basta la *physis*, una actuación conjunta de las fuerzas de la naturaleza y del hombre, para hacer visible un procedimiento. Príamo declara inocente a Helena en la guerra entre troyanos y griegos; echa la culpa a los dioses. Paris remarca que su belleza le fue dada por Cipris, que nadie puede tomarse ni darse por sí mismo estos dones. Atenea le explica a Telémaco que nació y se crió bajo el amparo de los dioses. El hombre se convence a sí mismo de algunas cosas, es su corazón quien se lo dice, y otras cosas se las otorgan los dioses. Por tanto, distingue entre *numen* y *physis*. En la *Odisea*, el pretendiente Eurímaco hace algo similar frente al arúspice Haliterses cuando desecha el *numen* que Zeus envía a través de sus águilas. Muchos pájaros, dice, vuelan con los rayos del sol, pero no todos traen necesariamente un augurio. Puede surgir entonces una controversia acerca de si se trata de un signo numinoso o no, de ahí que corresponda al vidente autorizado aportar la certeza acerca de estos signos.

Dioniso es el maestro de las metamorfosis. Los dioses del elemento agua también poseen una capacidad particular para transformarse que se manifiesta, sobre todo, cuando los atacan. Entonces tiene lugar una gran cantidad de transformaciones que se entrelazan como un anillo o un círculo. Menelao, al que Eidotea remite a su padre Proteo, se envuelve junto con sus compañeros en la piel grasienta de una foca, acecha al dios en el lugar en el que descansan las focas y lo ataca cuando hace su aparición. Proteo se transforma sucesivamente en león, pantera, dragón y jabalí, luego en agua que corre y por último en árbol. Después se agota, ya sea porque las transformaciones suponen para él un gran esfuerzo, ya porque se da cuenta de que el héroe está firmemente decidido a no dejarlo escapar. Se convierte entonces en un anciano que se dirige a Menelao para darle su infalible presagio. Aqueloo, el dios de la más grande de las corrientes de agua griegas y el dios más poderoso de las corrientes, combate contra Heracles. En el curso de la lucha se transforma en una serpiente y en un toro, y luego se muestra con la forma que le es propia, la de hombre con cabeza de toro bicorne. Es entonces cuando Heracles lo domina y le rompe un cuerno que más tarde Aqueloo cambia por el cuerno de Amaltea. Han sido muchos los intentos por explicar este combate, así Estrabón lo interpreta en clave geográfica e histórica, mientras que otros lo atribuyen a la relación entre el sol y la luna. Lo insatisfactorio de estas interpretaciones es que pueden darse desde cualquier ámbito, como la hidrostática o la hidráulica. Tienen como característica común el hecho de que eluden el *numen* e interpretan el procedimiento como una alegoría que encubre una *physis*.

Los dioses no pueden ser transformados por otros dioses. Aun así hay que remarcar que esto no es válido para las ninfas, que si bien toman parte en las reuniones de los dioses son divinidades de rango inferior. Las ninfas de los árboles, las dríades y las hamadríades, adoptan una posición intermedia entre mortales e inmortales, y aun cuando viven por mucho tiempo, perecen finalmente con el árbol que les pertenece. También a las híades, y a sus hermanas, las pléyades, hay que considerarlas ninfas. Las ninfas pueden transformarse en plantas, las pléyades se transforman en una constelación. La transformación en un astro es la modalidad de metamorfosis más impresionante. No hay que considerarla un castigo sino una recompensa. Figurar entre los astros, ser elevado a las estrellas, constituye un gesto de divinización reservado a los semidioses, los héroes y las heroínas, pero también a las ninfas, al centauro Quirón y a los animales míticos. En este cielo estrellado que, al igual que el Hades, es un lugar de imágenes, un cielo terrestre preptolomaico, también se encuentran los símbolos, el barco Argo, la lira de las musas, la flecha de Apolo, la corona de Ariadna y otros. El héroe que eleva su mirada hacia el cielo no contempla espacios infinitos, vacíos, sino que ve sobre sí el semicírculo colocado sobre la tierra, en cuya bóveda aparecen los dioses y los héroes a modo de custodios. Por lo general, Zeus es el encargado de la conversión en astro, aunque también Hera, Atenea, Poseidón y Dioniso poseen este poder de transformación.

El hombre no es capaz de transformarse a sí mismo, como tampoco lo son los animales y las plantas a no ser que un dios les otorgue este poder. A Periclímeno, hijo de Neleo y de Cloris, hermano de Néstor, Poseidón le ha otorgado el don de transformarse en diferentes figuras. Perseo se sirve de la cabeza de Medusa para provocar una metamorfosis petrificante, y del gorro de Hades para hacerse invisible. Menelao simula una transformación al introducirse en una piel de foca. El hombre sucumbe a las transformaciones que se practican con él. Las hermanas de Meleagro, que lloran sin cesar por la muerte de su hermano, son convertidas en gallinas pintadas; Atalante, en leona; Filomela, en un ruiseñor. Estas transformaciones, como las petrificaciones, casi siempre son castigos, pero también existe la petición de transformación, que actúa entonces como protección y salvación frente a una situación sin salida. Entre éstas se incluye lo que se cuenta de la ninfa Siringe, o la suerte de la titánide Asteria, que huye de los brazos de Zeus y que, convertida en codorniz, se precipita al mar, donde se transforma en la isla Asteria u Ortigia, la isla de las codornices. La transformación en isla está incluida dentro de las petrificaciones.

Todavía queda abierta la pregunta de si el hombre es capaz de provocar por sí mismo las transformaciones. En esto la magia no tiene nada que ver, no se puede hablar de intentos de forzar a las fuerzas de la naturaleza de un modo violento y mágico; estas fuerzas naturales que, liberadas, se encuentran frente al hombre como objetos, no existen. En tanto que el héroe posee un *numen* como difunto divinizado, no cabe duda de que es capaz de provocar transformaciones. También debe considerarse transformación lo que Orfeo provoca en vida. Lino y Orfeo, los primeros aedos y poetas entre los héroes, están unidos por un parentesco; son los maestros del canto apolíneo, de la palabra y del canto inspirados por las musas con el acompañamiento de la lira. A esta melodía y a este canto les es propio un poder transformador que Orfeo domina mejor que todos los demás. No transforma cambiando la figura sino dando vida, resucitando lo muerto y sacudiendo lo vivo. El poder de Orfeo es comparable al de Heracles, cuyos mentores fueron Lino y Eumolpo. Ambos son legisladores, nomotetas. Se dice que Orfeo, con su canto y su melodía, movió los árboles y las rocas y aplacó a los animales salvajes. Al tomar parte en el viaje de los argonautas, parece ser que con su canto atrajo a la nave Argo hacia el mar, venció a Quirón y a las sirenas en una competición, apaciguó a las simplégades, llamó a las erinias y a Hécate para que saliesen del Hades y narcotizó al dragón que vomitaba fuego. Acumula poderes prodigiosos. Él mismo transformó a Hades cuando se dispuso a traer de vuelta a Eurídice muerta. Abre y cierra el Hades, cuyas puertas se abren de par en par ante él; Hermes lo conduce hacia las profundidades del reino de los muertos. Este camino al Hades lo muestra en la cúspide de sus fuerzas, pero con él da también comienzo su decadencia. Al igual que Lino, al igual que Támiris, él también se extingue. Es originario del valle Hebros, en Tracia, de las fuentes de las musas piérides, y como ellas ama los manantiales. Donde brotan los manantiales extasiantes mana el poder transformador de la palabra y el canto. De ahí que Orfeo también sea vidente y que su cabeza, incluso después de cercenada, pueda emitir el oráculo. Todo aquel que posea la fuerza de provocar transformaciones es un vidente. Los dioses son videntes y poseen el poder del presagio, así como la facultad de transformar. A partir de ellos este poder pasará a los hombres. Las transformaciones constituyen la piedra de toque del acontecer mítico.

También el lenguaje viene determinado por el *numen*; todavía su *nomos* no está separado del *numen*. Esta conexión permanece velada para la razón, que sólo formula peticiones de tipo lógico y gramatical al lenguaje. Cuando la palabra es considerada sólo como un *logos semantikos*, se ha olvidado que tenía otros cometidos más radicales. En una lengua que sólo sirve para entenderse y por ende para comunicarse, ya no se halla el *numen* y por eso en ella ya no se producen transformaciones. Quedan sólo las referencias, es decir, las definiciones y los significados. En este sentido, la razón lleva a cabo la empresa de extraer de la lengua aquello que la convierte en lengua, y lo hace por mor de querer elevar la exactitud, sublimar la concisión lingüística, la validez lógica, su compromiso y libertad de contradicción, es decir, su capacidad de intelección y de comunicación. Por esta vía, el lenguaje se convierte en un preparado y parece, al convertirse en preparado, adquirir la mayor destreza y utilidad. La destreza consiste en la capacidad de utilizar algo con soltura. Puesto que la utilidad existe sólo en orden a la utilización, una lengua como ésta existiría sobre todo para consumir y usar las cosas, para devorar y engullir. Se parecería a la lengua de los curiosos, que también existe para ser devorada y siempre es, en cierto modo, voraz. Cuando la lengua se convierte en cálculo, se ha allanado el camino para, calculadamente, eliminar de ella lo lingüístico. Ahora bien, es necesario reconocer que en el ámbito mítico la lengua no sirve, en primer lugar, para entenderse y comunicarse, sino para engendrar y transformar. Y sólo es capaz de transformar en cuanto contiene el *numen*, puesto que de otro modo no lo logrará.

Si el *numen* determina la lengua y el conocimiento, si los guía y los gobierna, se debe al hecho de que no se pueden llevar a cabo determinadas separaciones. En el lenguaje numinoso de los poetas, la palabra no está separada de las imágenes. Los conceptos, que debemos entender como desprendimientos, sólo se forman con dificultad y, por tanto, tampoco se forma un sistema. Estas separaciones, como las que se producen entre ser y parecer, entre la apariencia y la esencia, entre el ser y el significado, con el concepto de verdad que le es propio, no se dan aquí. La separación que más repercusión ha tenido es la idea platónica. Todavía remite al *numen*. Comparado con el lenguaje de Platón, en cierto modo quebradizo porque está entre un lenguaje numinoso y un lenguaje conceptual puro, el lenguaje de Homero muestra una exuberancia numinosa.

El curso de la ciencia excluye al *numen*. La idea y el *numen*, el concepto y el *numen*, se excluyen el uno al otro. Las ideas, los conceptos, el mundo entero del *logos* y su correspondiente *nomos*, carecen de *numen* y se las arreglan sin él. Se incluye aquí la verdad como algo que hay que escudriñar con ayuda de conceptos, que se encuentra en los conceptos, en un pensamiento conceptual pertinente. La razón desarrolla, la imaginación transforma. El hecho de que en nuestro sistema científico las ciencias humanísticas estén separadas de las ciencias exactas, amenazando con engullirse la una a la otra, se debe en última instancia a que ya no existe *numen* y se ha perdido, por tanto, el poder transformador del lenguaje. Sólo los poetas poseen todavía una intuición de ese comportamiento, de ahí que de ellos dependa el destino de la lengua. Una lengua sin *numen* es una lengua muerta.

EL *AGON*

Donde la relación de la poesía épica con la creación plástica se hace más patente es en la descripción que ofrece la *Ilíada* del escudo de Aquiles. Lo que sorprende de esta descripción es

El agon

el espacio que ocupa, su extensión y su detallismo. El curso de la acción se va postergando sin temor. Por muy grande que nos imaginemos el redondo escudo, por muy pequeña que sea cada una de las figuras descritas, son tan abundantes que no pueden ser sino simples miniaturas y, como tales, hay que observarlas de cerca y con atención. No obstante, esta pequeñez viene compensada por el relato épico, pues lo pequeño se pierde completamente en él y se vuelve espacioso; el escudo se presenta como un cosmos en el doble sentido de la palabra, como mundo y como ornamento. Es evidente que no basta el contento por poseer una arma magnífica y primorosa, ni la complacencia que por ella siente el poeta épico, para justificar una descripción tan exhaustiva. A menudo esta complacencia se manifiesta al mencionar las armas, las armaduras, las bandejas, las vasijas, las fuentes, las urnas y los trípodes, y evidencia tanto un placer por las obras de bella factura, que son propias del ámbito de los héroes, como por la riqueza. Pero el escudo es algo más, es una reproducción del mundo en un espacio mínimo. Lo curioso es que este mundo se represente sobre un escudo, lo cual no expresa sino que hay que entenderlo como *agon*. Las imágenes representadas así lo dan a conocer. Homero no recalca en particular que el escudo sea redondo, pero se infiere de su descripción de la tierra en forma de disco y rodeada por el circular Océano. Océano recorre todo el borde redondeado del escudo, la corriente universal que todo lo abarca, que marca los límites más alejados y ciñe la tierra y el mar. En el escudo, el cielo con sus constelaciones está incluido dentro del anillo de Océano. Después de las constelaciones, Homero articula la doble representación de la *polis*, la ciudad en guerra y la ciudad en paz, y a continuación se suceden las imágenes de la agricultura, la vendimia, la vida pastoril, la danza y el canto. Esta riqueza de imágenes es puramente ornamental, no hace más útil el arma, ni más sólido y recio el metal. El escudo, tal y como se utiliza para combatir, no mejora por el hecho de estar adornado con estas imágenes. Es pura sobreabundancia lo que se refleja sobre su pulida convexidad. Por eso mismo, produce agrado. Es la imagen de la plenitud de la vida la que aquí, repujada sobre metal reluciente, irradia un fuerte resplandor. Cercado continuamente en sus límites por el ámbito titánico, el escudo muestra en su circunferencia interior, con múltiples imágenes, el *nomos* y el *agon* del mundo de Zeus, la ciudad de la paz y la ciudad de la guerra, dispuesta por la *diké*, ante cuyas tropas caminan Ares y Atenea con sus túnicas doradas, representados ambos dioses con grandes dimensiones, los guerreros en cambio más pequeños. A continuación, como guirnaldas, las bellas imágenes de la vida en el campo.

El mundo representado en el escudo es un mundo del *agon*. A diferencia del reino de Crono, el reino de Zeus vive en el *agon*. Está cimentado sobre el *agon* y la balanza de oro que Zeus sostiene en sus manos guarda relación con éste. Héctor huye del combate, pues presiente la balanza de Zeus y su fatídica oscilación contra él. Los titanes no se enfrentan en el *agon*. En ellos el impulso de la fuerza es otro y, rodando como el carro del sol de Helio o las olas de Océano, describe círculos que se repiten. En el escudo de Aquiles, Océano envuelve el *agon* guerrero y musical sin tomar partido por él. En él todo retorna y, en este retorno, se iguala. Si el movimiento durase hasta el fin de los tiempos como movimiento prevaleciente, si no fuese quebrado y gobernado por otra ley, no se identificaría en él otro enfrentamiento que el imperar titánico de los elementos al que se halla expuesto el hombre sin que por ello su paz interior se vea anulada. El enfrentamiento de titanes no cambia nada, está incluido en el retorno elemental y así como Océano jamás sale de su movimiento circular, tampoco se puede imaginar que sin la caída violenta del predominio de los titanes hubiese podido jamás suceder otra cosa. En todas las épocas observamos la actuación

El agon

de los titanes pero, desde que Zeus dispuso otra cosa, ya no son soberanos. El cambio de poder comprende en sí al hombre; llegan los engendramientos, los vástagos divinos, los semidioses y los héroes. Homero nos presenta al Zeus del *agon*, el Zeus lleno del más profundo goce vital cuando ve a los dioses peleando, pues este *agon* constituye el fundamento de su poder y su inquebrantable soberanía así lo presupone. Este sentir medular y fundamental de la vida no sólo se encuentra en Zeus, imbuye a los dioses olímpicos y vive en el pecho de todo héroe.

El símbolo más poderoso que ha llegado hasta nosotros es la *Ilíada*. Tan sólo por eso es la epopeya de las epopeyas, el monumento más grande que se ha erigido a este *agon*. Se cimenta sobre él, de él extrae su vitalidad, por él se produce la unidad del plan; así lo demuestra su composición. Es sencilla y a la vez artística, tres son las circunstancias que subyacen bajo esta epopeya. La primera circunstancia fundamental es el enfrentamiento entre griegos y troyanos; las otras dos son la lucha entre Aquiles y Agamenón, y la amistad entre Aquiles y Patroclo. Si el enfrentamiento entre griegos y troyanos constituye la condición de la epopeya entera, las otras dos circunstancias secundarias son las que le confieren vitalidad y movimiento. Con ellas se relaciona la alternancia de todas las situaciones y con ellas enlazan los giros que va tomando el acontecer. La lucha entre Agamenón y Aquiles predomina en la primera mitad del poema épico; vinculados a ella están los grandes enfrentamientos alrededor de las murallas y los barcos. La amistad entre Aquiles y Patroclo ocupa la otra mitad de la epopeya y de ella surgen los enfrentamientos que conducen a la muerte de Héctor. La epopeya concluye con los *agones* de los juegos y los funerales en honor de Patroclo y de Héctor. Cabe entender que la amistad entre Aquiles y Patroclo, esa poderosa amistad sobre la que se sustentan grandes pasajes de la epopeya, es un *agon* en el mismo sentido en que lo es la lucha entre los griegos y los troyanos, o la lucha entre

Agamenón y Aquiles. En este afecto se da una concurrencia, una competición de la amistad. Patroclo, con la armadura de Aquiles, es la imagen del Eros agónico. Homero relata cómo Patroclo se coloca esta armadura, cómo Héctor se la roba al muerto y se la apropia como si fuese suya, y cómo, con esta armadura que antaño regalaran los dioses a Peleo, corre de nuevo a la batalla. Aquiles lo lamenta ante su madre Tetis y ella lo consuela diciéndole que Héctor no llevará esa armadura por mucho tiempo. Inmediatamente después de la muerte de Patroclo se verá cómo el *agon* de esta amistad se transforma en aquel otro que impele a Aquiles a entrar a luchar a orillas del Escamandro. Ha sido herido en el lugar más vulnerable y la profundidad de la herida se evidencia en que se reconcilia con Agamenón, algo que de otro modo no hubiese sido posible tan fácilmente. Entonces todo cambia. La aparición de Aquiles, que hasta ese momento estaba en reposo, inactivo, confiere a la epopeya una vitalidad nueva y poderosa, y renueva también la participación en el curso de la acción, determinada ahora por el Pélida. El dolor hace brotar en él las fuentes más hondas de la vida, de modo que brinda al amigo la mayor ofrenda mortuoria, que culminará con la caída de Héctor.

Del mismo modo que la amistad puede ser entendida como un *agon*, así la relación entre sexos. Es una lucha entre mujeres y hombres, una lucha del amor y el odio, del afecto competidor y los celos. Este enfrentamiento se hace patente en la relación de Zeus con Hera, la más poderosa de todas las diosas, que expresa ante todo y en primer lugar, a la cabeza de todo su dominio, los intereses femeninos. Hera ambiciona la soberanía y está tan interesada en que se respeten y multipliquen sus derechos que roza los límites del dominio. En Hera todo el poder femenino halla su coronación; es el Zeus femenino, la mujer en la que todo lo que se encuentra bajo el signo de Zeus halla su correlato. Como en Rea, en ella se evidencia lo leonino; es una leo-

El agon

na peleadora, difícilmente domable. En ella la dureza y la intransigencia femeninas se aúnan con lo totalmente glorioso y triunfante. Lo que hay de Hera en la mujer, lo egregio, libre, audaz e igual, atrae irresistiblemente a los hombres más fuertes. Pero no seduce a Paris, ese hombre tan afrodítico que concedió el premio a su protectora. El juicio de Paris evidencia que el ámbito de Afrodita no escapa al *agon*. De ahí que Afrodita, como vencedora, aparezca con todos los atributos de Ares: el casco, la espada, la lanza, el escudo y una Nice en la mano, de ahí que Eros también aparezca armado. Es también *agon* el afecto y la relación amorosa del hombre; cuanto más pura y profundamente se basa esta relación en el *agon*, tanto más gloriosa aparece; cuanto más difiere de las leyes del *agon*, antes entra en decadencia.

Que el poder de Zeus se basa en el *agon* lo demuestran las acotaciones de los ámbitos de poder de cada dios. De entrada, existe enfrentamiento en la tríada de dioses, en la relación entre Zeus, Poseidón y Hades como partícipes del sumo poder. El espacio de poder de cada uno tiene las mismas dimensiones, pues a Zeus le tocó el cielo, a Hades las profundidades subterráneas y a Poseidón el mar, mientras que la tierra y el Olimpo pertenecen a los tres por igual. Entre los hermanos se impone Zeus. Así lo expresa Poseidón en el decimoquinto canto de la *Ilíada*. Se aferra a los límites de la tríada fraternal y, de los tres hermanos, es el más sensible y susceptible cuando ve que se vulneran estos límites. A regañadientes, con reservas y rezongando, se somete al *nomos basileus* de Zeus, aunque lo hace con condescendencia fraternal. También Hades está atento para que no se vulnere su reino. Se le conoce como Zeus subterráneo, Zeus Catactonio, mientras que Poseidón es el señor del mar. Cada uno de los ámbitos posee sus propias leyes, es un ámbito vital cerrado y resguardado que se protege de las incursiones. El *agon* se despliega en lo que es común a todos y presupone también siempre la existencia de lo comunitario. Donde no existe nada comunitario, donde no hay *nomos* que vincule, tampoco puede existir el *agon*.

Donde con mayor fuerza y contundencia actúa este *agon* es en el ámbito estricto del dominio de los dioses olímpicos, tal como se desprende del poder que ejerce Zeus sobre los demás dioses y en la relación que éstos mantienen entre sí. Eris acompaña en particular a Ares, Atenea y Apolo. En los dioses no incluidos entre los olímpicos retrocede la fuerza imperante del *agon*. Así ocurre en Dioniso. Dioniso y Ares son tan extraños el uno para el otro como a Dioniso le es extraño el mundo de la guerra, toda batalla campal y toda lucha entre héroes. Lo mismo vale para Deméter y para Pan, también para los titanes, que siguen imperando en el reino de Zeus. No van acompañados de Eris y no se presentan en la batalla. La epopeya no los conoce ni los nombra como participantes del *agon* de los héroes, pues no se inmiscuyen en él.

Dioses y hombres odian al Ares homérico. Atenea es su acérrima enemiga y aplica una fuerza que lo supera. El propio Zeus define al hijo como un infame al que en realidad correspondería la suerte de los titanes. Ares otorga al *agon* características ante las que todos los dioses retroceden. La ira ciega y sin sentido de la lucha, la matanza, la carnicería, constituyen el placer de Ares. No es un estratega ni emplea la táctica, hace su aparición en el tumulto y el desenfreno, en los torbellinos en los que el amigo y el enemigo apenas se reconocen. Es el dios del grito de guerra más estridente. La guerra es su elemento, es el medio y el fin, y no le preocupan los planes y objetivos que guían y conducen la lucha. La epopeya no conoce al Ares inspirado por las musas. Tampoco puede llevar a engaño su relación con Afrodita, pues es la relación de un guerrero con el placer. El verdadero poder de Ares no admite ser quebrado; es igual en todo momento y obra allí donde el *agon* carece de medida, de fin y

El agon

de límite. De ahí que de repente se yerga con una fuerza impresionante llenando con su voz broncínea y desgarradora la vastedad del campo de batalla. Es, en esencia, un devorador, en un primer momento un antropófago y después un derrochador de todas las fuerzas, de todo lo profuso, en fin, de toda sobreabundancia. En relación con los otros dioses, su fuerza no es muy grande. Está sujeto al *nomos* de Zeus y tiene que someterse a él, pues sabe bien que no puede medirse con el padre. El *agon* de Atenea es más enérgico que el suyo; la fuerza de la diosa radica en la circunspección máxima. Cuanto más tenaz y resistente es su fuerza, tanto más efímera es la de Ares, cuya furia y desenfreno no pueden durar, pues en su frenesí agota rápidamente su gigantesca fuerza. Luego se muestra débil, quejumbroso, sensible a las vulneraciones. Éste es el Ares homérico y no se puede ignorar que ha sido captado por la mirada de un vidente. En un hermoso pasaje de la *Ilíada*, el prudente Diomedes, legítimo amante de Atenea, siempre un poco sombrío, se reprime cuando Ares hace su aparición a la cabeza de los troyanos y la batalla adquiere una dimensión que complace al dios. Sólo cuando se le une Atenea, que se sube a su carro y sujeta las riendas, toma parte en la lucha y entonces se ve de inmediato quién es el más fuerte. En el *agon* de los dioses, a Ares le toca en suerte verse humillado por Atenea. Ella es la protectora de la lucha de los héroes. La prudencia de Diomedes se caracteriza por la simpatía que siente Atenea por él. Es hermoso el encuentro entre Diomedes y Glauco, un encuentro muy alejado del ámbito de Ares, pues aquí es Zeus en persona quien se implica, el Zeus Xenios que preside la hospitalidad. Es Zeus Xenios quien induce a Glauco a cambiar su armadura dorada por la broncínea de Diomedes.

Héctor advierte que Ares ayuda a todos en la batalla y que, a menudo, mata al asesino. Esta observación apunta a una verdad. Ares hace su aparición en la distribución de los bandos; él mismo toma partido. Se divide, por así decirlo, de tal forma, que el Ares más fuerte se pone de lado del ganador y el más débil se coloca en el lado opuesto. En la guerra de Troya toma partido por los troyanos, pero es incapaz de determinar el resultado de la contienda. No obstante, el Ares que ayuda a todos, el asesino de asesinos, no es el dios de una de las partes sino el dios del conflicto en sí, al que precede y que abarca. Sin Ares no hay lucha. Su poder se muestra en la fuerza vital de combate. El temblor de la jabalina hundida en la tierra y las convulsiones y los estertores del agonizante manifiestan las fuerzas desvanecientes de Ares. Al hombre agonizante lo abandona su Ares, el muerto ya no tiene Ares. Se le hiela la sangre y ya no es capaz de contentar a Ares.

En la *Ilíada* la lucha de los dioses es la culminación del *agon*. Zeus incita a ella, Eris la inicia y los dioses toman partido en la lucha de los héroes. Se liberan fuerzas poderosas, el efecto se parece a un terremoto. Tiemblan la ciudad, los promontorios, los barcos, pues Poseidón sacude la tierra desde abajo de forma que Hades, que no participa en la lucha, se levanta asustado de su trono. El sentimiento de vida que desemboca en el *agon* irrumpe de forma poderosa e inigualable. Aquiles arremete con furia contra los troyanos, el dios fluvial Janto contra Aquiles. Hefesto se lanza contra Janto, Atenea contra Ares y Afrodita, y Hera contra Ártemis, mientras Apolo, prudente y temeroso, retrocede ante Poseidón, que le invita a combatir. Hera está loca de alegría y Zeus, desde la cima del Olimpo, observa con regocijo la batalla. En la *Ilíada*, la lucha entre dioses constituye uno de los pasajes que permite entender a fondo qué es el *agon*. Eris la inicia, y la pregunta que se plantea es cuál es la misión, cuál la tarea que le corresponde en el *agon*. Eris es la diosa de la guerra en un sentido más amplio que Ares. No está limitada a los asuntos de guerra como él, no es sólo su mensajera y su predecesora. Acompaña además a otras divinidades que intervienen en la lucha, a Atenea y a Apolo, y también a las ceres, a Deimo y a Fobo, y a Cidoimos, que es el dios del fragor béli-

El agon

co. Domina un ámbito más amplio que Enio, que es una divinidad de la guerra absolutamente asesina y, como tal, devastadora de ciudades. Eris, tal como la representa Homero, es hermana y amiga de Ares, y tiene con él un parecido de hermanos. Figura, en un primer momento, como pequeña e insignificante, para alzar después su cabeza hacia el cielo. Revive poderosamente en el fragor de la batalla, tiene una voz parecida a la de Ares, se presenta en el lugar antes que Ares y permanece en el tumulto cuando los dioses ya se han retirado de él. Como su hermano, es ávida, insaciable y cruel. Si nos fijamos en cuándo Homero menciona a Eris, se advertirá que ésta nunca aparece sola. No es una diosa que se presente por sí sola sino que siempre acompaña y tiene algo de accesorio. Ésta es una de las sagaces observaciones en las que abunda la epopeya homérica. En la naturaleza de Eris está no tener bajo su poder ningún ámbito propio en el que maniobrar e imperar con fuerza innata. Siempre despliega su poder en otro ámbito, a cuyas leyes se somete. Acompaña a los dioses junto a los que se la nombra; los precede, permanece junto a ellos y se retira después de ellos. Ninguna Eris posee un poder pausado. Los dioses, en su apacible plenitud existencial, no poseen una Eris a ellos atribuida o que les acompañe. Eris sólo acude y se une a ellos cuando se inflama el *agon* entre los ámbitos de poder. La *Ilíada* la menciona sobre todo como hermana de Ares, pues es el ámbito de Ares el que predomina en la epopeya. Hesíodo refiere que Eris domina la vida entera de los hombres. En Hesíodo no sólo es invisible y mediata, también se reparte. La Eris buena de Hesíodo preside cualquier *agon*, cualquier capacidad abocada a la competición. Abarca el *agon* de los juegos, de las musas, los oradores, los artesanos. No existe profesión, ni arte, ni artesanía, ni habilidad que vaya acompañada de un *agon* en la que ella no tome parte. No designa el rango de la misma; éste depende del *nomos* al que está sujeta. Por tanto, también en Hesíodo es accesoria. El *agon* de los héroes está sujeto al *nomos* de Zeus. La lucha entre Aquiles y Héctor depende directamente de la balanza de Zeus. Es singular, y más curiosa de lo que estamos dispuestos a aceptar, la concepción de que los inmortales son pesados en la balanza de Zeus. No es la voluntad de Zeus la que hace subir y bajar los platillos; él no sólo es ajeno al resultado sino que lo conoce de antemano. Sabe que Héctor morirá a manos de Aquiles. Sólo verifica el lugar y el momento. Tiene el poder de aplazar el final, sopesa esta idea y la expresa cuando Atenea formula su objeción. Los inmortales poseen su propia gravedad innata, que Zeus ni incrementa ni reduce, y que se manifiesta en la balanza. La balanza abarca el *agon* y atestigua que el destino es algo común. El veredicto de la balanza muestra la relación existente entre Zeus y las moiras.

La dureza irreconciliable, implacable y terrible del *agon* se manifiesta por doquier y Homero no intenta suavizarla, refiere los acontecimientos con rigurosa veracidad. Describe las heridas abiertas por la espada, la lanza, la flecha y la honda con una minuciosidad que presupone un profundo conocimiento, también de anatomía. Así como las armas se parecen, también se parecen las heridas que causan. A las reglas de juego del *agon* pertenece la invectiva dirigida al enemigo antes de entablar batalla, los vítores del vencedor, la incautación de la armadura y el despojo del cadáver. El vencedor es dueño de perdonar la vida del derrotado, que implora su clemencia, que abraza su rodilla y toca su mentón; es dueño de aceptar el rescate o de matarle. El cautivo carece de protección, pero los dioses odian la crueldad extrema, como se hace patente cuando se hace escarnio del cadáver que por derecho corresponde al vencedor. Como dice Ulises, también las personas agobiadas por el sufrimiento que imploran auxilio son sagradas para los dioses. El *agon* es duro y despiadado, le es propio tanto el júbilo del vencedor como el dolor por el vencido, el lamento de la esposa y de los padres ancianos y desvalidos. Aun así sus reglas son inviolables y recuerdan a los juegos. Sus acuerdos deben ser respetados, posee una naturaleza de heraldo inviolable, se detiene ante la hospitalidad y está sujeto a los dioses.

Uno de los presupuestos del *agon* es que los dioses vigilan las fronteras de su poder. Se rechazan y se castigan severamente las incursiones contra este poder. Los dioses atribuyen importancia a la invocación, el ruego, la plegaria, el agradecimiento, porque todo ello reafirma las fronteras de su soberanía. Necesitan los sacrificios. Hermes explica a Calipso que no fue de su agrado cruzar el mar inconmensurable pues no había en él ciudad alguna que diese la bienvenida a los dioses con sacrificios y hecatombes. Los ámbitos de poder de los dioses no son de tal naturaleza que haya entre ellos huecos y espacios vacíos por los que pueda escapar el hombre, que contaría así con la posibilidad de sustraerse por sí mismo a su dominio. En ninguna parte existe un vacío como éste. Todo colinda o se superpone. Este segundo caso encierra peligros para el hombre y puede ejercer un efecto demoledor sobre él. Lo que se llama la envidia de los dioses es un caso particular del *agon* en que están insertos. Para el hombre es fatídico verse enredado en una pelea entre dioses, pero inevitablemente se ve involucrado, no puede escapar a este enredo. Donde lo rehúye, no puede sustraerse porque no se encuentra fuera de la lucha, sino metido en ella y, por tanto, siempre tiene un dios a su favor y otro en su contra, tal y como evidencia la *Ilíada*. Más tarde, esta lucha se convertirá en uno de los argumentos capitales de las tragedias. Ningún estudio que aborde el concepto de culpa en la tragedia griega será suficiente si no reconoce este conflicto y sus condiciones. La necesidad trágica pertenece al ámbito del *agon* de los dioses y forma parte del *nomos* de Zeus. Esta necesidad, como la culpabilidad misma, no admite ser derivada de una *physis*, si bien la tragedia euripidea es el lugar donde se inicia la solución.

No es una excepción sino la regla que el hombre se vea involucrado en la lucha de los dioses. No se ve involucrado en el momento en que se hace culpable sino cuando llega al ámbito de poder de los dioses y, a sabiendas o no, se convierte en cómplice de su *agon*.

LOS ORÁCULOS

No existe oráculo que no tenga contacto con el *daimonion*, con el *numen* de la divinidad o de los héroes; este contacto es la condición de su existencia. Mientras el *nomos* esté incluido en el *numen*, mientras el *nomos basileus* de Zeus impere sobre toda ley, sobre todo orden, el oráculo será imprescindible. Es la solución a la duda, la salida al apremio, el punto de consulta, el lugar de la pregunta dirigida al *numen*. De ahí que los oráculos estén en todas partes y que intervengan en la vida.

La adivinación (la capacidad de presentir lo divino, el poder de presagiar) sólo puede ser entendida en cuanto el hombre tiene conocimiento del *numen*. Escucha la voluntad de la divinidad y se convierte en su portavoz. Es una convicción generalizada que todo hombre posee el don de la adivinación. Es un don innato y ha sido dado y puede ser fortalecido si se desarrolla, puesto que existe una escuela de adivinación. No obstante, la facultad adivinatoria no es igual en todos, ni está despierta por igual en todos; en algunos está dormitando. A nadie se le ocurriría no preocuparse por ello ni prestarle atención. En el oráculo de incubación, en el oráculo de signos, en el oráculo hablado, a cada uno se le ofrece la oportunidad de comprobar y demostrar su poder adivinatorio. Si lo posee, no necesita interpretación, ni explicación por parte de un tercero, de un sacerdote, vidente o intérprete de signos. Se recurre al experto para obte-

El agon

ner la certeza. Calcante y Tiresias son hombres que poseen el sumo poder de la adivinación, la profetisa apolínea Casandra es una doncella. La fama de Calcante procede de su facultad como augur. Tal como dice la *Ilíada*, conocía lo que sucede, lo que sucedió y lo que sucederá. Que la ira de Apolo provoca una peste en el campamento de los griegos frente a Troya es algo que saben todos, pero sólo Calcante indica las razones por las que el dios está iracundo. También Tiresias es ante todo un augur; es ciego, para lo cual se refieren diversas razones. La ceguera de los videntes demuestra y testifica su capacidad vidente. También Homero, el vidente Homero, está ciego. Una persona que ve como él no necesita los ojos, ya no hace falta que mire con los ojos. Ve más sin ellos, se ha hecho todo ojos. También Casandra y su hermano Heleno son augures.

Los augurios pertenecen a los oráculos de signos. Los pájaros tienen algo de présagos; la palabra griega para pájaro tiene también el sentido de pájaro agüero, de algo pre-significado. En el oráculo hablado se comunica el oráculo; la respuesta del oráculo, la sentencia, la profecía en un sentido amplio se llama *chresmos*. No corresponde al comunicante ofrecer una interpretación o explicación. En muchos casos, no es capaz de ello porque desconoce las condiciones de la pregunta, su significado y su contexto. El transmisor no tiene nada que ver con el consultante, se limita a comunicar la sentencia. La interpretación y la explicación son asunto del consultante. Puede ocuparse él mismo de ello o hacer que se ocupen otros. Egeo, que consulta al oráculo délfico por su descendencia, es incapaz de interpretar la sentencia a causa de su oscuridad, pero sí Piteo, a quien se le comunica y que actuará de acuerdo con ella. Leucipo, que busca a su padre y a su hermana, la comprende. En Delfos se le dan indicaciones para que recorra los países en calidad de sacerdote de Apolo, con lo cual partirá vestido de joven y encontrará a ambos. No es necesario el oráculo cuando la divinidad da a conocer su voluntad sin ambigüedad, cuando no existe duda acerca del *numen*. Donde reina la certeza, sobran las preguntas, como sobran también allí donde basta con la *physis* para disipar cualquier duda. Tal y como ya apuntamos, el hombre puede llevarse a engaño. El *oraculum* (*chresmos*) es la sentencia (respuesta) divina y adivinadora, y no sólo, por tanto, el lugar en que se emite. No obstante, la fama de los oráculos hablados y de los oráculos de incubación está vinculada a las antiguas sedes que se ocupan de pronunciar oráculos. El oráculo no depende de una sede y un lugar y puede por tanto ser enunciado en cualquier sitio, pero su prestigio está ligado a determinadas localidades. Las sedes se encuentran ante todo en la cercanía de los manantiales, de los de agua fría y de los de agua caliente, como los que emanan vapor en Delfos. En Dodona se observaba el movimiento de las hojas del roble sagrado, en Delos el susurro de las hojas de laurel, en otros lugares otros movimientos, pues es un movimiento, un cambio, lo que siempre precede a la sentencia. La sentencia se pronuncia en estado de arrebato y en este estado la recibe el consultante. Se representa a las pitonisas y las sibilas en este estado. Ayunar, abstenerse de beber vino y dormir en el recinto del templo son requisitos del oráculo incubatorio. Aquí, tanto el que consulta como el que contesta se encuentran sobrios.

No sólo los dioses, también los semidioses y los héroes pronuncian oráculos, de ahí que posean sus propios lugares oraculares. Así sucede con Heracles de Bura, Anfiarao de Oropo, Trofonio de Lebadeia. Los oráculos se instauran donde yacen sepultados los restos de personas videntes. Anfiarao, calificado de hijo de Apolo, era un vidente procedente de Argos que fue arrebatado por Zeus en la marcha de los Siete contra Tebas. En Oropo, donde desapareció, se encontraba el Anfiareion, en el que se pronunciaban oráculos de incubación. A Trofonio, hijo de Ergino, se lo tragó la tierra y en ese lugar se instauró un culto y un oráculo subterráneo en honor de Zeus Trofonio. En la

El agon

gruta consagrada a Heracles Buraico, en Bura, se instauró un oráculo de dados.

¿Acaso se acredita la sentencia del oráculo porque haya previsto un suceso del futuro (predicción, profecía, presagio) o bien se produce este suceso del futuro porque ha sido predicho? ¿Es la sentencia verdadera porque viene determinada o porque es determinante? Ambas cosas. Supongamos de entrada que no se pronunciase la sentencia. ¿Cambiarían en algo el suceso y su curso? ¿El acontecimiento que se producirá en el futuro se habría producido también aunque no se hubiera planteado la pregunta ni se hubiese dado una respuesta? Ciertamente no en aquellos casos –a los que pertenecen los oráculos con ocasión de una expedición y fundación de colonias– en los que la sentencia es constituyente, constitutiva para la instauración y creación de la colonia. Ésta o bien no se hubiese creado o bien se hubiese creado en otro lugar si el oráculo no hubiese dado su aprobación a la expedición y la fundación, o si hubiese designado otro lugar. Están incluidos todos aquellos casos en los que la enunciación del oráculo tiene como consecuencia la actuación del propio consultante, pues de entrada la sentencia lo convierte en actuante y, además, el dicho y el hecho forman una totalidad indivisible. A Orestes el oráculo de Delfos le reafirma en sus planes de venganza y Orestes actúa en consecuencia. Enómao se entera de que deberá morir si su hija se casa e intenta, en consecuencia, evitar la boda. El oráculo de Delfos ordena a Damarmeno que entregue a los eleos el omóplato de Pélope, que había sido encontrado. A Pelias, rey de Yolco, un oráculo le anuncia que morirá a manos de un pariente de la estirpe de los eólidas. En consecuencia, los mata a todos, pero se le escapa Jasón. El oráculo no anticipa la reacción del afectado, pero se cumple tanto en el que actúa como en el que no actúa. Es improbable que no se tenga en cuenta la sentencia del oráculo: el afectado reaccionará. La expedición partirá, la colonia se fundará y el ame-

233

nazado tomará medidas que le den seguridad frente a acontecimientos del futuro. De ahí que se deba rechazar la suposición de que el oráculo pretende anticipar determinaciones causales, como vemos en la segunda vista o segunda visión, porque todavía no existen en el ámbito de un acontecimiento como éste y, por tanto, no pueden tener nada de determinante. También en la segunda vista se ve algo que sucederá irremisible e irremediablemente. Este suceso se produciría también aunque el vidente no lo hubiese previsto y, por tanto, no hace falta que tenga relación con él. Así, por ejemplo, prevé un incendio, un cortejo fúnebre, un accidente, y no sabe cuándo ni dónde tendrá lugar. No es necesario que conozca a las personas que están involucradas y también puede ocurrir que el acontecimiento previsto suceda después de su muerte. No existe un destino que le sea revelado como hado o como parte de él. En la segunda vista falta ante todo el *numen*, el tiempo sólo irrumpe como forma de contemplación. Al vidente su visión le resulta un estorbo, no sirve de ayuda ni para él ni para otros. El oráculo va más allá del presagio y de la profecía cuando comunica un *nomos* que procede del *numen* y se da a conocer como tal. Dentro de este ámbito, todo lo profético permanece ligado al lenguaje, a la *prophasis* por medio de la que hace su aparición. El hombre no tiene esta *prophasis* por sí mismo, sino siempre por medio de un dios o un héroe. Por lo tanto –y contrariamente a la segunda vista– la sentencia conlleva siempre su legitimación y deberá ser reducible a la divinidad y su *numen*.

 La enunciación del oráculo depende de la libre decisión de la divinidad, pero viene provocada por la pregunta del consultante. Tampoco se puede obtener por la fuerza, con lo cual aquí los recursos mánticos, que tienen algo de violento y artificial, no vienen al caso. Sin embargo, la facultad adivinatoria siempre está ligada al *numen*, del que no admite ser desprendida. Lo dudoso y cuestionable que en la época histórica afecta a los oráculos,

El agon

y lo ilusorio y engañoso que en la época romana se asocia a la disciplina de los augures y los arúspices se debe a que dependen del *numen* y a que, en un mundo en el que el *numen* está desapareciendo, acaso ya no puedan existir intactos. Donde el *numen* retrocede, los oráculos incubatorios, los hablados y los de signos pronto dejan de existir. En su lugar surgen la astrología y los sistemas caldeo y egipcio de cálculo, que llenarán esos espacios vacíos que han abandonado el *daimonion* y el *numen*. Las funciones del oráculo las desempeñarán el cálculo del horóscopo y el exorcismo, que tienen algo de violento, pues se trata de operaciones que pretenden conseguir algo por la fuerza.

La idea de que los antiguos oráculos son infalibles, de que aquello que enuncian acontece de hecho, le parece inconcebible a la mayoría, por eso prefiere creer en conocimientos particulares de las circunstancias o en artificios. Estas personas, los que se guían por una mentalidad causal y teleológica, no admiten que la *prophasis* es incapaz de engañar o estafar mientras toda legitimidad quede comprendida dentro del *numen* y se exprese en el lenguaje que le es propio. En un mundo como éste, toda vía, todo camino indicativo y orientativo, pasa a través de la *prophasis* del oráculo. Sin oráculos, como ya hemos dicho, no hay salida. Para el hombre son tan necesarios como lo son el agua y el pan.

Es acertada la frase de Heráclito acerca del señor del oráculo de Delfos, que ni dice ni oculta sino que significa (es decir, da un signo). Ahora bien, sería equivocado atribuir a la frase un significado semántico; éste es incompatible con el *daimonion* que pasa a formar parte de la *prophasis*. Aquí se habla del señor del oráculo; mientras es señor, el *daimonion*, el signo y la *prophasis* son la misma cosa. En este sentido, el oráculo da un signo y no una escueta y seca indicación abstracta de aquello que sucederá y es necesario hacer en el futuro. De ahí que, precisamente, el análisis literal lleve al error. La tradición demuestra que el oráculo se presta a interpretaciones erróneas y que se entiende mal cuando se toma en su significado literal. En ese caso, falta la adivinación. Y la palabra ya no posee un poder transformador.

HADES

El lamento por los muertos está lleno de vida no vivida y es difícil de colmar, ese poderoso lamento que se eleva en torno al cadáver de Patroclo. El cuerpo del héroe constituye el centro de este lamento, y es evidente que este cuerpo es lo más bello y sublime que existe en la tierra y que su aniquilación provoca una conmoción que se propaga desde el centro. Es este mundo un mundo de hombres, un mundo masculino en el que se honran más el poder y la belleza de los hombres que los de las mujeres, y en el que, por tanto, el lamento por la muerte del hombre se escucha con más fuerza que el lamento por la mujer. En el cuerpo del héroe se observa y se mide el canon del poder y la belleza humanos. El lamento por su muerte tiene un gran alcance y afecta a los dioses, los vientos y el mar, tal y como muestra el entierro de Patroclo. En un poema épico tardío como el de Quinto de Esmirna, que lleva a término la *Ilíada* hasta el regreso de los griegos a su patria, se describe el lamento por la muerte de Aquiles en toda su amplitud. Es característico de estos poetas emuladores proponerse como objetivo ser exhaustivos y no descuidar nada. Quinto recopiló todos los elementos del lamento funerario que halló en Homero y en los poemas cíclicos. Su fuerza conmovedora no se percibe en ningún otro lugar mejor que en la *Ilíada*. Uno de los elementos característicos de esta lamentación es su tendencia a lo festivo. El acontecimiento luctuoso desemboca en el *agon* festivo de los juegos, en el que com-

El agon

piten las máximas fuerzas vitales. No es, por tanto, desatinada la hipótesis de que el *agon* de los juegos, ese *agon* somático que tuvo en Píndaro a su último poeta, surgió a partir del lamento fúnebre. El dolor mismo desemboca en un comportamiento agónico que se manifiesta actuando en las competiciones y los torneos. El reino de los muertos se abre y se vuelve a cerrar. El funeral existe para los muertos y los vivos. De entrada abre al muerto el Hades, ante el cual deambulará hasta que se haya llevado a cabo su solemne incineración. Una vez incinerado el cadáver, el muerto no regresará a su patria. La celebración funeraria lo sosiega; antes deambulaba infatigable e impaciente en un reino y un estado intermedios. Después, en cambio, se encuentra separado de los vivos de un modo estricto e implacable y ya no tiene nada que ver con ellos. A partir de este momento está sujeto sólo al Zeus de las sombras. Por tanto, el funeral provoca la firme delimitación de los muertos con respeto a los vivos. Se incinera el cuerpo y no se deja que se pudra. En cierto modo, la celebración misma es plástica de principio a fin, pues se procede a trazar un círculo alrededor de la tumba, se construye un empedrado, se erige un túmulo y (en el caso de Patroclo) se entierra en él la urna dorada. Todos estos procedimientos tienen lugar a plena luz del día. Para los vivos, la celebración y el lamento fúnebre tienen como efecto la curación del dolor. El enterramiento honroso y decoroso no sólo contenta al muerto, abriéndole las puertas del Hades, también es un consuelo para los supervivientes. No hay nada más triste, nada más ignominioso que privar al muerto de estos honores, dejar su cadáver abandonado en el suelo para que sea devorado por pájaros y perros. Que el dolor tiene algo de curativo es una idea que Homero no desarrolla pero que, aun así, en modo alguno le es ajena. El comportamiento estoico frente al dolor es algo que el héroe no conoce; se entrega enteramente a él como se entrega a la alegría. Para el hombre, no hay nada indigno en el torrente de lágrimas, el fuerte lamento y el llanto. Su objetivo no es la ataraxia, la impávida imperturbabilidad del alma, sino que se entrega libremente a sus sentimientos. No reprime ni niega el dolor y no persigue la insensibilidad, sino que concede a la naturaleza su derecho y derrama sin temor su lamento. Parece evidente que no existe dolor sin el Hades, sin el reino de los muertos, ni separación en la que se manifieste únicamente el dolor, no importa de dónde provenga. Pero la epopeya no conoce el Hades de Core, el Hades florido, el Hades de Dioniso, aquel Hades que forma una unidad con la vida y que es la condición de toda plenitud de vida, de toda renovación. Para la epopeya, el Hades es un lugar de espanto y de hacinamiento, una mazmorra de las almas. El alma presenta toda ella el aspecto del muerto, pero sólo es una sombra dotada de fuerza voladora, incorpórea, transparente, como el humo y la niebla. No entra en consideración frente al cuerpo que respira y se mueve en la luz. Temblando y zumbando corre hacia los ámbitos nocturnos. El difunto es menos que el vivo; el alma que corre hacia el Hades es menos que el hombre vivo, no es lo más noble del hombre y así lo siente ella con una aflicción sorda. Es sólo el *pneuma* fútil que queda del vivo, su triste sombra. El Hades es el lugar de los nostálgicos que sienten nostalgia de la luz del pasado. El alma no es indiferente al destino de los vivos, pero está debilitada, llena de nostalgia por la vida y ávida de sangre. Ha perdido su destino, carece de *daimonion*, de moiras, y sólo está sujeta al poder opresivo de Hades que es el Zeus y soberano del reino de las sombras y de todas las sombras. Homero define a su esposa Perséfone como «la Severa». Las almas guardan recuerdos de la vida en la tierra pero están inactivas, carecen de ocupación y se hallan entregadas a pensamientos pesarosos. Tampoco las almas que detentan una posición dominante en el Hades, los señores de los muertos como Aquiles, sienten satisfacción por su función. Es Ulises quien con mayor minuciosidad relata lo que sucede en el Hades.

El agon

Las almas tienen el aspecto que tenían en el último instante de su vida, de ahí que la mirada las reconozca de inmediato. El vidente Tiresias todavía posee su cayado dorado, también sigue manteniendo su don de vidente. Sólo hablan las almas que beben la sangre del sacrificio, las otras, a las que esto les ha sido prohibido, se retiran en silencio al Hades. El alma es, tal y como dice la madre de Ulises, una imagen de ensueño, por tanto el Hades es un reino de ensueño. Las almas no se dejan tocar, ni abrazar. Pero sí se acuerdan de las personas que les son queridas. Agamenón pregunta por su hijo Orestes, Aquiles por su hijo Neoptólemo. Contento, baja por el prado de asfódelos después de que Ulises le relate cosas gloriosas de su hijo. Es también Aquiles quien define escuetamente el Hades como un reino de sombras de personas muertas que habitan en sus profundidades de un modo vano y absurdo.

Este lugar de las almas separadas de sus cuerpos es un recipiente de imágenes. Son imágenes las que se guardan en el Hades, donde se consumen poco a poco, palidecen y se van haciendo borrosas. Así como el señor de las sombras lleva un casco que le hace invisible, así la casa de Hades es una casa invisible. Entre las imágenes en sombras también se encuentran imágenes de héroes divinizados; la imagen de Heracles se encuentra en el Hades mientras que él mismo está en el Olimpo. Esto es curioso e indica la insignificancia de la parte del hombre que recoge el Hades: es simple imagen, sombra y sueño. Esta existencia en sueños e insensible con la que deambulan las sombras en el Hades, calladas o emitiendo sonidos estridentes y un fuerte griterío, convierte este lugar en un espacio espantoso.

El Hades subterráneo y el de occidente, de los que habla Homero, son el mismo y por tanto se solapan y se unen. La morada occidental que alcanza las profundidades de la tierra contiene la entrada principal del Hades. A través de ella entran, junto con las almas, también algunos vivientes. Dejando a un lado la entrada principal, hay múltiples senderos y caminos o incluso hendiduras que conducen al Hades, al que, por tanto, pueden acceder las almas desde cualquier lugar. El alma de Patroclo se hunde humeando y zumbando en la tierra. El Hades de los cantos homéricos no sólo es un lugar estático, también se atasca, se estanca. Es un mero lugar de retroceso de la vida, un receptáculo sin salida, totalmente estéril. De ahí el moho que cubre los senderos que conducen hacia él, lo mohoso y enmohecido que recorre el ámbito entero, el aleteo y el griterío de los murciélagos. Su existencia en las sombras se ha vuelto tan estacionaria que por todas partes se acumula el moho y se extiende el hacinamiento. En el oscuro encierro de las profundidades del Hades y del Erebo todo se pudre de un modo fantasmagórico. Hay algo fantasmal cuando el señor de las sombras se incorpora en su trono, angustiado por los embates de Poseidón, que sacude la tierra. Es presa del miedo, porque podrían formarse hendiduras y roturas en la gruesa costra que separa su reino del mundo superior, podría entrar luz en su hacinamiento y su oscuridad enmohecida. La lucha de los dioses afecta al Hades y lo sacude de parte a parte. Es significativa la idea de que sería posible hacer saltar el Hades desde afuera y de un modo violento. Al movimiento que sin cesar penetra en el Hades no le corresponde un movimiento contrario, de ahí que tenga algo de sobrecargado. No obstante, el sobresalto de su señor muestra que no es intocable; su aislamiento, su edificación bajo tierra presuponen un constante contacto con el mundo superior.

 En estas reflexiones se hallan incluidas y ocultas circunstancias poderosas que la epopeya se limita a apuntar. Del mismo modo que el Zeus subterráneo está muy lejos de encerrarse terminantemente dentro de su reino y de mantenerse aparte, sino que sale de él para irrumpir enérgicamente con sus corceles negros y su carro dorado, sobre todo cuando con gran despliegue de poder rapta a Perséfone, así tampoco la morada del Hades está

El agon

totalmente aherrojada ni es infranqueable para los vivos. El camino que conduce hacia allá es secreto y está lleno de peligros, pero aun así puede ser encontrado. El Hades no se basta a sí mismo, no es un ámbito independiente, y no lo es por el simple hecho de que depende por completo de los engendramientos. La unión entre él y el mundo superior se evidencia por las visitas que los héroes le hacen en vida. Heracles, acompañado de Hermes y Atenea, penetra violentamente en el Hades y alcanza con su flecha al mismo señor de los muertos, que le opone resistencia y debe huir al Olimpo, donde le curan la herida. El semidiós corona su acto encadenando a Cerbero y conduciéndolo hacia la luz. Perseo desciende al Hades, en él entran Teseo y Pirítoo, Orfeo lo visita, de él regresa Alcestis. A la entrada del Hades, Ulises ofrece un sacrificio y mantiene un diálogo con las sombras. Las relaciones de los héroes con el Hades son múltiples. Perseo, que mantiene una relación amistosa con el dios de los muertos, goza de su apoyo y protección, y da la impresión de no conocer obstáculos, de que no le detiene límite alguno cuando se dispone a visitar las profundidades. Es Heracles el que irrumpe con más ímpetu y con mayor éxito en el Hades. Teseo y Pirítoo, que deseaba llevarse a Perséfone de las profundidades, se ven apresados y retenidos en aquel lugar. Orfeo lo abre por la fuerza de su canto; a Alcestis, lo echan. Ulises no puede eludir la visita al Hades. Que lo busque y que lo encuentre es la condición de su regreso, y visitarlo constituye la cima y el punto de inflexión en su viaje. En su larga travesía circunvala el Hades, permanece durante años en islas vecinas sin poder salir de ellas. Ulises abre el Hades y arroja luz sobre él. Ésa es una de las funciones del héroe. Para él, Hades no es sólo el que hace invisible, el que todo sosiega y el que acoge a los muchos; no sólo es la mazmorra de las almas separadas de su cuerpo, también las atrae y, como un imán, las arrastra hacia su ámbito. Ellas superan el miedo que les inspira.

Los procedimientos que hacen saltar el Hades, que lo modifican desde dentro, van mucho más allá. Se anuncian en las visitas de los héroes y también en que los héroes, después de su muerte, unen lo de arriba con lo de abajo. Las relaciones del reino de los muertos con el reino de los vivos cambian. El Zeus subterráneo no es sólo el tenebroso y huraño vigilante de los muertos, es también el señor de los metales y el dispensador de la bendición que brota de la tierra. En Hesíodo se encuentra la instrucción de invocarle para que la simiente de Deméter se hinche. Si en la epopeya el Hades es un ámbito estanco que se sustrae a todo devenir, ahora se llena de un movimiento circular que lo incorpora plenamente al devenir. En él todo germina y desprende vapor de un modo primaveral, echa raíces y empieza a brotar. El gran ciclo de los jugos lo atraviesa. Ya no es el que sorbe las sombras, el que succiona las almas que en él viven su crepúsculo, sino que él mismo está preñado de vida. Es el Hades de Hécate, que se desliza hacia dentro y hacia fuera; de Dioniso, que emerge de las profundidades sombrías; de Core, que sin cesar camina de la luz a la oscuridad y a la inversa.

El *Himno homérico a Deméter* relata el rapto de Perséfone. Juega con las hijas de Océano en el prado florido, en el que brotan las violetas y rosas, el croco, los jacintos, los lirios y los narcisos. Core, la joven, tal como dice su nombre, juega en el campo florido; es la diosa de las flores, como su madre Deméter es la diosa de los frutos. Gea hizo que brotasen estas flores bajo mandato de Zeus para engañar a la doncella que jugaba; las flores estaban destinadas a distraerla y a mantenerla ocupada. Mientras recoge flores se prepara otra cosa. En el campo florido se abre una inmensa grieta de la que emerge Hades con su carro de oro, se apodera de Core y con ella desciende a su reino. El rapto se lleva a cabo con el conocimiento y la voluntad de Zeus; por tanto, había sido decidido tanto arriba como abajo. Se escucha entonces el lamento desgarrador de Deméter, quien, desesperada, empieza a buscar a su hija. Intenta arrebatársela a Hades, pero no lo logra, pues entre tanto la joven ha ingerido el alimento de Hades, una granada que el dios de los muertos le ha obligado a comer. A partir de entonces deberá permanecer una tercera parte del año bajo tierra. Los otros dos tercios del año los pasará en el Olimpo.

Este episodio constituye el contacto más poderoso entre el mundo de la luz y el de las sombras. El Hades se abre de una vez para siempre con la llegada de Core; se descerraja, reventado por un temblor que lo transforma totalmente. Los poemas homéricos silencian esta transformación. Para Homero, Perséfone es la diosa severa del submundo, la esposa severa de Hades. El submundo significa para él la casa de Perséfone, y Perséfone es el Hades femenino. En el *Himno a Deméter* se define de nuevo qué son la muerte y la vida. El ciclo de Core, que empieza entonces, demuestra que abajo y arriba, luz y oscuridad, son una misma cosa, una unidad indivisible. Core irrumpe de la oscuridad a la luz y de la luz regresa a la oscuridad. Este movimiento incluye una nueva primavera que llena el Hades y sopla a través de él, que lo inunda con ráfagas rítmicas y cíclicas. Es la propia primavera la que irrumpe hacia la luz, la que empieza a florecer y se llena de fragancia. Esto es lo que expresan las flores que florecen en el prado de Nisa. Es impensable una Core sin flores; con ella las flores se adentran en el Hades y con ella vuelven a salir de él. Sus raíces están en la oscuridad y su fragancia se elabora en las profundidades. Allí todo empieza a bullir como en una gran caldera. La vida dulce, fugaz y pasajera que se disuelve en la fragancia procede de esta caldera. La flor es el sexo que se dirige hacia la luz. Con la entrada de Core, Hades pierde su esterilidad y se convierte en lecho de flores y frutos. Se convierte en el origen del sexo, en seno con forma de seno, en el lugar de la concepción. Al internarse los héroes en él, se prepara ya el alumbramiento.

Todo esto regresa con Adonis. Lo que con Core es rapto, con él es muerte en la flor de la juventud. Al morir y derramar su sangre, de cada gota fluyen flores. La ley del retorno que cumple Core también es la suya; va al Hades y del Hades regresa hacia Afrodita. Su fiesta, las Adonias, es al mismo tiempo una celebración de los muertos y de la vida; al lamento por los muertos le sucede directamente el júbilo festivo. Con ocasión de las fiestas se siembran en cestas y cacharros semillas de hinojo, lechuga o trigo que rápidamente germinarán. Así, de la sangre del joven jacinto brota una flor oscura, una especie de iris como la que se ofrece a Deméter y con la que se forman coronas en ocasión de las Ctonias, la fiesta en honor a Deméter. Es así como Narciso, que muere joven, se convierte en flor. Donde aparecen flores y se producen transformaciones, el Hades está cerca.

LAS DIOSAS DEL DESTINO

Las experiencias alegres y dolorosas por las que atraviesa el hombre le permiten reconocer con más claridad a las potencias en cuya acción se enreda la suya propia. Percibe unas leyes que retornan y que es preciso tener en cuenta. No todo parte de los dioses más venerados, puesto que éstos ni entretejen su propia existencia con la existencia penosa del hombre ni tienen como misión ordenar y determinar directamente todo lo relacionado con el destino de la vida humana. Esta tarea corresponde a otras divinidades, que los griegos identificaron globalmente como femeninas. Son las moiras y las ilitías, Némesis, Dice y Ate. También se incluye aquí a las erinias. El hombre llega a conocer su peculiar poder sólo cuando se encuentra con ellas. Aprende a diferenciarlas sólo por la repetición de los encuentros. Si las hiere, sobre él recae todo lo que hay de hiriente en sus acciones. Ellas

Las diosas del destino

se apoderan de su modo de actuar, lo unen y con él hilan un hilo, tejen un tejido. Ésta es la función de las moiras.

Moira, como concepto, significa porción, parte. Las moiras asignan al hombre una parte. Eso significa que el concepto de destino también puede ser entendido como partícipe y, por tanto, sólo en relación con otros destinos. El mundo como totalidad carece de destino, para él no existen las moiras. Si se lo considera como un mecanismo, posee una necesidad mecánica. En sentido estricto, tampoco el individuo –suponiendo que existiese como tal– tiene un destino. El destino es siempre algo común, cimentado sobre la interrelación. De ahí que las moiras no sólo «hilan» el hilo de cada destino individual, sino que trabajan en todo el tejido; las partes que se reconocen como hilos adquieren su destino por el entrelazamiento con otras partes, por su relación con ellas. Las moiras manejan el curso de los hilos y producen la trama. La imagen está tomada del arte de tejer, del trabajo de la mujer en el telar. El acto de hilar, en el que lo único que importa es el largo o el corto de la hebra, sólo define de manera incompleta su actividad, pues la moira abarca más, implica que el hombre se hace destino para el hombre. Moiras y hombres van juntos, y las moiras velan por el hombre desde que nace hasta que muere, pero no velan por las plantas y los animales, pues éstos no tienen destino, quedan completamente absorbidos por la especie y no hacen más que retornar. Las moiras tampoco deciden acerca de los dioses, en tanto que éstos carecen de destino. De otro modo, el Olimpo no sería lo que es. Por su rango, las moiras parecen menores que los dioses olímpicos y no los gobiernan. Actúan en el ámbito de la soberanía de Zeus, no fuera de él ni por encima de él. En la esfera de los titanes no existen moiras, pues no hay nada en ella que tenga destino. No obstante, la función de soberano de Zeus incluye sopesar los sinos, sin que por ello esté inexorablemente sujeto al veredicto de la balanza; él tiene libertad, puede cambiar la moira, que aparece aquí como peso. Esta concepción es propia de la poesía épica. Para Hesíodo, que en la *Teogonía* define a las moiras como hijas de Zeus y de Temis, éstas dependen de Zeus, que las honra particularmente. A este propósito, se menciona a Zeus como moirageta, conductor de las moiras. Hacen su aparición en un coro conducido por él, de ahí que estén vinculadas tanto las unas a las otras como a su función. Este vínculo se halla, por otra parte, en correspondencia con su vinculación a los hombres. No es únicamente Zeus, también los demás dioses pueden gobernar a las moiras. Apolo, Deméter y Perséfone colaboran con las moiras. Cabe pensar que esta conducción se corresponde, según cuál sea el dios que conduzca, al entramado del tejido. De ahí resulta que la moira de los dioses, su parte en el sino de los hombres, pueda ser separada de la participación de las moiras en este sino. Es evidente que en la epopeya las moiras están limitadas, pues no viven en un espacio sin soberano ni tienen una autonomía ilimitada sino que están sujetas a la legalidad del soberano, al *nomos basileus* de Zeus. No pueden intervenir en el modo de obrar de los dioses, no pueden anular ni limitar la participación del dios en el hombre. Los trágicos, en concreto Esquilo, sostienen a este respecto otra opinión. Ahora bien, si preguntamos qué provoca esta limitación de las moiras en la epopeya veremos que están limitadas precisamente por la intervención activa de los dioses, por su proximidad con el hombre y su vinculación con él. Destacan con más fuerza a medida que se aleja esta participación de los dioses por los hombres, que los dioses se retiran del hombre y se desvanecen para él. El destino, como tal, significa ya un alejamiento de los dioses, la actuación impersonal y anónima de los poderes.

Si consideramos la función de las moiras tal como la describe la poesía épica, se plantea la siguiente pregunta: ¿hay algo que no esté sujeto a las moiras? Es evidente que antes de que empiecen a desempeñar su función tiene que existir el hombre.

Las diosas del destino

Las ilitías, las diosas del parto, están activas antes de la intervención de las moiras. Asisten al parto del niño, lo traen a la luz y a la vida, supervisan el nacimiento y las contracciones. También ellas son diosas del destino, si bien en un sentido mediato, porque actúan bajo la condición de la vida sujeta al destino, durante el nacimiento. En este sentido, se vinculan a las moiras. El recién nacido, el lactante, carece de destino, vive en una dependencia absoluta y en razón de esta dependencia tiene una vida sin destino. Puesto que el destino abarca el hacer y el padecer de un modo tal que lo uno es impensable sin lo otro, se adhiere a ambos. La vida y el destino no son lo mismo.

Las moiras tejen el destino en la vida. Héctor ya existe cuando llegan ellas. Pero hay algo que todavía es más importante: en contraposición con Zeus, no depende de las moiras la plenitud de la existencia, de ellas depende sólo ese vuelco de las circunstancias que podría llamarse propio del destino, sólo el movimiento. Ni otorgan al hombre la vida ni hacen de él aquello que es cuando aparece en la tierra. No proyectan su predisposición, puesto que ya existe con ella; no le confieren el carácter, puesto que éste es innato en él y no pueden cambiarlo. Se encuentran con el hombre tal y como es, y así como lo encuentran dan comienzo a su misión con él. Del mismo modo actúa la Aisa homérica. Acontece lo que Aisa determina para el hombre y lo que las implacables hilanderas urden, después del nacimiento, con el hilo en ciernes. Se distingue a Aisa de las moiras, pero no somos capaces de definir lo que las diferencia. La *Ilíada* también dice de Aisa que teje la trama con el hilo que se va desenvolviendo. Puesto que los conceptos de suerte y de parte difícilmente pueden separarse, para nosotros también Aisa y moira convergen. Si bien hilar es una tarea propia de las moiras, con la que éstas ocupan su tiempo, no la ejercen sólo ellas. Allí donde se da a conocer una calamidad que procede de los dioses, son ellas quienes hilan. Traman para el hombre una vida llena de aflicciones, pero ellas no sufren. Homero no menciona lo que lleva a cabo Tique; no aparece en él. Arquéloco menciona a Tique junto con Moira; para Píndaro, Tique es una de las moiras. Esquilo las llama las hermanas madres y también hermanas de las erinias, y dice que las moiras asignan su misión a las erinias.

No cabe pensar que aquello que las moiras traman para la vida, para su curso, sea algo arbitrario, casual e inconexo, sin relación con el hombre, con su esencia, su manera. Eso estaría en contradicción con el modo de actuar de las moiras, que es un modo necesario. La moira que las moiras traman para cada hombre no está en contradicción con el ser de este hombre; esta moira es la parte que está en conformidad con su esencia, la parte que le corresponde. Las moiras actúan *kata moiran*, conforme al orden, según lo que corresponde. Dado que urden el destino del hombre, ya sea de acuerdo con su voluntad, ya sea en contra de ella, no puede hablarse aquí de libre voluntad del hombre. La urdimbre no sucede a posteriori, no como una mera confirmación y consignación de un acontecer ya consumado, sino que se va urdiendo. Lo que producen las moiras sucede por necesidad, es *ananke*, sin que por ello sea un *fatum* ciego. La certeza de que las moiras están siempre activas no resulta en un fatalismo, pues a la vez siempre se mantiene viva la convicción de que el hombre dispone por sí mismo de la parte que urde para él. Las moiras y los hombres actúan conjuntamente. Que el hombre se crea su propio mal, tal y como dice Zeus en la asamblea de los dioses, no se contradice con la actuación de las moiras, puesto que ellas no crearon al hombre, es él mismo la condición última de sus propios males; ellas no existen sin él. Si el hombre no diese a las moiras motivos para intervenir, ellas no podrían hacer nada. No crean desde sí mismas sino que actúan a través del hombre, por medio de él, y para ser activas dependen sin lugar a dudas de él. El hombre participa en la creación de su moira. El mal y la fatalidad, la fortuna y el infortunio adquieren sentido sólo por su vinculación con la voluntad del hombre, sin la cual no son nada y no pueden significar nada. De ahí que las moiras no se encuentren directamente con el hombre y no se aparezcan a su vista. El hombre no las ve como ve a los dioses. Crean sin ser vistas y actúan en lo oculto, en los hilos y los pliegues de la vida. Teócrito, en su primer *Idilio*, dice que Afrodita intentó elevar a Dafne muerto pero que no lo logró, pues faltaba el hilado de las moiras. Este hilado falta porque se acaba con la muerte, porque con él también finaliza todo quehacer de las moiras. En el Hades no hay moiras.

Todo esto indica que las moiras son diosas del tiempo, que actúan en los tejidos temporales de la vida. No crean flores, ni imágenes, ni figuras de la vida; sólo tienen que ver, más bien, con las interconexiones. No llegan al ser sino a su aparición en el tiempo. También lo que viene inspirado por las musas les queda lejos, como apuntan las palabras de Empédocles cuando dice que la Gracia odia la necesidad difícilmente soportable. Lo difícilmente soportable de la necesidad se desvanece ante la actuación de las cárites, pero se percibe en las moiras. En ellas se observa falta de interés por la realización de sus tareas. En sus quehaceres hay algo severo, atento, que jamás flaquea. Su incesante e incansable laboriosidad sólo afecta a su labor, en la que no se ven entorpecidas ni por el afecto ni por el desafecto. No les importa el hombre en cuyo destino participan hilando; no toman partido por él, ni le dedican atención. Esto les confiere un aspecto ceniciento. Son doncellas éneas que parecieran asexuales; no cabe dudar de su continua seriedad.

Dice, que según Hesíodo es hija de Zeus y de Temis y una de las tres horas, posee una cierta ubicuidad. Si bien no permanece siempre cerca de Zeus, como sí lo hace Temis, que es la asesora permanente del dios, está muy emparentada con su madre por su misión y su esencia. Temis también abarca a Dice, que nace de su vientre como hija de Zeus. Dice puede acceder libremente a Zeus y se le acerca quejumbrosa cuando ha sido herida. Tiene en común con las otras horas que ampara las obras de los hombres. Este rasgo de su esencia, típico de las horas, es rítmico, tiene un orden temporal y ocurre dentro del espacio del tiempo. Al mismo tiempo, es la fragancia y la eufonía que permite a los poetas decir de un objeto: huele a las horas, se ha bañado en el manantial de las horas. Si en un primer momento la función de las horas fue custodiar y gobernar las estaciones del año, fomentar lo que germina, brota, florece y da frutos, Hesíodo amplia su función, que se hace extensiva a los hombres y a la regularidad en la que viven, si bien siempre mantiene el ritmo y retorna en un periodo bien ordenado. Hesíodo dice que las horas hacen madurar el quehacer de los hombres. La Dice danzante que baila en el coro es la imagen más sublime de este orden, que se convierte en fragancia entera, en flor y en eufonía. Cuando se habla de la flor de la juventud, se habla de la hora. Si prescindimos de todo esto, sólo queda en Dice severidad y coacción. Pero el orden forzado, el mero estatuto impuesto y cumplido no tiene nada de Dice. Dice no se complace con él. No es una diosa de la necesidad sino que su naturaleza está inspirada por las musas y sólo se siente bien allí donde, en el hombre, resalta lo inspirado por ellas. Como sus hermanas, Dice es amiga de las musas y de las cárites, cuida lo bello y encantador. La Dice intacta es imperceptible pero actúa por todas partes sin ser vista, benévola, brindando, fomentando el crecimiento, demostrando su participación por el hombre que la honra. Es la Dice intacta la que encontramos ante todo en las obras de los poetas épicos y líricos; los trágicos mencionan a la Dice violada. En ésta, su naturaleza cambia, pues la fuerza inquebrantable que le es propia se levanta contra quien la quebranta para condenar y castigar. Lleva la espada con la que atraviesa el pecho del impío y se alía con las erinias. En este sentido más restringido custodia el derecho y las costumbres, combate el quebrantamiento de la ley y la

Las diosas del destino

prevaricación. Esta misión está más acotada porque precisa haber sido vulnerada antes de intervenir. En un sentido más amplio, en el baile de las horas advertimos a la Dice intacta que preside el orden adecuado de la vida entera.

Ate, que a decir de Homero tiene a Zeus como padre y, según Hesíodo, a Eris como madre, es la diosa de la desdicha que maquina las decisiones, las palabras y los actos precipitados y atropellados. Llega veloz, volando con sus pies alados, y con alados pies camina sobre las cabezas de los hombres. No se fija en lo ponderado, en lo meditado, sino en los actos y los pensamientos sobresaltados y pasionales, que favorece y suscita. Donde con el acaloramiento irrumpe la palabra incisiva, desconsiderada e hiriente, allí está Ate. Suelta la lengua, arrastra. Cuando así lo hizo con Zeus, induciéndole al juramento que privó a Heracles de su poder, Zeus la agarró por los pelos y la precipitó desde lo alto del Olimpo, al que nunca más pudo regresar. A decir de Homero, Ate cayó sobre las obras de los hombres. Por tanto, no tiene nada que hacer en el Olimpo, está excluida de la comunidad de los dioses y reina sólo sobre los hombres. En el cambio que precipita sobre las obras de los hombres, queda claro que no sólo provoca y suscita las decisiones infaustas sino que también tiene una misión vengativa. No es sólo la urdidora maliciosa de desdichas, que rápidamente se transforma, sino también la diosa vengadora y justiciera del destino. Como tal aparece en los trágicos. Su misión es más limitada, su ámbito más acotado que el de Dice, pero en Homero es una diosa poderosa. Esquilo dice que es una diosa subterránea: Zeus hace surgir de las sombras a Ate para que ejerza su tardía venganza sobre el poder sacrílego e impío de los hombres. Dice de ella que abraza al sacrílego con una fuerza que desgarra el alma hasta que se impregna de un torrente de desgracias. En la Ate de los trágicos no queda nada ligero y flotante; su función es concreta, punitiva. Cabe suponer que la actuación de Ate pueda coincidir con la de las moiras, es más, que una coincidencia como ésta es preciso que se produzca con frecuencia, pero no hay que confundir a Ate con las moiras. Las moiras acompañan al hombre durante todo su trayecto, durante su entero recorrido, mientras que Ate va y viene. Ate posee algo que sin duda es infausto, sin embargo, no cabe imaginar a las moiras como meras divinidades de la desdicha. Cuando parece que es así, se debe a que la vida de los hombres siempre está amenazada por el hado y que esta amenaza se hace visible por doquier. Todo hombre tiene moiras, pero no a todos se les aparece Ate. Las moiras actúan de un modo diferente a Ate. Las moiras determinan el destino del hombre por medio de tramas y concatenaciones, en un acontecer coherente y consecuente. No son vengadoras ni jueces sino que actúan en virtud de una necesidad condicionada. Su justicia, que parece indiferente, no es ordenadora, equilibradora y restablecedora como la de Ate, que detenta la función de la venganza y hace probar al sacrílego su poder. Así la mencionan los trágicos. La Ate homérica, en cambio, es imprevisible, caprichosa, alevosa y maliciosa, pero ligera como un pájaro, de una ligereza divina.

Lo que diferencia a Némesis, hija de la Noche, de Ate, es su modo de intervenir. Lo que la distingue de Dice es que le falta aquel caminar rítmico, temporal, propio de las horas, con que camina Dice. Probablemente, la palabra a utilizar para ofrecer una idea clara de Némesis sea miedo. Quien conoce a Némesis, o cree intuirla la teme mucho. Hesíodo la menciona junto con Aidos. Si se traduce *aidos* por vergüenza se lo restringe demasiado; *aidos* también significa pundonor, consideración, temor, veneración, respeto. Indica deferencia. El temor a Némesis precede a su llegada y en este temor se originan los actos que pondrán en marcha la reconciliación de Némesis. El sacrificio voluntario de algo de la propia suerte se destina a la conciliación de Némesis. Cuando en nuestra presencia alguien afirma que todo le sale bien

Las diosas del destino

y conforme a su deseo; cuando, en relación con el futuro, está lleno de confianza, golpeamos bajo la mesa con los nudillos, tocamos madera. También lo hacemos cuando hemos hablado con demasiada confianza. Esto se parece, en cierto modo, al sentimiento de los griegos cuando sienten la proximidad de Némesis. Pero para sentir de verdad esta proximidad, para alimentar el miedo a ella, no se requiere sólo una atención particular sino también una madurez y una sensibilidad plástica por las proporciones que fundamentan y delimitan la vida. A toda *hybris* le ha sido dado tener poca conciencia de sí misma y no presentir que se aproxima Némesis. De aquí procede la idea, en Heródoto y en Píndaro, de que precisamente el dichoso, el que se ha liberado del recelo, está particularmente expuesto a Némesis. Ella vela por las medidas, por los límites y las proporciones, y también por lo conveniente, y es, por tanto, una diosa que equilibra y restituye. Si examinamos esta misión suya con más precisión, vemos que su intervención no necesita presuponer una culpa; antes bien, interviene según el estado de las cosas, provocando el cambio, el vuelco que se manifiesta en la vida de los hombres. Esta convicción está claramente expresada en la idea de que los dioses no le otorgan al hombre una dicha demasiado grande, de que se sienten heridos por una dicha que se parezca demasiado a la suya. Basta esta grandeza, esta solidez e invariabilidad de la dicha para mover a Némesis a actuar. Que el exceso de dicha es un peligro, que nadie puede mantenerse en la cima y necesariamente tiene que caer cuando la ha alcanzado, es una de las enseñanzas que imparte Némesis a los hombres. Provoca la profunda, imprevisible y terrible caída desde las alturas. La ceguera con respecto a Némesis está amenazada por la caída. Cuando se la entiende más próxima a Dice y a las erinias, allí donde el dichoso se convierte en arrogante y sacrílego, Némesis se transforma en diosa punitiva y ajusticiadora, tal y como la definen los trágicos. Su epíteto, Adrastea, «la ineludible», no sólo apunta a la vengadora sino a su misión de conservar toda medida humana e instaurar un equilibrio entre los destinos. Es la diosa de las mudanzas y las vicisitudes de la vida, pues en lo que dura y permanece no se hace visible, y sólo actúa desde lo oculto. La Némesis en reposo es invisible. Por muy grande que sea el movimiento que produce, hemos de imaginárnosla tranquila. Además, se muestra con una figura hermosa y en las obras de arte es tan parecida a Afrodita que no es fácil distinguirlas, razón por la cual Agorácrito, discípulo de Fidias, pudo transformar su Afrodita en una Némesis con sólo conferirle otros atributos. La belleza de las proporciones de Némesis apunta a la simetría por la que ella siente simpatía. Es suave y amable, y aquel que le profese respeto no deberá temer nada de ella. Sus atributos son las bridas, la espada, las alas y la rueda con grifos.

Para dar una idea de cómo el pensamiento abstracto maneja el concepto de Némesis mencionaremos lo que dice a este respecto Aristóteles, en el capítulo séptimo del libro segundo de su *Ética a Nicómaco*. Define a Némesis como una sensación de dolor por la dicha inmerecida de los hombres indignos. Para él, Némesis es la virtud, un intermedio entre la envidia a la que aflige el bienestar ajeno y el contento por la desgracia de los otros. A este concepto de Némesis se le podría llamar el concepto civil; si nos remontamos a tiempos anteriores, llegamos a la concepción de los trágicos. La épica no relaciona estas ideas con Némesis, en particular, no la idea de un orden moral que es necesario restituir. Aquí Némesis dispone a su antojo y con arbitrariedad divina. Su intervención no presupone el sacrilegio, la culpa y la falta, designa el propio curso predestinado de la vida, el cambio de las circunstancias, la transformación veloz y a menudo fulgurante, el desplome y la caída.

HERACLES Y AQUILES

En el campamento de los griegos frente a Ilión, Néstor es el único de la anterior generación de héroes. Es el último testigo de una situación del pasado a la que mira la epopeya, un anciano que ha reinado sobre tres generaciones humanas. Es el baluarte y la gloria de los aqueos, el hombre con más experiencia del consejo, y su parecer es el más buscado. Su participación en los acontecimientos es enorme; no existe decisión importante por la cual no se le escuche. En él se aprecian la calma y la serenidad de la edad. Y aún así no rehúye el combate ni la bebida; la crátera de la que suele beber es tan pesada que un joven a duras penas puede levantarla. Su influencia es conciliadora, moderadora; su hablar, desapasionado y ponderado. Le gusta hablar del pasado y sabe elogiarlo, entreteje en su discurso apacible las circunstancias del pasado, las luchas de Heracles contra su padre Neleo, su propia lucha contra los arcadios, los eleos, los epeos y los moliónidas, y su participación, de joven, en la batalla de los lapitas contra los centauros. En su opinión, los héroes antiguos eran más fuertes que los de ahora, eran tan fuertes que ninguno de los héroes más jóvenes hubiese podido vencerles. En el primer canto de la *Ilíada* elogia como hombres de incomparable fuerza a Pirítoo, Driante, Ceneo, Exadio, Polifemo y Teseo. Todos ellos eran lapitas, exceptuando a Teseo. Había estado unido a ellos por lazos de amistad y con ellos había deambulado por los bosques y las montañas salvajes. Si pretendemos dar un nombre propio y sucinto a este periodo de la edad heroica, lo podríamos llamar periodo heraclida. Esta denominación está justificada por las circunstancias que describe la epopeya, La *Ilíada* traza límites y ella misma es un dique que separa el pasado del presente. Son dos los periodos heroicos que el poeta épico percibe claramente y de los que ha tomado conciencia. Néstor, que se encuentra en medio de ellos y los une, intenta compararlos y contrastarlos. Nosotros también percibimos la diferencia. De entrada, nos damos cuenta de que no nos hallamos ya al comienzo de la época heroica sino que nos acercamos a su término. La epopeya es el coronamiento y el remate de esta época. Los cantos homéricos arrojan luz sobre ella, una luz cuya claridad entenderemos mejor si consideramos que en ella hay algo reflectante, proyectante, como la claridad de un espejo o de un escudo grande. También reconoceremos la diferencia entre epopeya y tragedia. La segunda coincide con la época de la conciencia histórica que se ha despertado y tiene, por tanto, que abordar el conflicto que surge entre esta conciencia y el acontecer mítico. El escenario mismo, aun más, su mecanismo, evidencia este conflicto, como también el coro, lo monologante y dialogante de la tragedia, la soledad del héroe que, a medida que retroceden los dioses, sucumbe con mayor certidumbre a la necesidad trágica.

Tal vez a Néstor las circunstancias del pasado sólo le parezcan más poderosas en el recuerdo, pues el tiempo realza los contornos del pasado y a ello ayuda la propia inclinación. Es posible que así sea, pero no podemos rechazar la idea de que tiene razón. No obstante, ¿cómo se genera esta idea en nosotros? Indudablemente, la misma descripción de ese territorio mítico, a la vez antiguo y joven, que tiene algo de intacto, de intransitado, de inexplorado. Es un suelo virgen, es más callado; tiene algo acechante, un silencio al acecho, una poderosa fuerza pánica, centáurica. La vida de los héroes antiguos en las montañas, los bosques y los ríos nos causa una impresión más honda. En sus correrías penetran en lo profundo de la naturaleza virgen y abierta. Su mirada descubre los fondos y campos insondados, que en gran medida todavía se encuentran bajo el dominio de los animales míticos. Pasan a un segundo plano la navegación y el universo marino. Así se percibe en un barco como el Argo, cuya fama se debía todavía totalmente a la invención, y que, como obra maravillosa y animada, provoca un asombro que perdura durante mucho tiempo y se lo considera digno de convertirse en constelación. En el catálogo de barcos de la *Ilíada* no se mencionan nombres de naves ni se expresa asombro alguno porque flotas enteras de navíos surquen las costas del continente y el archipiélago. La construcción de embarcaciones es un oficio ampliamente difundido, si bien en la epopeya se observa que el ámbito de Poseidón se va descubriendo tímidamente y en un primer momento sólo por la navegación costera.

Las luchas de las que habla Néstor se conducen contra los hombres centauros tesálicos, que cazan toros; contra los monstruos «peludos, habitantes de las montañas» que habitan en las cuevas. Los seres lapitas y centáuricos, junto con la gran lucha que se origina entre ellos, pertenecen a la época heroica de Heracles y de ella forma parte la figura imponente y heraclida del rey de los lapitas Pirítoo que, junto con Heracles y Teseo, es el adalid de la lucha contra los centauros. Está emparentado con la rama de los hipocentauros. La generación de héroes a la que pertenece Aquiles fue la última educada por el centauro Quirón. A la época heroica heraclida pertenecen la lucha contra los animales míticos y también una vida como la de la Atalanta arcádica, cazadora al estilo de Ártemis, o la caza del jabalí de Calidón, que tuvo lugar en las montañas arboladas de Etolia, la cacería mítica más importante de la que se tiene constancia. La caza se llevó a cabo dentro del ámbito de Ártemis, que soltó al jabalí, y también se relaciona con Atalanta.

Los acontecimientos se suceden paralelamente. Entre las campañas comunes del periodo heraclida resalta la primera campaña contra Ilión que condujo Heracles, la expedición de los Siete contra Tebas y la de los argonautas, que llevó a la Cólquide bajo el mando de Jasón. Estas grandes empresas hallan su correspondencia en la época aquilea. La segunda campaña contra Ilión la conduce Agamenón; la segunda expedición contra Tebas, los epígonos bajo el mando de Adrasto. La expedición de los argonautas está en correspondencia con la gran travesía del errante Ulises. Los padres retornan en los hijos.

Si se compara a Heracles con Aquiles, se advierten las diferencias. El hijo de Zeus y Alcmena es creador y fundador, confiere a la edad heroica su fundamento y sus límites. La vena del poder heraclida recorre el entero acontecer. El ámbito del mito de Heracles no sólo es el más amplio y potente de todos los mitos heroicos, también es una fiel copia de las fuerzas y conflictos en medio de los cuales se encuentra el héroe. El amor del padre por este hijo es correspondido. Es el *nomos* de Zeus, en cuya órbita vive el hijo, que ejecuta una vez ha dispuesto la tierra. Heracles mide su fuerza con todo lo que se desvía de este *nomos*. Las luchas que sostuvo pertenecen al pasado y no es necesario que Aquiles las repita. Él encuentra ya aquello cuyas bases sentó Heracles. Ya han sido fijados los límites del reinado de los héroes. Teseo lo amplió y consolidó. Aquiles crece en el seno de estas instituciones fijas. Al mundo de los centauros ya sólo está ligado por la educación que recibió de Quirón; las Amazonas se vuelven a medir con él, pero la lucha está entrelazada como un episodio dentro de la guerra de Troya. Homero aunó en Aquiles todo lo que caracterizaba a la generación más joven, de la que era el adalid y héroe conductor. No se distingue por los rasgos de una fuerza ancestral, primitiva, divina, que se mide con lo enorme y transforma la tierra en una residencia segura para los hombres; con todo su poderío, se crió en un clima más benigno y es más moderado. Es el favorito de Homero, que no sólo le confiere una figura terrible, indómita e inflexible sino también tierna, franca y acogedora. Es magnánimo y amante de la libertad, de ahí que en el trato con él no haya nada opresivo ni humillante. Su sola vista alegra y levanta el ánimo incluso del más humilde, haciéndole suspirar aliviado. La nobleza innata irrumpe, poderosa y triunfante.

PERSEO

Perseo es uno de los héroes a los que la tradición confiere un lugar propio y aparte. Está solo, sin relación alguna con los héroes de la epopeya y sus luchas, de las que se mantiene apartado. Tampoco tiene relación alguna con Heracles, que, al igual que él, es hijo de Zeus. Se mantiene, en definitiva, en su propia región. También le aísla la cabeza de Medusa que lleva consigo, que infunde temor como portadora de peligros mortales. Los poderes petrificantes de Medusa se transfieren a él. En cierta medida es invulnerable e inviolable. Lo que en él se halla bajo el signo de Zeus no resalta tan nítidamente como en Heracles. Es el favorito de Atenea y de Hermes, y los dones de ambos dioses se hacen visibles en él. Lo envuelve un poderoso *daimonion*; sin duda, el contexto de su vida es numinoso y a este respecto en él nos topamos con un rosario de transformaciones. Éstas empiezan con la lluvia de oro bajo la que se muestra Zeus para yacer con Dánae, y se manifiestan en el hecho de que el héroe es capaz de hacerse invisible y de vincularse a Medusa y su cabeza. El camino que toma desde las grayas, pasando por las ninfas, hasta llegar a las gorgonas, es un camino de transformaciones. Del golpe de hoz con el que decapita a Medusa salen Crisaor y el corcel alado Pegaso. Es un camino de transformaciones que conduce, desde la concepción del héroe y la lluvia de oro, que en esa ocasión cae del cielo, hasta su conversión en constelación celeste con la cabeza de Medusa. Es preciso que imaginemos reunido el esplendor de estos movimientos, a Zeus completamente áureo que desde el cielo desciende sobre Dánae y al héroe que, como una flecha, se eleva hacia las constelaciones.

Paralelamente a estas circunstancias, tendrá lugar una serie de encuentros y contactos que colocan a Perseo completamente en el ámbito de Hades, hacia el que conduce una y otra vez la ruta trazada por él, hasta penetrar en su interior. En este contexto figuran hechos como haber sido engendrado y haber nacido en un aposento subterráneo, y haber sido arrojado al mar, junto con Dánae, dentro de un cofre cerrado. Aunque no pertenece a la asociación de linajes cipsélidas, sí forma parte de ellos en un sentido más amplio. Sobre el cofre de Cípselo que los cipsélidas consagraron en Olimpia están representadas las gorgonas aladas. En este contexto se inscribe la proximidad de Gorgo con Hades, de la que da testimonio Homero, y por tanto también de sus hermanas y guardianas, las grayas, así como la amistad que une a Perseo con Hades, quien le presta su casco, que lo vuelve invisible, y su vinculación con Hermes. En Perseo observamos poderes que son propios de Hermes y de Hécate. Entre todos los héroes, es el que más se asemeja a Hermes. Ambos llevan sandalias aladas, a ambos les es propio un movimiento elevado, liviano, alado, en algo perfecto. Perseo es, todo él, vuelo, y atrae la mirada sobre sí como un vencejo veloz, rápido como una flecha y gracioso. Atraviesa vastos espacios a la velocidad del pensamiento. La ligereza de este movimiento, la desenvoltura divina, se hacen patentes en toda su vida, en la que todo lo difícil parece fácil y en la que logra, al primer intento, todo lo que se propone. En el centro de esta vida, que es un único movimiento maravilloso, se produce el encuentro con Andrómeda, la de hermosura nereida. El brillo fulgurante que envuelve su concepción, por el que mereció el apodo de «nacido de padre dorado», no le abandona y es tan permanente como las estrellas. Irradia brillo, plenitud y abundancia, y tal y como relata Heródoto, se derramará sobre Egipto una plenitud de bienes cuando se encuentre allí una de sus sandalias. El poder dispensador del héroe, que siempre es un multiplicador, nunca un menguador, se hace visible en él como una pátina de oro metálico con la que resplandece a lo lejos. No hay héroe que mantenga una relación tan fácil, amistosa y libre de temor con Hades como él. El acto de dar muerte a Medusa complació tanto a los hombres como a los dioses, e incluso a Hades. El Zeus subterráneo dio su consentimiento. Perseo mantiene con él una relación de amistad y accede libremente a él, de ahí que el héroe luminoso vuele en suspensión como un alma, y de ahí también la facilidad con la que asciende y desciende, de la luz a la oscuridad, a los reinos de las sombras, y de la oscuridad a la luz.

En este movimiento ingrávido se distancia de Gea y de sus engendramientos. La decapitación de Medusa hiere a Gea. A Gea no le gustan los héroes, pues sus armas siempre la hieren también a ella, hieren el seno de las madres.

LOS DIOSCUROS

> Los dioscuros, en su amistad, ¿acaso no sufrieron? Pues luchar con un dios como Heracles, eso es sufrir. Y compartir la inmortalidad, envidiando esta vida, eso también es sufrir.
>
> HÖLDERLIN

Los dioscuros proceden de *un solo* huevo. Éste es su destino, que los ata uno a otro para toda la vida. No existen gemelos tan unidos como ellos; existen juntos, están en comunidad y este amor fraternal, esta concordia, perdura cuando se han convertido en constelación celeste. En la constelación del Zodíaco aparecen como gemelos que se mantienen abrazados, tan abrazados como lo estuvieron en el huevo de cisne que los envolvía. En la *Odisea*, Poseidón dice que los abrazos de los dioses nunca son infecundos, que de sus uniones siempre sale un fruto. El nacimiento de gemelos es abundancia. ¿Por qué de los dioscuros emana tanta vitalidad embriagadora? Uno se refleja en el otro como las plantas trepadoras, como las flores y los frutos que se reflejan en el agua limpia de la orilla del lago. Eso es abundancia. Cada uno de ellos lleva una doble vida, dichoso, en el otro. Son cisnes y luminosos como cisnes, luminosos como los corceles blancos sobre los que cabalgan tras haber desaparecido de la tierra. El carro de su padre Zeus también está tirado por corceles blancos.

Presiden la vida heroica juvenil y floreciente, y como héroes se los venera, no sólo en su Esparta natal sino en otros muchos lugares, pues como héroes divinizados su culto se ha generalizado entre los aqueos y los dorios, en toda la Hélade, Sicilia e Italia. De ellos dependen la doma de caballos y el pugilato, en los que descollaban, pero también cualquier ejercicio de atletismo y cualquier trabajo artístico: presiden los *agones* de los juegos de Olimpia y son fundadores de las Teoxenias, una fiesta de la hospitalidad ofrecida a los dioses. Se los evoca al principio de la *Oda Olímpica* tercera de Píndaro, que se representó en el templo de los dioscuros en Acragas durante la fiesta de las Teoxenias. Son inventores de la danza de guerra, son danzantes agraciados por los cantores, son patronos de la navegación y de la hospitalidad, son dioses de la guerra, otorgan premios y traen la suerte. Desempeñan funciones en nombre de Zeus. Para formarse una idea de esta cantidad de funciones es preciso entender que la vida del hombre tiene una parte dioscura que sobresale en la juventud, en la comunidad fraternal, en la ambición por igual, en los atrevimientos y en los logros audaces. En ella todo es feliz por el gozoso sentimiento de crecer; en ella, la vida se agita danzando. En la danza de guerra que inventaron, en la danza pírrica veloz y fogosa, los dioscuros giran como pareja de danzantes y Atenea los acompaña con la flauta. La canción de Cástor, tocada en la flauta, precede al ejército espartano, y al frente del ejército camina el símbolo antiquísimo de los dioscuros, la doble viga unida por travesaños. En la pareja divina quedan abolidos

Los dioscuros

el esfuerzo y la mezquindad de la vida; todo aquello que apenas se encuentra por separado existe aquí por duplicado. Ya en vida, durante su viaje a la Cólquide, parece que sobre sus cabezas brillaban estrellas y hay estrellas en la punta del sombrero semiovalado con el que se los suele representar. Como hermanos unidos por la más estrecha solidaridad, participan en las expediciones colectivas de héroes, están a la cabeza de la expedición contra Atenas, están presentes en la más importante de todas las cacerías, la caza del jabalí calidonio, se embarcaban en el Argo y por último luchan con los hermanos afareidas Idas y Linceo. Ya en tiempos de la guerra de Troya han sido arrebatados a la tierra como criaturas divinizadas.

Presiden el lado dioscuro de la vida del hombre como *anaktes*, como protectores auxiliadores. Pólux era inmortal, Cástor mortal. Ahora comparten, con la connivencia de Zeus, sus destinos. Pólux comparte su inmortalidad con su hermano y carga sobre sí la mitad de la mortalidad del otro. Que la inmortalidad admite ser transferida lo muestra el Quirón sufriente, lo muestran los esfuerzos de Calipso y Circe por Ulises. Cabe suponer que una transferencia como ésta es imposible que se produzca sin el consentimiento de Zeus. Después de morir, los dioscuros pertenecen a medias al Olimpo y a medias al Hades, cambian de lugar en días alternos, se pasean de la oscuridad a la luz y de la luz a la oscuridad. A menudo, aparecen en la tierra y, como siempre, lo hacen en pareja. El encuentro numinoso los muestra en su misión de *anaktes*, de patronos; se los invoca como protectores benefactores. A veces ayudan a los marineros y los náufragos, a veces llegan como invitados y se dejan agasajar sobre sus corceles, o sobre el tiro, o bien a pie. Son gratos a los poetas y a los aedos, como muestra la historia de Simónides. Estos encuentros tienen algo insospechado, sorpresivo y misterioso, pasan rápidamente y dejan tras de sí un profundo asombro.

TESEO

El vigor que nunca flaquea de Teseo se manifiesta en sus múltiples proezas; en su vida se agolpan circunstancias poderosas que parecen exceder la fuerza de un solo hombre. Pertenece totalmente a la estirpe heraclida de héroes y, de todos los héroes, es el que más se parece a Heracles, como se ve en las representaciones, aunque se muestra con una figura más esbelta y con el cabello más liso. Las tareas de ambos héroes se parecen y sus trayectorias se cruzan sin arrojarse sombra la una a la otra. Son amigos y tienen mucho en común: la lucha contra las amazonas y los centauros, la caza del jabalí, la amistad con Quirón y Pirítoo, el encuentro con Aqueloo, el descenso al Hades.

Teseo es un luchador poderoso y enérgico. Néstor, que lo conoció cuando era joven, ensalza su incomparable fuerza. En sus actos es incansable y prudente, supera con feliz facilidad lo pesado y lo dificultoso que se agolpan ante él. Su vida es un comienzo siempre renovado y a cada etapa se despliega de nuevo. Como joven, como hombre maduro y como anciano tiene ante sí siempre nuevas misiones. Muestra una fuerza inagotable cuando emprende algo y crece más y más al hacerlo, se abalanza poderosamente sobre lo que emprende, perfeccionándose. Es un hombre del destino y favorito de los dioses. A él va asociada la riqueza del acontecer numinoso ya antes de su nacimiento, como se pone de manifiesto en la pregunta de su padre Egeo al oráculo.

Teseo pertenece al grupo de los discípulos de Quirón y de los jóvenes caminantes que atraviesan a lo lejos la vasta campiña limpiándola de monstruos gigantescos y animales míticos. Estas luchas, que sólo a él conciernen, ocurren en su primera juventud y constituyen un apartado separado de su vida. Otro de estos apartados empieza con su regreso a Atenas, donde Egeo lo reconoce, lo presenta al pueblo y lo designa sucesor al trono. A las luchas con los hijos de Palas y la cacería del toro maratoniano que son consecuencia de ello, les suceden la travesía a Creta, la muerte del Minotauro y su relación amorosa con Ariadna. Estas circunstancias conforman un ciclo cerrado en sí. No obstante, el laberinto ya es una preparación para el descenso de Teseo y Pirítoo al Hades. Según Plutarco, antes de partir hacia Creta por mandato del oráculo de Delfos, Teseo no sólo realizó un sacrificio a Apolo Delfinio sino también a Afrodita Epitragia, y la cabra que utilizó a este efecto se convirtió en un macho cabrío. Era una señal favorable. El macho cabrío también era sagrado para Afrodita Pandemos; Teseo introdujo su culto cuando reunió a los *demos* de Atenas para formar una ciudad. En el barco con el que marchó a Creta ondeaba una vela negra. Existe una relación entre el laberinto y el Hades. Llama la atención el hecho de que, una vez que ha resuelto su tarea, Teseo se separa completamente de Creta; con el abandono de Ariadna en Naxos todo se derrumba trás él. Regresa a Atenas y, tras la muerte de Egeo, que se precipita al mar, es coronado rey. De nuevo se encuentra ante una misión. No es el fundador y precursor del reinado de los héroes pero sí le otorga una nueva constitución, un nuevo orden. Reúne a los áticos, que viven dispersos, une Megaris con Ática, instaura fiestas y juegos comunes, consagra nuevos templos. Confiere a la *polis* una forma nueva y más sólida. Con él, el reinado adquiere su sostén más poderoso y en él la realeza sobresale especialmente, dominando, legislando, constituyendo. Es el rey primigenio y, como tal, pervive en el recuerdo; fue visto incluso en la batalla de Maratón, donde avanzaba a la cabeza de los guerreros como su defensor y espíritu protector.

Delimita el reinado de los héroes y le confiere su propia dimensión. A ello se refieren las tenaces luchas con las amazonas; el modo de ser amazónico es incompatible con ese reinado, es atacado y sucumbe. Aquí se incluyen las luchas contra los centauros y la amistad con su adversario Pirítoo, el rey de los lapitas. Teseo se adentra en lo más profundo del territorio mítico, solo o acompañado de Heracles y Pirítoo. Participa en la caza del jabalí calidonio y en la expedición de los argonautas. Ayuda a Adrasto a enterrar a los guerreros que cayeron ante Tebas y acoge en su casa al fugitivo Edipo. Desciende al Hades con Pirítoo para ayudarle a raptar a Core. Esta empresa, la más osada de todas, fracasa, y ambos son retenidos en el Hades hasta que más tarde son liberados por Heracles.

    La vida de Teseo se oscurece hacia el final, cuando se ve involucrado en los disturbios internos de Atenas. Las batallas contra los hijos de Palas se repiten cuando Menesteo incita a los atenienses contra él. Abandona la ciudad y muere, empujado por Licomedes desde una roca, o debido a un traspié. Ante Gargeto profiere una maldición contra los atenienses. A estas luchas, en las que Menesteo, respaldado por los tindáridas, consiguió reinar sobre Atenas, se debe el hecho de que no se mencione a Teseo entre los héroes epónimos de la ciudad. Pesa sobre ella su maldición. Más tarde se le instauró un culto como héroe, se transportaron sus restos a la ciudad y se erigió un templo en su honor cerca del Gimnasio. De entre la casta de los héroes, Teseo pertenece a la de los navegantes. Es uno de los favoritos de Poseidón. De su madre Etra se cuenta que Poseidón se unió a ella, y de Teseo se dice que era hijo de Poseidón, dios protector de Troizen, que visitó a Etra en la misma noche que Egeo, en el templo de Atenea en Troizen. Pausanias relata que Teseo fue a buscar al mar el anillo de Minos y lo trajo de vuelta, junto con una corona de oro que fue regalo de Afrodita.

ÁYAX

> Y Áyax yace en las grutas, cerca del mar, en los arroyos en las proximidades del Escamandro. De genio audaz, hábito firme de la inmóvil Salamina, en el extranjero murió el gran Áyax.
>
> HÖLDERLIN

Homero describió con notoria simpatía al Áyax Telamonio de Salamina, llamado «el Mayor», o «el Grande» para diferenciarlo de su homónimo, más joven y sin relación de parentesco con él. En la *Ilíada* se le menciona como el más poderoso de todos los héroes después de Aquiles, que es su primo. Es el adalid intachable en la lucha contra la ciudad. Se cuenta que su cabeza y sus hombros sobresalen por encima de todos los demás. Llama la atención sobre todo por su fortaleza física, por la que destaca entre todos y es inconfundible. Aventaja a Aquiles por su corpulencia, a Héctor por su fuerza. Príamo, que lo describe con todo detalle, observa que su corpulencia no sólo es enorme sino también noble, que resalta inconfundiblemente su nobleza innata. Si examinamos cómo logra la *Ilíada* transmitirnos una imagen nítida de cada héroe que pervive en el recuerdo y es capaz de multiplicarse, se observará que en las descripciones no hay caracterizaciones, le son ajenas. Los rasgos que definen y resaltan se utilizan con moderación. O bien, y con ello no se pretende expresar nada más allá, el interés por lo individual es escaso. Todo es manera y la desviación de ella, la mala manera no es sólo ridícula sino repulsiva. Tersites no produce el efecto de ser una figura ridícula sino que da la impresión de ser un individuo desagradable. Es un hombre indigno y le golpean en la boca para reducirle al silencio. En él se anuncia el fin de la democracia ateniense. Las malas maneras tienen la función de despertar el interés «para que se haga justicia» y se expongan las reglas de los acontecimientos.

La imagen del héroe se genera de diferente modo. En el amplio plano de la acción, al actuar, el hombre define su lugar, se hace visible en el espacio que se conquista con su acción. Áyax se muestra como baluarte de los aqueos, como bastión en la batalla que, por su posición inamovible, determina el acontecer. Todos perciben su llegada, su proximidad no pasa inadvertida, su continente contiene a todos los demás e irradia coraje, seguridad y confianza. Es un pilar, un dique, un escudo sobre el que rompe una impetuosa corriente. Asume voluntariamente cargas enormes y las acarrea con pausada y muda solemnidad. Mientras está presente, nada está perdido, pero cuando retrocede lentamente, a disgusto, malhumorado y sombrío, todo peligra y se tambalea. Es completamente fiable, se puede contar con él con toda seguridad. Su fortaleza física está en correspondencia con su rectitud mental. Ésta se manifiesta en el noveno canto de la *Ilíada*, donde junto con Ulises busca a Aquiles para animarle a que se reconcilie. Su manera hablarle es diferente a la de Ulises, que con su agudeza mental siempre se coloca en el lugar del adversario y parece estar hablando en provecho de éste. Áyax es lacónico, habla sin rodeos, con franqueza, e interrumpe las negociaciones cuando no hay salida. No retuerce ni invierte los argumentos. Su fortaleza no es lo único que le permite evitar los rodeos, las astucias y artimañas, su propia simplicidad se lo impide. Se le recuerda precisamente por esta energía simple; se le aprecia dondequiera que se presente. Con su ceñuda sonrisa, su andar vigoroso, balanceando su recia espada, sosteniendo ante de él su escudo de toro bañado en bronce, aparece en las batallas en las que Ares brama con más fuerza. Por dos veces arroja rocas sobre Héctor, que a punto está de sucumbir bajo sus manos; esta arma está en correspondencia con su fuerza descomunal. Héctor lo elogia diciendo que los dioses lo dotaron grandeza, fuerza y entendimiento y que es el mejor luchador de jabalina. Cuando protege con su escudo el cuerpo de Patroclo parece un león que defiende a sus crías frente al cazador, y frunce tanto el ceño que sus ojos apenas se ven. Cubre con su escudo a Menelao y a Meriones cuando éstos se llevan el cadáver de Patroclo, los cubre como un jabalí herido que, cuando se revuelve, hace palidecer y dispersarse a los cazadores. Como una enorme montaña que detiene las corrientes, junto con el Áyax Menor obliga a los troyanos a retroceder. Estas comparaciones e imágenes parecen decir poco de él, pero transmiten la imagen de su fuerza, de su sencillez y de su fiabilidad. En los animales atribuidos a él como animales heráldicos, el león y el jabalí, y el águila, que está relacionada con su nombre; en la región montañosa que refrena la impetuosa corriente, se trasluce su esencia. Es imperturbable, un amigo fiel, suave de ánimo y duro en la batalla.

El conflicto al que sucumbe va más allá del ámbito de Ares. Que se desencadene precisamente una lucha entre él y Ulises, y que esta lucha desemboque en la autodestrucción del héroe, no es el resultado de una enemistad particular entre ambos. La ira de Áyax se inflama cuando se da cuenta de que Ulises ha infringido las reglas de juego del *agon*, pero su locura se desata cuando, a pesar de esta infracción, a Ulises le otorgan las armas de Aquiles. En esta colisión reside un contraste poderoso que atañe al *agon* y a la interpretación del mismo, un contraste que siempre inquietó a los griegos. Áyax y Ulises chocan en el *agon* de los juegos; es un *nomos* diferente el que hace que este encuentro sea devastador. En Ulises se aúna el león con el zorro, es un hombre de una astucia profunda, acoplada al mayor coraje, a la mayor audacia. También es el hombre de las situaciones desesperadas, posee una mina de recursos, una habilidad vigilante con la que consigue escapar a situaciones desesperadas. Cuando flaquea, su astucia aumenta y se vuelve desconsiderada; se convierte en maestro de la mentira razonable, floreciente, y provoca la impresión de que es completamente creíble. Áyax, entrenado y educado en las danzas de Ares, rehúsa refugiarse en el disimulo y en la astucia, como se expresa en su duelo con Héctor del séptimo canto de la *Ilíada*. Lucha abiertamente, desea alcanzar abiertamente al adversario y rechaza recurrir a la artimaña. No soporta que Ulises se sirva de una treta para conseguir las armas de Aquiles. El mundo se ensombrece, su sentido de la rectitud se nubla, cae preso del delirio y cuando se despierta de él se arroja sobre su propia lanza. El Áyax sofocleo expresa esta profunda y trágica interioridad de dolor. A Píndaro el final de este *agon* le da pie para atacar a Homero y la poesía épica, y para reprocharle su partidismo en favor de Ulises. Elogia la gloria de Áyax. Su fin deja en nosotros una melancolía como la que sentimos en el ocaso de una grandeza auténtica.

Su sombra gigantesca aparece una última vez ante nuestros ojos a la entrada del Hades. Allí lo requiere Ulises, sin obtener respuesta, pues el héroe se aparta en silencio, irreconciliado, y desciende a la oscuridad del Erebo. Pervive en la memoria como héroe venerado en Salamina y héroe epónimo de los atenienses.

PARIS

Paris es un hombre con un destino enorme a sus espaldas, un causante de muchas desgracias. Se convierte en una desgracia para su estirpe, para su ciudad, para su gente. El acontecimiento asociado a su persona sobrepasa de lejos sus fuerzas; es más un instrumento de los dioses que alguien que actúa por su cuenta. Él mismo así lo expresa. No tiene influencia sobre aquello que desencadena con sus actos. Lo que él pone en movimiento sigue su curso y, al hacerlo, arrastra todo consigo.

Paris

Tendemos a ver únicamente el lado más débil de Paris y apenas hay un autor hoy en día que no lo califique de personaje raro. Homero no lo hizo porque siempre consideró a Paris junto con el *daimon* y el *daimonion*. La opinión de los troyanos acerca de Paris no difiere de la de los aqueos, pero ambos veían en él algo diferente de lo que nosotros vemos. La juventud de Paris o, mejor dicho, sus comienzos, pues es un hombre siempre jovial y lozano que nunca envejece, ofrecen una idea de su ser. Ya en su nacimiento, un sueño de su madre, una mirada profética, lo identificó como causante de desgracias por lo cual se le destinó a ser expuesto. El pastor Agelao, a quien se le encargó esta tarea, se la sacó de encima y lo abandonó en los montes salvajes del Ida. Pero cuando observó que una osa amamantaba al niño, lo volvió a recoger y lo crió junto con sus propios hijos. Paris creció como un pastor, pero sobresalía de entre los pastores por su osadía, razón por la cual recibió el apodo de Alexandros, el que ahuyenta a los hombres. Zeus despachó hacia él a las diosas Hera, Atenea y Afrodita al monte Ida. ¿Por qué las tres diosas acudieron precisamente a él, al pastor del Ida?, ¿por qué se le confió la función de árbitro? Porque él y nadie más que él debía emitir este juicio, tal y como le había sido encomendado. Aquello que querían saber las diosas estaba dentro de sus capacidades y de su conocimiento. La pregunta no era sólo una pregunta, incluía a la vez una decisión sobre el propio Paris. Se dirigieron al hombre afrodítico porque la pregunta perseguía saber cuál de las diosas era más Afrodita; en la esfera de la seducción y del encanto afrodítico Hera y Atenea mantenían un *agon* contra Afrodita. Paris se decidió de inmediato a favor de Afrodita, pero no por necedad sino porque reconoció su sino. Fuera cual fuera la solución que se diera al conflicto, era preciso que el árbitro sucumbiese, pues a un mortal no le corresponde enjuiciar a las diosas. Así, con este juicio se inicia el fin de Paris.

Héroes

Pocos han gozado tanto como él del favor de Afrodita y este favor se percibe inmediatamente en su figura, en su modo de ser, en el encanto que irradia. Homero representó a Paris tal y como se merece, conforme a la ley de su esencia. Cuando retrocede ante Menelao, Héctor lo insulta con suma dureza como el causante de los males, el seductor y el cobarde que merece ser apedreado. Pero aun en su ira, Héctor ensalza el porte sublime, la figura del injuriado, en el que se aprecian los dones de Cipris. El duelo con Menelao que tiene lugar a continuación es el más curioso de toda la *Ilíada*, puesto que Afrodita conduce a su favorito, vencido, directamente del campo de batalla a los brazos de Helena. Amonestado nuevamente por Héctor, vuelve a presentarse en la batalla; Homero lo compara con un caballo que arranca la cadena del pesebre y sale galopando como loco hacia los campos, a bañarse en el río. En el foso que rodea la ciudad se encuentra con Héctor, se une a él, luchan codo con codo y será él quien mate a Menestio. En la asamblea se enfrenta a Antenor, que le exige la restitución de Helena y de todos los tesoros que fueron robados, pues él sólo está dispuesto a entregar los tesoros de los átridas. En la lucha alrededor de la muralla encabeza el segundo contingente de troyanos. Sabe tocar la lira y maneja magistralmente el arco, con cuyas flechas hiere a Diomedes, a Macaón, a Eurípilo, a Euquenor y a Déyoco. Se le atribuye el disparo de flecha que mata a Aquiles en el templo de Apolo Timbreo. No es cobarde en absoluto, aun cuando su ámbito no sea el de la guerra, a la que parece estar tan ligado como Afrodita a Ares. Pero como guerrero es caprichoso y poco fiable, aparece aquí y allá en la batalla y no es un hombre de estado ni de consejo. Su poder se encuentra en otro ámbito. Es el más hermoso de todos los hombres, así como Helena es la más bella de las mujeres. Paris y Helena siempre se presentan como pareja, por mucho que Menelao se enfurezca con ellos. Helena sucumbió a Paris; el hombre afrodítico y la mujer afrodítica van juntos. Paris es un hombre de la fatalidad en el mismo sentido en que Afrodita es la fatalidad y la causante de males. Para reconocer inmediatamente lo divino en un hombre como éste, para definir sin prejuicios el alcance de su poder, se requiere una mirada griega. ¿Cómo puede un hombre así vivir cómodamente, en plena posesión de Helena, en la ciudad hasta cuyas puertas ha traído a los enemigos? No faltan reproches contra él, pero en cierto modo son insuficientes, no llegan hasta el fondo, rebotan en él debilitados pues Afrodita protege con su escudo a su favorito, que nunca vacila en dar fe del poder de ella. Es Afrodita Pandemos la que le brinda su favor más que a ningún otro. Ella es la que une al pueblo; en Atenas, Teseo fundó un templo en su honor. A esta fuerza que une al pueblo corresponde aquella otra que genera los disturbios, la confusión y la guerra. El poder de Afrodita Pandemos no atañe sólo a la relación entre hombre y mujer sino a toda la comunidad: este poder une y separa todo lo relativo a la *polis*. Afrodita participa en el estado y en los asuntos de estado, y esta participación va tan lejos como su poder sobre las relaciones amorosas, ya que el estado no es una cohesión asexual.

El Alcibíades histórico recuerda en algunos aspectos al Paris mítico. Ambos están envueltos de un encanto que hoy día llamaríamos desenvoltura.

LOS TANTÁLIDAS

El adjetivo romano *sacer* reviste el doble sentido de lo que está consagrado a un dios y por tanto es digno de respeto, y de lo maldito, lo detestable, lo execrable que ha sido víctima de una divinidad. En consecuencia, la estirpe de los tantálidas es un *genus sacrum* en el doble sentido de la palabra. Está expuesto a la fatalidad y en cierto modo es fatal. Una y otra vez un Alastor, el dios vengador, recorre la casa de los tantálidas. De él se dice que se encuentra en medio del acontecer mítico y que a ello se debe que sus actos y sus padecimientos se extiendan y provoquen que la Hélade entera actúe y padezca con él. Lo que representa el *nomos* en un mundo dominado por Zeus podía medirse tan sólo en los tantálidas, primero en Tántalo, que se enzarza en una pelea con Zeus, o en su hija Níobe, que sucumbe a la ira de Apolo y de Ártemis, e incluso en Orestes, que provoca que todas las potencias del Hades se rebelen en su contra. Lo que le sobreviene a uno de sus vástagos siempre es una fuente de desgracias y bendiciones para la *polis*, para Grecia entera. Este acontecimiento no admite ser encerrado en las antiguas fortalezas de piedra de la estirpe, es necesario que salga a la luz y se haga visible, por muy profunda y oscura que sea la trama que lo rodea. Del mismo modo que la estirpe ha sido elevada a la realeza, sus actos y sus padecimientos han sido elevados y están expuestos a todas las miradas; de todas partes cae sobre ella una luz rigurosa. Lo que acontece infunde un temor particular.

Tántalo, que procede de Zeus, ha sido elevado al ámbito de los dioses. Tiene algo doble, dividido, pues desde la luz se precipita totalmente en la oscuridad y su dicha del pasado parece haberse extinguido. No es fácil percibirlo en su dicha. Aun así fue uno de los más favorecidos y vivió en la plenitud de la luz que había sido derramada sobre él como invitado y anfitrión de los dioses. Es inmortal y parece un dios. Visitaba a los dioses y ellos acudían a verle, comían en su mesa y él comía en la de ellos. Así se podía jactar de ser igual a ellos. Vivió con esta plenitud y claridad, tan rico que su riqueza se hizo proverbial. Él mismo era preclaro, incluso en sus escarnios, con una irreverencia que traspasaba todos los límites. Sentía la tentación de poner a prueba a los dioses. No le bastaba vivir con ellos, deseaba demostrarles su superioridad y al hacerlo pereció. Entonces toda la luz se retiró de él y tras su caída apareció sombrío y gigantesco, también por el sufrimiento inseparablemente asociado a él tras los enormes ultrajes cometidos. Se encontró en medio de la riqueza como un necesitado ante el cual retrocede la abundancia. En medio de las aguas refrescantes, de los frutos fragantes, padece una sed y un hambre torturadoras. Homero lo describe como un anciano y lo coloca en compañía de Orión, de Ticio y de Sísifo, con los que se asemeja por sus pretensiones. Todos tienen algo titánico y forman un grupo separado dentro de la comunidad del Hades. No son sombras, sino inmortales a los que les fue asignado el Hades como morada. El castigo que les fue impuesto no tiene fin, y tampoco ellos cambian. Su padecimiento es ilimitado en el tiempo porque su esencia permanece siempre igual. En ellos se percibe la inmortalidad titánica, no gobiernan la ley del retorno elemental sino que se hacen dependientes de ella de un modo servil.

Pélope, hijo de Tántalo, del cual relata Píndaro en su *Primera Oda Olímpica* que los dioses lo lanzaron a las profundidades, hacia los mortales, por el ultraje cometido por su padre, corre peligro desde su temprana juventud. La leyenda que relata que fue descuartizado y guisado por su propio padre, ofrecido en un banquete a los dioses y luego devuelto a la vida por los mismos dioses, alude a sacrificios repudiados por los inmortales. En vistas al plan de Tántalo, este suceso es oscuro; como todos los sacrificios humanos, seguirá siendo siempre un ultraje al que se adhiere el horror. Este horror encubre que se trata de un acontecer del Hades; Pélope roza el Hades y, cuando es restablecido, de la olla encantada emergen dioses estrechamente vinculados con el Hades: Deméter, Hermes y Cloto. Hades y Tártaro parecen ollas de bronce. Lo que sucede con Pélope es una transformación.

Pélope, el vencedor del *agon* por la doncella Hipodamía, por la que obtiene el reino de la Élide, es uno de los favoritos de Píndaro, que mantiene alejado de las situaciones todo aquello que resulta escandaloso para así poder realzar a su favorito.

Destaca por su fertilidad, por su gran cantidad de hijos que, al igual que él, son creadores y fundadores. De un modo más humano, es más poderoso que su padre. Gracias a él, el reinado de los héroes adquiere solidez. Además, son muchas las cosas que proceden de él y que duran y perduran. Homero lo llama el domador de caballos y este poder suyo sobre los caballos, la ubicación de su reino, su relación con las islas rodeadas de agua con las que se asocia su nombre, demuestran que es amigo y protegido de Poseidón. Así lo remarca Píndaro, que añade que Poseidón lo raptó por amor y que vivió un tiempo con los dioses. En él la juventud y la vejez están ensombrecidas por la desgracia; entremedias, se extiende una larga y dichosa vida de soberano. Pélope era dichoso y muchas cosas le salían bien. Irradiaba un brillo enorme, el brillo de la riqueza, del poder consolidado que reposaba en él. Era un innovador, un multiplicador cuyo nombre estaba destinado a permanecer en la memoria de los hombres. La fatalidad, siempre próxima, se detuvo frente a él. Se dice que, de manera desleal, lanzó al mar a Mírtilo, el conductor de carros que le había ayudado a conquistar a Hipodamía, y que el moribundo profirió una maldición sobre la casa de Pélope, una maldición que las erinias no olvidaron. Las divinidades benefactoras y dispensadoras de bienes lo protegieron de esta maldición. Él, a quien Hermes le proporciona el cetro real, es uno de los héroes más celebrados y en Olimpia, cuyos juegos restauró, se le veneraba más que a cualquier otro. Con él se asocia poderosamente el *numen* de los héroes como una fuerza que sigue actuando e imperando y que se manifiesta en la veneración permanente. Esta fuerza está adherida a todas las reliquias que se conservaron de él, también a su osamenta y, más en particular, al omóplato que Deméter o Rea reemplazaron por otro de marfil, razón por la cual también se le llamaba *humero insignis eburno*. Puesto que Troya no podía ser conquistada si no se llevaba allí, desde la Élide, uno de sus restos mortales, los griegos trajeron ese omóplato. Más tarde, se perdió, y cuando un pescador lo encontró el oráculo mandó que les fuese entregado a los eleos para alejar la peste. Los flier exhibían su carro, los sicionios la espada en su tesoro de Olimpia. Su tumba y su féretro de bronce se encontraban en Alfeo, cerca del templo de Ártemis en Pisa. Aquí los efebos se flagelaban cada año y ofrecían con su sangre un sacrificio. Al parecer, Heracles fundó el Pelopion en el bosquecillo de Altis y fue el primero en ofrecer un sacrificio a Pélope. Los magistrados de los eleos sacrificaban cada año un carnero negro en su honor.

El anciano Pélope expulsó a sus hijos del país porque estaban implicados en la muerte de su hermano Crisipo. Y así como la cabeza de la amapola se abre y esparce sus semillas, así se dispersaron por todo el Peloponeso. Pélope legó a Atreo su cetro real. En los pelópidas Atreo y Tiestes, la desgracia irrumpe con toda su fuerza. En ellos se aprecia que la ceguera, la mirada ciega, el actuar a ciegas, se corresponde en el hombre con la visión. Esta misma visión tiene el efecto de la ceguera porque la oscuridad está asentada en el interior del hombre, porque desde el principio el hombre experimenta un ofuscamiento. La moira, atenta a la voluntad del hombre, teje en lo oculto su destino. El hombre no la ve y sólo experimenta que actúa en él veladamente. Aquello que la moira teje va saliendo a la luz poco a poco, como un tapiz en el que el curso de las hebras progresa antes de que el observador acierte a discernir los dibujos que se van tramando. El hombre se lanza a ciegas a la vida, está ciego ante su futuro. Como actuante, es extraño para sí mismo, y su fortaleza entera es impotente ante esta extrañeza, en la que no se ve. El requisito para que el hombre perciba mentalmente a las moiras es que al actuar se convierta en un extraño para sí mismo. Al mirar con extrañeza su parte (moira), siente que esta parte está en manos de potencias que lo guían y que disponen de él. Con sus ojos, que ven, Atreo no da tanto la impresión de ser un ciego como alguien que está fuertemente cegado. Edipo, que en su juventud resolvió el enigma de la esfinge, con la edad y tras haberse cegado a sí mismo será un vidente, será todo ojos. Los hombres que vieron al anciano Edipo sintieron frente a él un temor que los ahuyentaba. Teseo sintió este temor cuando lo veneraba, captó el *numen* que ya se podía percibir en la vida de Edipo. Asociado a él había algo indecible que hacía enmudecer al hombre. Había sondado las profundidades del sufrimiento, la intimidad extrema del dolor. Cuando ya no es un sufriente, en su edad avanzada y carente de destino, en él empieza cada vez más a hacerse visible una luz. La interioridad del dolor también tiene algo alegre, y el asombro, la conmoción con la que se lo considera, posee también esa alegría, más evidente en la descripción que hace Sófocles de Edipo. El poder sanador del dolor lo sanó y lo hizo invulnerable; su pie consagra cualquier lugar que pisa. Parece un arrebatado. Es así como finalmente las Euménides lo apartan de la luz y lo acogen en su templo, como regresa al seno materno.

El carácter de intocable que se granjeó pervive, a nadie le está permitido acercarse a su tumba.

Atreo muestra algo diferente. Lo ciego en el Atreo de penetrante mirada destaca en tan gran medida porque es un hombre muy poderoso, porque en él se perciben por doquier signos de grandeza. Como un águila negra, anida en la cima de su bastión. Su grandeza tiene algo pétreo; en él la voluntad resalta en toda su desnudez. Esta voluntad desnuda y ciclópea está fielmente relacionada con lo ciego, con lo que en él está cegado. Allí donde se habla de Atreo, parece que se esté repitiendo un suceso antiquísimo. Entre él y nosotros se interpone la oscuridad, o una media luz fría y gris contra la que se recorta su propia figura, solitaria y gigantesca. Se siente la proximidad de las moiras, que tejen su tejido desnudo, y la lejanía de los dioses. Falta luz, como sucede allí donde resalta la desnuda capacidad voluntaria de la acción. De este ámbito se mantiene alejado Apolo. Atreo es un verdadero nieto de Tántalo. Tiestes, su hermano y contrincante, se le asemeja mucho; la energía terrible con la que ambos se atacan atestigua su fraternidad y su comunión indisoluble. De ahí que sea tan parecida y tan repetitiva la disposición de los planes de asesinato que forjan uno contra otro. Es difícil para ambos, casi imposible, alcanzar sólo al otro cuando se atacan: siempre se alcanzan y se hieren entre sí. Es como si el hacha rebotase. Por su acto, el actuante se convierte severamente en paciente. Por muy bien que se hayan fraguado los planes de asesinato, siempre tienen una profundidad que recorre lo planeado y lo echa a perder. La lógica del acontecer no se ve afectada. Por muy meditado que sea el proyecto, por muy cuidadoso que sea el cálculo, el acto escapa de algún modo a su autor y aquello que había en su voluntad deja de existir, se transforma. Esta transformación, que el autor no puede evitar, conlleva que el acto se separe del actuante con una fuerza propia y que adopte una regularidad que se le enfrenta. Esto se manifiesta ya en el hecho de que los instrumentos que emplea el actuante, los instrumentos que parecían fiables y que él utiliza para la ejecución, se transforman. Pierden el carácter de instrumentos que les asignaba la voluntad del actuante y pierden, además, la capacidad que se espera de estos medios. De la ceguera que cae sobre ellos en el ataque y la defensa surge el error. Esto es lo que nos explica el *error in persona*; la ignorancia y el engaño se entremezclan. Atreo asesina a su hijo, que fue criado por Tiestes y al que Tiestes envía para asesinarle. No sabe que está dando muerte a su propio hijo. Tiestes se come, sin saberlo, la carne de sus hijos, que Atreo le sirve tras degollarlos y cocinarlos. Atreo se desposa con Pelopia, a quien toma por una hija del rey Tesproto, cuando en realidad es hija de Tiestes y está embarazada de un niño engendrado con su propio padre. A este hijo, Egisto, Atreo lo envía a asesinar a su propio padre. Ambos se reconocen, y Egisto regresa y mata a Atreo. El acierto y el desacierto se confunden. Cuánta búsqueda y tanteo a ciegas, cuánto descuido y desatino hay en la lucha que se ha desencadenado entre los hermanos. Los golpes no caen directamente sobre la cabeza de aquel al que estaban destinados, a quien sólo consiguen fortalecer, sino que resbalan y alcanzan a los hijos. Al enorme ultraje corresponde la fatalidad que acompaña, uno a uno, todos los pasos. Ambos se engullen mutuamente de un modo que sobrepasa la humana previsión. El modo en que el acto se vuelve una y otra vez contra su autor explica cómo tejen y tejen las moiras. No se debe nunca perderlas de vista, siempre hay que imaginarlas acompañando el acontecer. Aquello que en la vida está impregnado de moira destaca más y más a medida que la vinculación directa del hombre con los dioses va quedando relegada a un segundo plano; Atreo y Tiestes parecen estar actuando en un espacio sin dioses, en el que sólo la voluntad y el destino se solapan. Por tanto, parece también como si las moiras hubiesen anulado el ciego actuar de Atreo, pues ellas ven en lugar de él. Ellas generan la luz penetrante que irrumpe una y otra vez en el escenario de la acción, iluminándolo en toda su crudeza. También destaca la actuación de Ate, que tiene algo de triunfante, quien acoge con júbilo el suceso.

En cada acción se advierte que tiene dos facetas. Una vez ha sucedido y ha sido ejecutada, ya no admite ser anulada ni invalidada. Parece una pared rígida que no deja pasar a su autor. Pero este punto final de la acción es sólo una ilusión, porque todo hacer ya posee futuro, porque el acto se dirige de un modo apremiante hacia ese futuro, porque actúa y surte efecto. Tántalo y los actos de Tántalo acompañan a toda su estirpe, y lo que sucedió en el pasado anticipa su vuelo hacia el futuro como una sombra, está presente antes de todo futuro y lo arrastra hacia la vida. La maldición proferida sobre Pélope y detenida por las erinias se cumple en sus hijos; Atreo y Tiestes anticipan a sus propios hijos. En la relación que mantiene Tiestes con Pelopia se anuncia ya el destino de Edipo.

Los tantálidas

Los hijos de Atreo, Agamenón y Menelao, están involucrados en las luchas de su padre contra su tío. Están de parte de su padre y conducen hasta él a Tiestes, encadenado; Atreo ordena a Egisto que ejecute a Tiestes. Puestos en fuga por Egisto, deambulan como fugitivos hasta que conquistan sendas monarquías. Ambos están constantemente unidos en un amor fraternal. Parece entonces que emergiesen de la oscuridad liberándose de la fatalidad de la estirpe. A la luz clara de la epopeya homérica aparecen como reyes y jefes de ejércitos. En comparación con la imponente y sombría figura de Atreo, dan la impresión de ser más suaves, pero sin alcanzar la estatura de su padre. Agamenón hizo suya y de toda la Hélade la causa de Menelao, es el jefe en la guerra que desencadena el rapto de Helena. En la *Ilíada*, su carácter sobresale con nitidez. La rudeza con la que trata a Crises, sacerdote de Apolo, es reprobada por todos y acarrea directamente la ira de Apolo, que desencadena la peste en el campamento. En la pelea con Aquiles se muestra encolerizado, vehemente y precipitado, y por el modo ofensivo en que trata al Pélida debilita y pone en peligro el proyecto entero. Se deja engañar e inducir por un sueño, y lleva a los griegos a la guerra. A su modo de actuar, veloz y a menudo precipitado, corresponden las vacilaciones en que incurre, la falta de coraje que le sobreviene en momentos de crisis. No es precisamente feliz en su papel de caudillo. Cuando los acontecimientos toman un sesgo desfavorable, aconseja partir y regresar a casa. Dejando a un lado estas debilidades, parece un soberano y un caudillo nato, el único que está a la altura de dirigir la gran empresa debido a un fundado prestigio, a su poder y a sus medios. Los poderes monárquicos salen a relucir particularmente en él: el prestigio de soberano, su belleza y su noble porte. Es así como desde lejos llama la atención de Príamo, quien, con profunda admiración, pregunta a Helena su nombre.

La luz clara que lo baña, la plenitud de poder que lo envuelve, no puede ocultar que exhala fatalidad. Tal y como corresponde a un vástago de la casa de los tantálidas, la desgracia está adherida a él y lo acompaña desde su juventud. No le fue dado morir en la batalla, como Aquiles y Héctor; no perece en el mar ni erra durante años, como Ulises y Menelao, por mares y países desconocidos y lejanos. Su hermano Menelao escapa a los enredos y, de sus viajes errantes por África, regresa a casa con riquezas; en su suntuosa morada vivirá con la esposa recuperada y su felicidad futura no está enturbiada por ningún nubarrón, tal como se desprende de la visita de Telémaco. A Agamenón, sin embargo, le toca una verdadera suerte de átrida; los golpes dirigidos contra él caen todos en la propia casa. Del mismo modo que puso la mano sobre su tío Tiestes, la sentencia del vidente Calcante le obliga a echar mano de su hija Ifigenia y ofrecerla a Ártemis como chivo expiatorio por la vulneración de su bosquecillo sagrado. Al final, morirá a manos de su propia esposa Clitemnestra. Cuando se halla en la cima de su fuerza y su poder, cuando regresa como vencedor a casa, Egisto lo mata. Es una víctima tardía de la lucha de aniquilación que comenzó entre Atreo y Tiestes. Y enormes como el delito de sangre son las consecuencias que conlleva.

La aparición de Orestes, hijo único de Agamenón, define uno de los puntos de inflexión en el acontecer mítico. Es el hijo del padre, y a él le corresponde la venganza. Agamenón nunca llegó a verlo a su regreso, pues cayó bajo la espada de los asesinos antes de poder saludarle. En el momento del asesinato, era un niño. Según los autores trágicos, existía un plan para eliminarlo junto con su padre, pero su hermana o su nodriza le salvaron. Según Homero, regresó a Micenas desde Atenas ocho años después del asesinato y ejecutó la venganza. A la muerte de Agamenón sigue un largo silencio, un silenciamiento del acto, durante el cual los asesinos disfrutaron con los frutos de su acción.

Los tantálidas

Orestes crece con este silenciamiento, no sin estar advertido y ocupado totalmente con la misión que le impone el asesinato de su padre. El silencio que se produce tras la muerte de Agamenón es obra de Egisto. Él poseía los medios para imponer este silencio. Mientras los asesinos actuaban como si nada hubiera pasado, una circunstancia espoleaba sin pausa a Orestes en su intento de llevar a cabo su acción. Sabía, en efecto, que los pensamientos de Egisto, secretos y torturantes, siempre giraban en torno a él; que la indiferencia que mostraba su tío era sólo una máscara; que ese trono y esa cama que había obtenido mediante el asesinato nunca se liberarían del recuerdo del muerto. Egisto es uno de los vástagos más oscuros de la estirpe de los tantálidas, en cuyo tronco clava su hacha. Es audaz, decidido, vengativo y lleno de agudeza e hipocresía, un temible adversario para todo aquel que se le presenta como enemigo. Procede de una unión incestuosa entre un padre y su hija. Enviado por Atreo para asesinar a su padre Tiestes, regresa para matar a Atreo. Asesina a Agamenón en razón de un plan que debemos imaginar perfectamente ideado, dilatado y, al mismo tiempo, temerario. Nadie puede poner en duda que también eliminaría a Orestes si cayese en sus manos. Si lo hubiera conseguido, habría asesinado a los jefes de tres generaciones de la estirpe, que así se habría extinguido, pues Orestes era un jovencito y no tenía hijos.

Aun siendo muy profundo el silencio que se extiende después del asesinato de Agamenón, el acto pervive en Orestes. La iniciativa parte del oráculo de Delfos, que se ha ocupado de los hechos y que, consultado por Orestes, le anima a llevar a cabo sus planes de venganza. El joven no actúa con imprudencia sino con circunspección; se asegura la protección del dios. Apolo, señor del oráculo, había sido profundamente herido por el asesinato, como hijo de Zeus y protector de los derechos de los padres. Junto con Atenea, la menos maternal de todas las diosas, toma partido por Orestes. El acto no podía quedar sin desquite, exigía una satisfacción, pero sólo Orestes podía ejecutar la venganza, sólo el heredero de la casa y de la venganza de sangre. Parece un adversario débil frente a un hombre tan decidido y poderoso como Egisto. Lo que le falta en medios, lo compensa la energía con la que actúa. Él mismo se encomienda a las divinidades subterráneas cuando ejecuta la venganza en su madre. Si bien el asesinato de Egisto aumenta su fama y lo hace resplandecer en toda la Hélade, porque le asiste un derecho legítimo al que ningún juez ni ningún tribunal puede oponerse; si bien por haberlo llevado a cabo es alabado por los dioses y por los hombres; cuando asesina a su madre, en cambio, provoca un conflicto en el que se ven involucrados no sólo él sino también la *polis*, la Hélade entera y los dioses. Orestes es una de las figuras más puras del mito, el vástago impecable de una casa completamente castigada por la fatalidad. La nobleza juvenil de su ser está reflejada en la simpatía que le profesan Apolo y Atenea.

La acción de Orestes no sólo alcanza a su autor, al que al punto golpea con las tinieblas, sino que la locura pone en marcha a todas las potencias. La conmoción que procede del acto es tan profunda que Orestes, aun encontrándose en el centro del acontecer, desaparece de la vista. De él no cabe esperar una solución al conflicto, del desamparado y el doliente; se ha vuelto impotente e incapaz de actuar. La epopeya no brinda una descripción de su destino y sólo habla de él con elogios; es el héroe trágico por antonomasia. Así como los sufrientes Áyax o Filoctetes no pueden convertirse en objeto de la poesía épica, la epopeya tampoco puede abordar el destino del sufriente Orestes. Esta descripción del sufrimiento, del conflicto en el que se hunde el héroe por su modo de actuar con el mundo y consigo mismo, es la descripción de una necesidad trágica que se produce sin cesar. La batalla ya no tiene lugar en los campos y en los sembrados que rodean Troya, se desplaza al propio pecho. La epopeya se aferra a la unidad de toda acción; para ella, el afuera y el adentro son una misma cosa. No se desarrolla en el curso monologante o dialogante de la acción, también le falta el coro que acompaña a la acción trágica. La tragedia y el héroe trágico han sido sacados fuera de la epopeya; el héroe trágico aparece sublimado y al mismo tiempo solitario, aislado.

La *Orestíada* nos presenta a Orestes como botín. A su alrededor estalla la lucha entre los dioses olímpicos y los subterráneos. La maraña en que se ve envuelto Apolo después de dar muerte al dragón Pitón aparece de nuevo. Esta lucha es al mismo tiempo una lucha entre sexos, una lucha entre hombre y mujer, entre padre y madre. Zeus no interviene inmediatamente, pero es el adversario de las erinias, el padre que se enfrenta a las diosas madre. De entrada, el matricidio produce una ampliación del poder de Hades, que por medio de las erinias se convierte en sede de las madres, en el seno mismo. Tal y como dice la *Odisea*, ellas habitan en el Erebo como diosas subterráneas y unen el reino de los muertos con el reino de los vivos, del mismo modo en que están anudados la muerte y el nacimiento. Por tanto, son también diosas del parto, a las que se ofrecen sacrificios en los casos de esterilidad. Heródoto relata que los egidas espartanos cuyos hijos murieron a una edad temprana erigieron un santuario en honor de las erinias de Layo y de Edipo. En consecuencia, los descendientes de Cadmo se dirigen con veneración a las erinias de su estirpe siempre que desean poner fin a la muerte de niños. Las diosas de la venganza y de la maldición son al mismo tiempo diosas protectoras, son las mismas cuando protegen y cuando toman venganza. Los trágicos hablan de los perros rabiosos de la madre Erinia, de la maldición materna. Son diosas-madre y su vinculación con el sexo es inequívoca. El seno materno como fuente de vida y el Hades son una misma cosa; lo que sale a la luz procedente de este seno deberá cruzar nuevamente la oscuridad hacia la que conduce la barca de Caronte. Los engendramientos no sólo multiplican la vida, también multiplican la muerte.

MIDAS

> Parece como si hubieras tragado oro:
> ¡te van a abrir el vientre!
>
> NIETZSCHE

En el reino del cual es señor Midas no existe el *agon* de dioses y héroes, éste no es propio de los héroes-monarcas. La poesía épica no nos dice quién fue; la epopeya lo silencia. ¿Sabía Heródoto, sabían los órficos, sabía la sátira con la que divertía al público qué representaba él en realidad? Parece que sólo retuviesen el eco, la voz de aquellos cañaverales que susurraban su nombre, el eco del acontecer. Midas está rodeado de un murmullo de sabiduría olvidado y de necedad, y para los que vinieron después su nombre era sólo como un murmullo. Habían olvidado quién era, ya no lo sabían y tergiversaron el mito glorioso a fuerza de malentendidos. Cerraron así cualquier acceso a su reino. El relato, convertido en un cuento, oculta la conmoción que de él emanaba. Nadie que lo haya reconocido puede hablar de Midas sin conmoverse.

En Zeus ya se prefigura su hijo Dioniso. Cuando se convierte en toro, cuando desciende sobre Dánae como lluvia áurea, cuando alcanza a Sémele como rayo. ¿Pero qué pasa con el rey enteramente de oro que irradia un brillo como el del sol? Lo que toca se convierte en oro puro y acrisolado. El Pactolo, que corre cerca de Tmolo, lleva oro en sus aguas desde que Midas se bañó en él. Implorado por Midas, Dioniso ordena que brote un manantial de oro. Midas lanza oro a una sima llena de agua que se abre en la tierra. Erige un altar de oro al Zeus del monte Ida. Era considerado el más rico de todos los mortales, el rey de la fortuna. Y en el juego de azar con dados se llama Midas a una de las tiradas más afortunadas.

Midas

El dios, que se presenta como un demente, da vuelta al mundo. Hace pedazos todo *nomos* que se le opone, da la impresión de que en su embate lo derriba todo. Pero donde no existe resistencia, todo se presenta de otro modo, también la monarquía dionisiaca, cuyo rey es Midas. De él parte una exuberancia tan inconmensurable que la tradición le otorga un cariz fabuloso y la convierte en brillo sólido. No todos son suficientemente fuertes como para soportar una exuberancia como ésta: pocos lo hacen, de ahí que de la riqueza de Midas se cuenten historias de un hombre inmensamente rico que vivía torturado, atemorizado y oprimido por su riqueza. Para él, que todo lo que toca se convierte en oro, también la comida y la bebida se convierten en oro; se muere de hambre y de sed en medio de la riqueza que obtuvo de Dioniso. Dioniso, así se cuenta, hizo realidad el ruego del rey de que todo lo que él tocase se debía convertir en oro. Dioniso también le explica al rey cómo se puede liberar de esta fatalidad áurea bañándose en el Pactolo. Las riquezas de Creso proceden del Pactolo de Tmolo. El acontecer mítico experimenta una inflexión hacia la paradoja. Quien se afana por hacerse rico, es pobre. Quien es rico ya no tiene afán de enriquecerse, y da y regala. Cuanto más regale uno, tanto más rico será. Ahora bien, si sus riquezas son tan grandes que no se agotan ni con los regalos más suntuosos, si es más grande que cualquier regalo, entonces es como Midas, entonces empieza a torturar al rico con el «tormento de los graneros repletos». Nietzsche entendió esta situación en su ditirambo a Dioniso titulado «De la pobreza del más rico»; al borde de la aniquilación se adentró en el acontecer mítico. Lo que se relata de Midas es verdadero y a la vez falso. Que era más rico que todos es un hecho, pero esta riqueza no se interpreta correctamente. No se interpreta bien al propio Midas cuando se dice que su riqueza era una riqueza nula, estéril, que sólo un necio podría desear esa riqueza, que el propio Midas era un necio, un loco, un asno que escondía sus largas orejas pero éstas le traían el susurro del cañaveral. Este susurro son habladurías de barberos. Que la riqueza de Midas venía determinada por sus bienes, por su avaricia por el oro, que eso lo convirtió en un infeliz. Pero Midas era rico desde un principio y no necesitaba desear riqueza alguna. Era el más festivo de todos los reyes, un Rey Sol. Y no necesitaba esforzarse como se esfuerzan los héroes; su riqueza se identifica con la facilidad. No vivía, ni actuaba, ni sufría en el mundo del *agon*.

¿Por qué el resplandor en el que está envuelto, que irradia de él, es tan intenso y deslumbrante? Porque con él nos encontramos en medio del ámbito dionisiaco, en el que todo se transforma, en el que una transformación sigue a la otra. Todo lo que toca el rey se transforma en oro puro: las piedras, la arena, las flores, la comida y la bebida. El rey mismo resplandece y arde en este brillo. El cortejo festivo de Dioniso atraviesa el reino de Midas, avanzando vigoroso, y el rey hace acto de presencia en medio del cortejo y del círculo báquico. En el culto dionisiaco de Tiasos, en el tropel de bacantes, entra en escena como danzante, ebrio en el séquito del dios que es su amigo y protector. La riqueza de Midas es la riqueza de Dioniso. El dios, su invitado, al que agasaja con suntuosidad, proyecta sobre él su brillo. Midas no opone resistencia al dios, como Penteo y Licurgo; contento le abre las puertas de su reino y le deja imperar en él. Invita a Dioniso el de cabellera dorada, aquel que recubre con hiedra, al dios florido que planta la vid, que disuelve las preocupaciones, al cornudo que deambula con su cortejo. Junto con el dios va la riqueza. El reino de Midas es un viñedo en flor, es un jardín de rosas. En los jardines de rosas de Midas en el monte Bermion, Sileno borracho duerme su siesta. Al igual que con Dioniso, Midas tiene tratos con Sileno, lo agasaja y conversa con él. El modo de ser satírico siente simpatía por el rey: es un rey de los sátiros, está emparentado con la estirpe de los sátiros y asemeja un sátiro. Se dice que cazó a un sátiro cerca de la fuente de vino; hacia él es conducido Sileno atado con coronas de flores. Pero no era necesario que buscase y capturase a Sileno, pues éste entraba y salía de la casa del rey silénico, ése era su hogar, al igual que para Marsias, ese otro sileno que toca la flauta dionisiaca. En el concurso de Marsias con el Apolo que toca la cítara sale a la luz la contraposición entre los dioses, y Marsias pierde. Según se dice a continuación, después competir con Pan y después de que Midas concediese el premio a Pan y a su flauta, Apolo habría mandado como castigo que a Midas le creciesen orejas de asno. Aquí queda demostrado que el mito ha sido malentendido, que la naturaleza del rey dionisiaco ya no se entiende. Las orejas de asno no proceden de Apolo y no tienen nada que ver con él, forman parte de la naturaleza del rey satírico y dan testimonio de su origen.

En estas esferas de suprema ebriedad la razón ya no ocupa un lugar; todo lo que escucha de ellas es para la razón un cuento de viejas o una fábula pedagógica. La sobria razón no es más que un cálculo equivocado de la pobreza humana, ahí reside su economía. Cuanto más se aleja el hombre de la fiesta dionisiaca, tanto más incomprensible se le hace, hasta que por último se le muestra sólo por el lado de la locura destructiva, de la demencia aniquilante. Lo que significa esta locura, esta demencia, es algo que escapa a la razón, incapaz ya de penetrar en este mundo de riquezas, en su florecer y su brotar; ahora el hombre sólo se ocupa de sí mismo y de su miseria. La frase de Sileno acerca de la desdicha de la existencia humana se refiere al hombre que vive en la sensatez de esta pobreza y, con ello, alejado de Dioniso y de su fiesta.

Causa una extraña sensación que en los mercados de Roma y de las colonias romanas se hubiesen erigido estatuas de Marsias como símbolos del juicio severo, como representaciones del derecho romano, porque custodios del derecho como éstos evidencian la miseria de la alegoría. Mísero es el relato de que Midas disimulaba sus orejas de asno bajo un gorro; de que su barbero, agobiado por este secreto, se lo susurró a un agujero de la tierra y con ello lo delató. El acontecer mítico se diluye en fábulas y chistes anecdóticos y banales, y de este modo se pierde cualquier acceso a él. Se pierde el saber acerca de la procedencia de la riqueza de Midas. Este saber se encuentra en las fuentes; fuentes de oro brotan del reino de Midas. El rey primaveral, se pasea por la orilla fértil del Pactolo de abundantes cañaverales, cuyas aguas arrastran oro, por las tierras entre el Tmolo y el Hermo. Al igual que el dios, es Ampelofitor y Lenaico, viticultor y lagarero. Y como otro Pactolo impetuoso y dorado, conduce el cortejo dionisiaco a su país y pone su reino bajo la tutela de Dioniso Tesmoforo, el legislador Dioniso.

ANEXO

LOS EPINICIOS DE PÍNDARO

¿Qué muestran los epinicios de Píndaro cuando se los compara con los poemas épicos homéricos? ¿Qué relación existe entre los vencedores del *agon* de los juegos y los héroes con los que se los vincula en los concursos de cantos de alabanza? El *agon*, tal como lo celebra Píndaro, es de origen mítico y está conectado al culto. Las competiciones de gimnasia y de atletismo para los que se entrena la Hélade son fiestas y celebraciones que tienen su origen en la mitología heroica y que se refieren a ella. De ahí que todo lo relativo a la genealogía sea importante y que sea imprescindible vincular a los vencedores en los concursos de canto y en los cantos de celebración y de glorificación, con la tradición. Si la tradición no admite ser vinculada directamente con la figura del vencedor, se le vincula espacialmente, a través del territorio. Píndaro todavía tiene acceso al territorio y la naturaleza míticos, cuya totalidad se identifica con su histórica calidad intacta. Para el canto, lo que se encuentra más allá es tierra de nadie. Se definiría a sí mismo como un loco si se propusiera seguir a alguien más allá de las columnas de Heracles, o sea, allí donde se pierden las pisadas de los dioses y de los héroes. Las columnas de Heracles son los pilares occidentales del territorio heroico. Tanto en Píndaro como en los trágicos la descripción del territorio heroico trasluce un apego tan íntimo y profundo que se percibe que es éste el terreno nutricio del poema. Su *Oda a Diágoras* es una alabanza a la Rodas mítica, que fue entregada a Helio por un designio divino juramentado, cuyo monte Atabirio está consagrado a Zeus y en cuyas colinas habitan las ninfas telquines. Tal vez el poeta estuvo en la isla; algunas cosas en la oda apuntan a ello.

Anexo

Quien reflexione acerca del origen de los *agones* panhelénicos, también recordará los torneos de la *Ilíada* en honor a Patroclo. Éstos empiezan tras finalizar los sacrificios, una vez que se ha quemado la pila de leña y amontonado el túmulo. Formando un círculo, Aquiles y los mirmidones azuzan por tres veces los caballos alrededor del cadáver. Una vez concluida la incineración, trazan un círculo para la tumba y la cubren con piedras. Seguidamente, Aquiles retiene al ejército cerca de la tumba y éste acampa en círculo. Se traen los premios, y las competiciones en honor del muerto dan comienzo. Constituyen un homenaje para él, le abren el Hades, lo acompañan hacia el mundo inferior, como el cabello que Aquiles se corta para él y deposita en sus manos. Las competiciones son fiestas funerarias, son un *agon* organizado por los vivos para el muerto. También son fiestas funerarias las competiciones panhelénicas, las Olimpíadas en honor de Pélope, las Pitias en honor del dragón Pitón, las Nemeas en honor de Ofeltes, las Ístmicas en honor de Melicertes. ¿Cómo transcurrirían las competiciones en su modalidad más antigua? Los funerales por Patroclo muestran una práctica de larga existencia, una costumbre muy arraigada. ¿Acaso estas competiciones, en una época temprana en la que eran locales, estaban relacionadas con una imitación de los procesos con los que enlazaban? ¿Acaso eran reconciliaciones y purificaciones, tal y como sugieren las Píticas? Son celebraciones funerarias y se instauraron como tales. El *agon* guarda una relación con el reino de los muertos, surge a partir de él y por medio de él adquiere dignidad y fuerza. Al perderse su significado, se vieron también afectadas las propias luchas y modificado el sentido de la fiesta, de la celebración, tal y como se observa en épocas posteriores. Es, pues, preciso comenzar por desechar la idea de que las competiciones servían para el entrenamiento físico, que eran instituciones cuyo fin era la formación y perfeccionamiento del cuerpo, y que estaban destinadas a proporcionar un equilibrio con respecto a la formación espiritual y artística. La relación es a la inversa: el fortalecimiento físico está al servicio de la competición, que es un funeral. Su finalidad no es el entrenamiento de la juventud helénica; la mentalidad racional ha proyectado esta finalidad sobre el *agon* por el difunto para resaltar la conveniencia y la utilidad de un entrenamiento corporal como éste, separándolo a su antojo del núcleo antiguo de las competiciones.

Desconocemos la antigüedad de estas luchas. Por el hecho de que las Olimpíadas son las más prestigiosas, se podría concluir que son las más antiguas. Si exceptuamos las Píticas, relacionadas con el mito de Pitón y con Apolo, en todas las competiciones la fiesta gira en torno a un héroe. Si los dioses, los héroes, los hombres forman parte tanto de las competiciones como del canto de celebración pindárico, al héroe se le asigna una dignidad particular. Las competiciones constituyen una parte del culto al héroe. El héroe es un difunto, es un *genius loci*, su *numen* sigue obrando en el lugar. Estas circunstancias se hacen patentes en la *Primera Oda Olímpica*. Las Olimpíadas son funerales en honor a Pélope. Su tumba, el Pelopion, conforma el centro de la celebración. Ahí se le dedican constantemente suntuosas ofrendas funerarias. La multitud se apiña alrededor de su tumba, la rodea y visita su altar. El héroe se encuentra en medio de los dioses y los hombres. El medio se evidencia como *ónphalos*, como ombligo o centro. Homero habla de la isla de Calipso como del *ónphalos* del mar. El Hades, tal como se lo imaginan Homero y Hesíodo, está emplazado en el punto medio entre el Tártaro y el cielo. Los muertos se encuentran en el centro de un círculo. Se consideraba Delfos el centro del mundo, el centro de la tierra discoidal que Zeus mandó calcular con el vuelo de sus águilas. El centro se hallaba allí donde, volando, se toparon las águilas, en medio del orden instaurado por Zeus. Para los habitantes de Delfos, la piedra blanca en el templo de Delfos, que parecía un cono achatado, marcaba el centro de la tierra.

Anexo

Los cantos de Píndaro constituyen una parte del culto a los héroes. El poeta no entra a describir las competiciones y su transcurso. De sus epinicios no se puede inferir qué imagen presentaban a la vista aquellos días festivos; no describe el lugar, ni la multitud en fiesta ni el desfile de los luchadores. Tampoco fue espectador directo de todas las competiciones a cuyos vencedores elogia; no conoció ni vio a todos estos vencedores. Las relaciones personales, como las que Píndaro mantuvo con el soberano Hierón, con las cortes de Siracusa y Agrigento, confieren al canto de celebración un plus de calidez y familiaridad, pero este canto de celebración no presupone relaciones como éstas. Es un encargo y está concebido según un esquema acorde con requisitos artesanales. El joven Píndaro aprendió con un maestro ateniense el modo de estructurar estos cantos de celebración, conforme a la métrica y a la composición, y también cómo intervienen en él los coros y la música. Se apoya en las tradiciones de una escuela y las lleva a su culminación; es el poeta más grande que ha engendrado Grecia en este ámbito. La existencia de una demanda de cantos de alabanza como éstos, que eran codiciados y valorados, dio lugar a este género y lo llevó a su apogeo. El canto de celebración es la valiosa joya de la victoria, razón por la que ni los reyes ni los ciudadanos querían prescindir de ella, por la que no se reparaba en el coste, a menudo elevado, de la presentación escénica. El personal necesario, incluido el coro, a menudo procedía de lejos, y la representación, suntuosa y artística, precisaba a veces de recursos principescos. El canto de celebración no sólo confirma y glorifica la victoria, también le confiere duración. Que un canto como éste acompaña a las proezas, las ilumina y perdura más allá de ellas, que sin él necesariamente caerían en el olvido, es una reflexión en la que Píndaro pone ahínco. El *agon* es impensable sin la punzante ansia de gloria, y esta gloria es profunda porque no es pasajera sino que se convierte en gloria para el difunto y, como tal, perdura. Cuando Diágoras, pugilista de Rodas, después de una de sus victorias fue alzado en hombros por sus tres hijos atletas y el pueblo lo cubrió de flores, alguien le gritó: «¡Muere, Diágoras, no puedes subir al cielo!». Lo curioso de estas palabras, que no sin razón se han conservado, es que establecen una diferencia entre la gloria y su disfrute. En ellas no hay un retintín de burla sino puro reconocimiento. Una vez que el hombre ha llegado a lo más alto, toda vida ulterior es sólo un declinar. Su dicha se consuma cuando es arrebatado en la cima de sus esfuerzos, en el *kairos* de su actuación. Ésta es la reflexión que Solón formula ante Creso. Tiene algo de infantil y recuerda las palabras que un viejo sacerdote egipcio le dijo a Solón: «Vosotros, los griegos, sois siempre como niños. No existe un anciano griego».

El canto de celebración es perdurable porque se omite todo lo casual. No se exponen ni las circunstancias, ni las condiciones de la victoria, ni tampoco los vencedores y su victoria ocupan el centro del poema; la conmemoración de la victoria sólo ocupa una parte de los epinicios. Se la menciona sobre todo en la dedicatoria. Se entiende que el poeta se ha informado de todo lo que requiere para su propósito. Su posición es peculiar. Como poeta, está fuera de la *polis*, en cuanto que toda la Hélade está interesada por él y su poesía no atañe a una ciudad en concreto sino a toda Grecia. Al mismo tiempo, asume su producción como un encargo que tiene que satisfacer, y ha de abordar un tema determinado. Este compromiso forma parte de su función; se ha sentido poseedor de un cargo y por esta función, por su saber, por la fama que todo esto le proporciona, es libre. Puede aceptar o rechazar encargos. Si los acepta, el comitente no le puede prescribir en detalle cómo cumplir su tarea. El saber lo tiene él y por tanto también la ejecución. Píndaro tenía una opinión nada desdeñable de sí mismo y hablaba de ello con un arrojo que procede de la convicción de que él era el maestro. En efecto, el destino del epinicio dependía de él. Después de él, decayó, como decayeron las propias luchas, que se convirtieron en espectáculos y exhibiciones de virtuosismo.

Píndaro no aborda el mito como algo que se está gestando sino como algo ya maduro y consumado. En el momento en el que escribe no podía tratarlo de otro modo. El mito se ha consumado, y como tal está descrito en los cantos de Homero y Hesíodo. La tarea del poeta lírico no puede consistir en repetirlo al contarlo. Lo interpreta de un modo diferente. Del amplio acontecer destaca los contextos que se adecuan a su propósito; limita y abrevia el relato. Al hacerlo, acumula a la vez en un espacio reducido toda la riqueza. Considera el acontecer como algo valioso, y con su modo de tratarlo lo convierte en algo más valioso todavía. Su lenguaje es rico e ingenioso, y el movimiento métrico con el que avanza tiene carácter festivo. El progreso de sus versos recuerda a las esculturas en las que los vestidos dejan traslucir el talle desnudo y lo subliman. La fuerza y la concisión de las inflexiones del verso y del pensamiento producen el mismo asombro que los brincos elevados e imprevisibles de la danza. Hay ejemplos de cómo trata el acontecer mítico en la *Cuarta Oda Pítica*, cuando habla del regreso del joven Jasón desde las grutas del centauro Quirón, o en la *Novena Oda Pítica*, en el diálogo entre Apolo y Quirón. Estas piezas evidencian cuán presente tenía el poeta el acontecer, cuánto tocaba las fibras de su sensibilidad y cómo llega hasta el fondo de estos encuentros en su clara profundidad.

Una comparación de Píndaro con Esquilo, algo más viejo que él, deja entrever las diferencias entre ambos en la elección y el tratamiento del acontecer mítico. El autor trágico se concentra en los conflictos más antiguos y duros, en los antagonismos que no admiten reconciliación o la admiten apenas. Con los temas que moldea se asocian lo oscuro, lo áspero, lo ingente y lo violento. Con gran osadía convierte la caída de Prometeo en su argumento. Su Prometeo, totalmente lastimado pero de una solidez diamantina, sigue teniendo razón frente a los dioses. Se aprecian la dureza de la victoria y del vencedor. Esquilo no escapa a las leyes del *agon* a las que la tragedia sigue sujeta, hace más palpable la dureza del *agon* al conceder un espacio al dolor del vencido y sometido. Los lamentos de las erinias y del rey de los persas poseen una fuerza conmovedora, son lamentos fúnebres que no están dirigidos a un interlocutor vivo sino al mismo Hades mudo. Píndaro siente reverencial temor por los lados oscuros del acontecer y los mantiene alejados de los cantos de alabanza. Su propósito no es descender al Caos insondable o al reino de los muertos que visitaron Orfeo, Heracles, Ulises y otros. Sí, hay cosas pertenecientes a la tradición más antigua que ya no soporta. De ahí su afán por suavizar esta tradición, por limpiarla de horror y de espanto, como se pone de relieve en la *Primera Oda Olímpica*. En ella, en la que privilegia a su favorito Pélope, en la que purifica al propio Tántalo y a la estirpe de los tantálidas del asesinato y del engaño a los dioses, justifica su empresa diciendo que al hombre le corresponde únicamente hablar bien de los dioses, que es blasfemia hablar de otro modo de ellos. De aquí a pensar que los dioses son buenos y que sólo lo bueno es divino, no hay un trecho muy largo. Ideas como éstas no son propias de Homero, a la epopeya en general le son completamente ajenas. Es evidente que este talante suave recorre totalmente los cantos de Píndaro. Expone todo conforme a su sentido de la medida y del límite, con tendencia a ordenarlo de un modo conveniente. Se interesa por el aspecto luminoso del acontecer y sabe impregnar sus cantos de una luz pausada y dorada.

Esta luz es madura y otoñal. En sus comentarios gnómicos hay un soplo anunciador, un presentimiento de las heladas que cubrirán las flores y los frutos. Gnomo era el nombre del guardián de los olivos sagrados en Atenas y este nombre se aplicaba, en general, a los entendidos, los árbitros y los censores. Más tar-

Anexo

de, el gnomo designaba la manecilla del reloj de sol, el estilo vertical cuya sombra indicaba la hora del día. La poesía gnómica es resultado de la reflexión, de la experiencia que se repite y que se articula de forma concisa. Enlaza con el acontecer mítico, surge de él y se separa de él. El propio pensamiento se articula como consigna, aforismo, sentencia. Abandona el lenguaje figurado y pone su atención en los conceptos, que separan a la vez que unen. Un hombre joven no es capaz de expresarse de este modo, puesto que la experiencia comprimida y resumida de la vida, que pone su atención en lo general, presupone una madurez y una visión de conjunto. El pensamiento gnómico corresponde a la vejez y el lenguaje de la vejez tiene también algo gnómico. No obstante, el mito florece coincidiendo con la edad juvenil del hombre. La parte que ocupa lo gnómico en los cantos de Píndaro cambia, pero siempre es significativa. Los gnomos son sellos que se imprimen sobre el acontecer; lo sellan. Una vez se ha pronunciado una frase como ésta, ahí queda como resultado. Ya no se puede modificar aquello que se presenta al oyente de un modo tan lacónico. El largo proceso de sopesar y verificar ha llegado a su fin y ahora se instaura el silencio. Con su gnomo, Píndaro expresa lo que es el hombre, para sí y por sí solo, y comparado con los dioses. La *Octava Oda Pítica* da la tónica para el género entero. ¿Qué es el hombre? Algo pasajero. Es y al instante ya no es. El hombre es un sueño de la sombra. Esta certeza, la misma a la que llega Esquilo, se va modificando una y otra vez. La vida del hombre es breve, tiene un plazo señalado, está amenazada, es de angosta ascensión y rápida caída. Prevalece la masa de lo adverso en la ilusión del hombre, en su desmesura, en los caminos errados, en su obcecación por la utilidad, en la envidia, la avaricia y la difamación. La *hybris* es ubicua, el futuro es oscuro y los actos inciertos. Los infortunios, las esperanzas truncadas y un imparable afán acompañan todo camino. La plétora de estos comentarios, como un manantial de lo que es amargo, incierto y dudoso, inunda los cantos y se une a la descripción del acontecer mítico y a las alabanzas a los vencedores. En la estructura espléndida e ingeniosa del canto está entretejido un tono de duda, de incertidumbre y desencanto referido a lo incierto de la suerte de los hombres en general pero que en particular concierne al acontecer del tiempo y a la pregunta acerca del futuro.

Si en Píndaro hay algo profético es este saber acerca de la amenaza, del infortunio que se acerca. Le caracteriza una aversión por todo lo violento. Los cantos de alabanza que celebran al vencedor son pacíficos y pacificadores, no tienen un tono tirteico. Las canciones de guerra de Tirteo tienen un tono diferente, que enardece, advierte, vitupera y ensalza. Son cantos militares, cantos de guerra que acompañan a un ejército en pie y que se abalanza con ellos sobre el enemigo. Un ejército como éste lleva en su equipaje sólo lo imprescindible, su único adorno son sus armas. Estos versos son como corredores vigorosos e incansables, tienen una agudeza implacable, como el Ares de los dorios. Calino también se ciñe a este tono. A los cantos de Píndaro les falta el ardor guerrero y amoroso de la juventud que se encuentra en los cantos de Alceo y de Safo, la incansable actividad viril de Alceo y el desasosiego melódico y dulce de Safo. Píndaro declara en contra de Homero y todos los homéridas que la guerra y las batallas deberían mantenerse alejadas de los dioses, que no se los debería involucrar en este asunto de los hombres. La *Ilíada* no hace sino eso y como composición sería impensable si se diese cabida a esta exigencia. La áspera invectiva contra Homero de la *Séptima Oda Nemea* está dirigida contra la epopeya y los poetas épicos. ¿Qué pone de manifiesto la petición de mantener alejadas de los dioses las guerras y las batallas? La epopeya homérica está lejos de seleccionar un ámbito sobre el que los dioses no imperen. En ella no hay nada que no sea divino, ya sea la procreación, el nacimiento, la muerte o los banquetes,

Anexo

las danzas o un porquerizo en la isla de Ítaca. Que el ámbito de poder de Ares está lleno de sangre y de espanto lo sabe Homero tan bien como Píndaro, incluso mejor, pero no pone en duda lo divino de ese ámbito; nadie ha descrito con más acierto que él la naturaleza de Ares. Píndaro es más piadoso que Homero, entendiendo la palabra en el sentido en que la usamos habitualmente, en el que piadoso y temeroso son la misma cosa, y no en ese otro sentido, más antiguo, en el que piadoso es igual a fuerte, audaz, intrépido. En Homero, los dioses todavía están cerca, en Píndaro ya se encuentran lejos, y esta lejanía y esta extrañeza crecen porque se hace más grande el ámbito de lo profano.

En la epopeya homérica no hay nada profano o, dicho con mayor precisión, la frontera entre el *numen* y la *physis* no ha sido trazada con exactitud. Para los romanos, profano era todo aquello que estaba fuera de los recintos sagrados, profano era lo que no estaba consagrado a ningún dios, profano también era el hombre que no estaba iniciado en ningún misterio. En el derecho romano, esta acotación de lo profano, que se va ampliando cada vez más, está formulada con precisión y nitidez. Para nosotros, lo profano es lo mundano en contraposición con lo espiritual: se abre aquí una grieta, una zanja profunda, abierta e hiriente, que atraviesa la vida y el mundo. Una ruptura tal es impensable allí donde el *numen* está incólume y sólo se produce cuando éste se retira. La epopeya homérica no deja entrever si los dioses son buenos. No se procede a independizar el ámbito de la moral ni a separar una moralidad tan distanciada de lo divino que adquiere autonomía. Esta empresa aleja a los dioses de los hombres y los hace extraños unos a otros. La epopeya todavía es anterior a los intentos de moralizar a los dioses, de transformarlos en virtudes propias o de convertirlos en instancias de conciencia, de trasladarlos por tanto hacia el interior, hacia el corazón.

Los epinicios de Píndaro

Píndaro no vive en el ámbito mítico sino en el ámbito de la historia. No era mucho mayor que Heródoto. En la corte de Hierón tuvo la oportunidad de conocer a Jenófanes, fundador de la escuela eleática, que libraba una agria polémica contra Homero y Hesíodo. En Píndaro no se percibe la proximidad de los dioses como en Homero. Su piedad se manifiesta en que mantiene una distancia rigurosa con respecto a ellos que se muestra como un temor reverencial. El hombre no es nada frente a los dioses. No puede ni debe medirse con ellos, no debe equipararse a ellos. Por todas partes pone de relieve la distancia. Es precisamente en lo más hondo de su veneración, en su concepción del *nomos*, en la rigurosidad de su sentido de la medida, donde se establecen unos límites que tienen su distancia y extrañeza con respeto a su supuesto.

La fuerza pacífica y pacificadora de los cantos de alabanza reside en que las competiciones se extienden a la Hélade entera. El poeta siente que su tarea consiste en fortalecer por medio del canto esta paz panhelénica que procede de las fiestas y en mantener alejada de ella toda guerra. La guerra puede estar dirigida contra los persas, los cartaginenses o los etruscos, pero no es una guerra entre una *polis* y otra. Píndaro tiene el presentimiento de que guerras y contiendas como éstas, entre ciudadanos, sólo contribuyen a arruinar a la Hélade y ésta se debilita sin remisión. El curso de los enfrentamientos le da la razón. En Hierón rinde homenaje al vencedor de Hímera y de Cime, al que venció a los cartaginenses y a los etruscos, y lo vincula con los que vencieron a los persas. Su ruego a Zeus es que ahora los cartaginenses y los etruscos se queden quietos, que dé comienzo una época pacífica para el mundo griego de Sicilia. El miedo que le infunden estas luchas también se extiende a la evolución política interna y, preocupado, observa la desconsiderada evolución de la democracia que practicaban los atenienses. También en esto tenía razón. Lo único que no le apesadumbra-

Anexo

ba era el pasado. Su poesía y su pensamiento poseen un cierto rasgo hierático que va de la mano con su doricismo, su origen beocio, su simpatía por la aristocracia. Desconfía de lo nuevo, es el poeta de un *nomos* antiguo. Retrotrae este *nomos* al *numen* y defiende la antigua unidad de ambos. Allí donde se produce una desviación del estatuto real de Zeus, allí no existe salvación. Este estatuto se hace visible por medio de signos, celebraciones y encuentros. En correspondencia con él está el cosmos ordenado que reposa en sí mismo. Al mismo tiempo, queda patente que Píndaro inserta en el acontecer numinoso del mito un *nomos* ético desde el que interpreta el *numen*.

El *nomos* no sólo es la ley escrita y no escrita, sino en general el orden (*taxis*) y el estatuto, divino y humano. No obstante, en Píndaro el actuar del hombre es conforme al *nomos* sólo cuando está de acuerdo con la voluntad de Zeus. El orden humano que admite ser explicado por sí mismo es *physis*. En Homero, todavía no se ha producido la separación, pero en Píndaro es muy nítida. El *nomos* abarca la regla, la obligación, el principio y el estado de la cuestión; es lo asignado, lo dispuesto y establecido. Lo que se instaura sigue un *nomos*. *Nomos* es también la manera y la índole, como algo ingénito e innato. Píndaro, como Homero, está a favor de la manera, que decide sobre el conocimiento y es superior a él. La sabiduría es un *nomos* congénito. El saber adquirido carece de este *nomos*, de ahí que de por sí no sirva para nada y que de algún modo sea retorcido, pues carece de eunomía y, por tanto, de fiabilidad. Lo que es el *nomos* se evidencia en la medida, en el límite y el peso, en el camino, el rumbo y el objetivo, en el principio y en el fin. Estúpido quien se avergüence de la manera que le es familiar y mire de soslayo la de otros, estúpido porque carece de una manera propia. Necio el hombre que no ensalza a Heracles. La riqueza sólo florece con el *nomos* y cubre la vida con brillo. *Nomos* significa finalmente la tonalidad, el modo de la frase, el modo musical y de canto. En Homero esta palabra sólo se utiliza en este contexto, no aparece en ningún otro lado. El lenguaje y la música se definen por un *nomos*, entran en él y se diferencian conforme a él.

Píndaro tiene como principal objetivo el *nomos*, es su piedra de toque para el acontecer. Pero todo *nomos* es, a la postre, el *nomos* de Zeus, que gobierna la tierra, las competiciones, la victoria y el vencedor. Del joven Alcimidas de Egina, vencedor en la lucha, se dice en la *Sexta Oda Nemea* que respetó el orden establecido por Zeus y que por eso se alzó con la victoria. Píndaro busca los rastros de Eunomia, la hora de la buena ley. Son las horas quienes, a decir de él, le enviaron como testigo de las competiciones. Del mismo modo que para él Temis y las horas presiden un *nomos* inspirado por las musas, un *nomos* ético que remite al Zeus supremo, así concibe su propio canto, y esta concepción está vinculada a su convicción del amplio poder de su canto. El estatuto del soberano Zeus es inviolable; acogerlo de un modo violento y arbitrario es un absurdo y una mala costumbre. El estatuto de los hombres, no importa a qué área se refiera; las formas que produce el hombre, las ciudades, las casas, los barcos, las armas y las herramientas, su pensamiento y sus acciones demuestran su validez sólo cuando están de acuerdo con el *nomos* de Zeus. Con razón, los héroes atacan todo lo que difiere de este orden, la naturaleza amazónica, los gigantes, la Quimera. La simpatía que siente Píndaro por el ordenamiento dórico concuerda con su convicción de que corresponde a este *nomos*. Es, según él, un *nomos* instaurado por Hilo, hijo de Heracles; es un *nomos* heraclida y se remite a Zeus. El *nomos* tiene, al igual que el árbol, raíz y copa, y florece como una flor. Donde imperan las musas, las horas y las cárites todo es fragancia y un resplandor de lo consumado y perfecto impregna las cosas. Las horas de Zeus se mueven al son de las liras, de los cantos y las danzas, y los días de Zeus transcurren en un corro de horas. Al igual que en todo comienzo divino, son las cárites las que ordenan bella y graciosamente las danzas y los banquetes de los dioses. Así lo atestigua la oración de la *Decimocuarta Oda Olímpica*. Si el *nomos* de Zeus no ha sido vulnerado, sobre las cosas se extiende una fragancia, un brillo, el movimiento se convierte en un corro en suspensión y en una danza ligera. Allí donde impera en el mundo, se desvanece lo tosco y se manifiesta la joya de la vida.

En el *nomos* reside la medida. Píndaro define con precisión qué es la medida. La medida es algo que ha sido mesurado y conformado. El hombre que desconoce su medida se desconoce a sí mismo. Para conocer su propia medida necesita tener el conocimiento, pues la medida no es una regla ni un precepto rígido establecido de antemano que permita al hombre guiarse de modo infalible. No sólo desde fuera se define la medida de cada hombre; la medida también es la actitud interior. El hombre tiene una medida, una medida humana que de entrada le prohíbe medirse con los dioses, equipararse a ellos, imitarlos. La desmesura evidencia que no conoce su medida. Y no hay nada más humano que ese desconocimiento de la medida. En la esencia del hombre está establecido que sobrepasará su medida hacia todas partes. Así, los sabios ensalzaron sobremanera ese antiguo dicho y máxima del «ni en demasía ni demasiado poco». Píndaro se lo reprocha; en este reproche hay algo paradójico, aunque también tacto.

Ixión, del que habla Píndaro en su *Segunda Oda Pítica*, no soporta su dicha, empieza a enloquecer hasta el punto de desear compartir su lecho con la propia Hera. La insania le impele a ello y esta insania le torna demente. Al punto obtiene lo que le corresponde. Al necio que se engaña a sí mismo, Zeus le depara el engaño y la ilusión, desposándole con la nube heraiforme antes de imponerle el suplicio de la rueda eterna correspondiente a todo deseo titánico. Píndaro aborda solamente este aspecto del mito de Ixión. Describe cómo el desmedido, con su desmedida, se aniquila a sí mismo. No obstante, en la pasión que siente Ixión por Hera hay algo fuerte, verdadero, divino que no puede ser omitido; el propio relato apunta a ello. El deseo de Ixión no es rechazado sin más, no es destruido irrespetuosamente antes de cumplirse. En el modo de proceder que tiene Zeus hay algo respetuoso, un aire de consideración por la vitalidad germinativa de esta inclinación y un temor a destruir de antemano su fruto. ¿Para qué, si no, la nube?, ¿para qué el esfuerzo artificioso de conferirle un parecido engañoso con Hera? A Ixión se le ofrece una imagen de Hera y esta conexión posee una fecundidad poderosa que engendra a los centauros. Píndaro introduce su *nomos* ético en el acontecer numinoso. También su concepto de la medida es ético.

Las riendas del caballo tienen su medida, el barco, el arma, cualquier objeto. Hay que descubrir esta medida y es ésta una empresa gratificante. Píndaro muestra el poder de contención que posee la medida a través de los arreos de Atenea, que Belerofonte utiliza para domar a Pegaso, el salvaje caballo alado con el que se abalanza sobre las amazonas y la Quimera. Silencia el final sin gloria de Belerofonte, que pretende alzar el vuelo hacia el Olimpo; no quiere saber nada de una desmesura como ésta.

El *nomos* y la medida guardan una estrecha relación; donde está el uno está la otra. A ello se añade la reflexión de que cada cosa tiene su tiempo, un *kairos*, una temporalidad en la que madura. La medida y el *kairos* se abordan como cosas diferentes: la medida como algo que reposa y es predominantemente espacial, el *kairos* como movimiento de un acontecer que está en curso. En el crecimiento, en el despliegue, en la consumación, en la decisión, hay un *kairos* que se inclina hacia el hombre y al que es necesario apuntar. El hombre mismo se encuentra en el *kairos* del acontecer. Quien falla, quien no da en el blanco del que todo depende, a ése tampoco le sirve la medida, pues el orden no reside en un perseverar rígido sino en un movimiento turgente que tiene un principio y un final. Hay que entender el *kairos* como un golpe de suerte, pues puede tener la brevedad de un instante y si se pierde la ocasión no retorna. La *Novena Oda Pítica* habla con concisión gnómica del poder que tiene el *kairos* cuando dice de él que es lo máximo y que de un modo similar tiene en todo su apogeo.

A las bridas de Atenea, a los arneses de Pegaso ha recurrido el propio Píndaro en su descripción del acontecer. Los caballos de su canto galopan con guarnición dorada, y así como los concursantes que él ensalza se desplazan en carro y a pie, los epinicios avanzan según las reglas del *agon* de las musas. Su movimiento es plástico, hasta en la ornamentación. Lo festivo es a la vez comedido y solemne. Es un canto maduro, compacto, viril, en el que confluyen las experiencias dolorosas. Píndaro no es el poeta del manar inconsciente, del torrente lírico de la vida y de la alegría que, límpida, se precipita hacia la luz. Su canto no abandona el cortejo ordenado y cerrado, y así como toda fiesta presupone algo común, también el canto que acompaña las fiestas y que forma parte de ellas es, por la actuación conjunta de la palabra de orden rítmico, la música y el coro, un canto de celebración bellamente ordenado. Antípatros de Tesalónica dice, con respecto a Píndaro, que su canto, al igual que el potente sonido de la salpinge, acalla la flauta, que hasta el Pan mainálico participa en este canto. No obstante, la canción del Pan arcádico que Píndaro define como el custodio de los espacios sagrados, infranqueables, como el danzante consumado, es una canción diferente. En la manera de Píndaro no se escucha el sonido de una flauta solitaria, campestre, ni el de la pequeña fiesta de las bacanales, los simposios, las alegrías y aflicciones del amor. En ella no se encuentra la soledad idílica, bucólica de la vida pastoril que se basta a sí misma y que más tarde atraería a Teócrito, ni se encuentra tampoco nada anacreóntico. La poesía de Anacreonte necesita muy pocos recursos —eso es lo que valoramos de ella. La ebriedad de Anacreonte surge de su gusto por lo escaso, crea algo a partir de lo ínfimo. El canto a la cigarra procede de aquí. La pequeña cantante, ebria con una gota de rocío, sin haberes, necesidades ni sufrimientos, despreocupadamente entregada a su canto luminoso, tiene algo divino.

No conocemos detalles acerca de la danza y la música de los griegos ni tampoco, por tanto, acerca del entero movimiento que impregnaba la fiesta. En ella ya no intervienen como coro las musas. Pero el avance de la palabra de orden métrico deja entrever alguna cosa. La lectura de los cantos de Píndaro evoca procesiones de hombres que profieren gritos de alegría y de mujeres de hermosa cintura; el propio canto es una procesión que se acerca al oyente, que le envía la *polis* en fiesta. Posee su propio movimiento histórico, su orden y su ornamento. Hay en él algo comprimido pero espacioso a la vez. Espaciosa es la festividad de Píndaro. Los epinicios recuerdan el orden de las columnas dóricas. Lo que convierte a las columnas en columnas no es únicamente su cuerpo de piedra apilada, sino también las separaciones; los intersticios, por los que se cuelan la luz y el aire que bañan la piedra; los intercolumnios, cuya anchura viene condicionada por el diámetro de los fustes. Lo que éstos representan para la construcción, lo son las pausas para la poesía.